Saarländische Küchenbibel

HEIKE WINTER & EVERT KORNMAYER

SAARLÄNDISCHE KÜCHENBIBEL

ÜBER 390 REZEPTE AUS DEM LAND IM SÜDWESTEN

Mit einem Vorwort von Christian Rach

VERLAG GEBRÜDER KORNMAYER

www.kornmayer-verlag.de
ISBN 978-3-938173-72-5

Autoren: Heike Winter und Evert Kornmayer
Fotografien: Evert Kornmayer und die teilnehmenden Restaurants/Köche
Satz & Layout: Gebrüder Kornmayer
Lektorat: Angelika Radloff
Druck: Leibi, Neu-Ulm
Deutsche Bibliothek - CIP-Einheitsaufnahme.
Ein Titelsatz dieser Publikation ist bei der Deutschen Bibliothek (Frankfurt) erhältlich.

Klimaneutral gedruckt
Wir gleichen alle durch unsere Arbeit entstehenden CO2-Emissionen, die (noch) nicht verhindert oder reduziert werden konnten, durch Beteiligungen an Klimaprojekten aus. Das ist für uns ein weiterer bewusster Schritt hin zu einer nachhaltigen Wirtschaftsweise. Weitere Informationen: www.leibi.de/klima
Zertifikat-Nr.: 013-53247-0910-1100

„Esse un trinke sinn die drei scheensche Sache wo`s gebbd."

(Saarländische Redensart)

Christian Rach

Vorwort

Wer kennt eigentlich das Saarland? Wenn man herumfragt irgendwo in Deutschland oder auf der Welt, ist das Saarland ein sehr unbekanntes Gebiet – leider, obwohl eigentlich auch geographisch im Herzen Europas gelegen. Politisch Interessierte wissen natürlich, dass das Saarland ein Montangebiet war; rauchende Schlote, drehende Grubenräder waren das Symbol über hunderte Jahre lang im kleinen Bruder des Ruhrgebietes. Lange vergessen sind die Zeiten, als es hieß „Heim ins Reich" oder als man 1954 kurz davor stand, als eigenständige Fußballnation an der Weltmeisterschaft in der Schweiz teilzunehmen. Aber davon zehrte man lange; es war ein Bestandteil der eigenen Identität.

Das Saarland hat sich zu einem Dienstleistungsgebiet entwickelt. Und heute verbindet es sich in dem sogenannten Saarl-Lor-Lux-Raum zu einem kleinen europäischen Zentrum. Man versteht sich mit einem großen Selbstbewusstsein schon als eigenständiger Flächenstaat und wehrt sich natürlich gegen jeglichen Einfluss von außen.

Wogegen man sich nie gewehrt hat, war der kulinarische Einfluss von Frankreich, gekoppelt mit der eigenen deftigen Küche. Im Saarland gab es immer zwei wichtige Dinge: das Eigenheim mit dem Garten und dem Schwenker und die Devise „gutes Essen". „Gutes Essen" musste nicht immer teuer sein, sondern das Produkt war das Entscheidende – vergleichbar mit den Lebensgewohnheiten in Baden Württemberg.

Es gibt kaum ein Bundesland mit einer so großen Dichte an sehr guten Restaurants. Das Saarland steht heute für Spitzenküche und hervorragend motivierte Köche und Köchinnen, die bundesweit für Furore sorgen und dem Saarland auf dieser Ebene von Lebenskultur und Lebensqualität einen neuen Inhalt geben. Die Seele des Saarländers ist auf seinem Teller zu suchen und zu finden. Dieser landläufige Spruch „Hauptsach gudd gess, g'schafft ham mir schnell" ist so platt wie auch so ehrlich. Denn das Leben ist mehr als Arbeit, das Leben hält Genuss und Vielfältigkeit bereit, trotz aller Krisen, die das Saarland durchlebt hat und immer wieder meistern musste und muss. Seine Bewohner haben sich nie die Lebensfreude verderben lassen. Heute steht die saarländische Küche in ihrer Spitze deutschlandweit mit in erster Reihe und ist ein Ausdruck des neuen Selbstverständnisses, weg vom Montangebiet hin zur Dienstleistung und zur Freude am Leben.

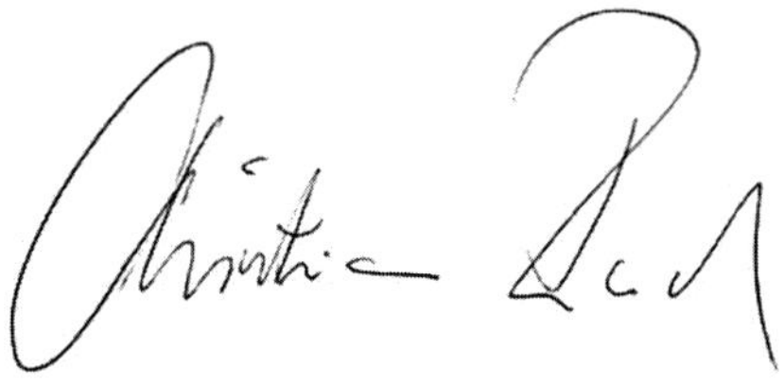

Christian Rach

Inhalt

Einleitung

Das Saarland liegt im Südwesten Deutschlands. Es grenzt im Norden und Osten an Rheinland-Pfalz, im Süden an Lothringen (Lorraine) und im Westen an Luxemburg.

Was das mit der Esskultur des Saarlands zu tun hat? Viel. Denn diese geografischen Besonderheiten, gepaart mit der seit jeher eigenständigen Lebensphilosophie der Saarländer, sind verantwortlich für die Vielfalt, die es hier in den Küchen gibt. Durch die sozio-kulturelle Grenznähe der Landkreise Merzig-Wadern, Saarpfalz, Neunkirchen, Saarlouis, St. Wendel und Saarbrücken wird die faszinierende Vielfalt der Genusskultur erst möglich.

Kulinarisch hat die saarländische Küche jedem etwas zu bieten: Feinschmeckern schlägt das Herz bei „Rücken vom Siersburger Dammhirsch mit Holunderjus, Schokoladenaromen und Kartoffel-Steinpilzroulade“ oder „Confierter Forelle mit Bouchot-Muschel-Ragout und Ravioli von Blattspinat“ höher; die ländliche Küche bietet saftige, natürliche Speisen mit Gemüse und Fleisch; die deftige Komponente vertreten „Dibbelabbes“, „Schwenker“ sowie „Lyoner“; „Merziger Viez-Charlotte“ und „Siessschmier“ schmeicheln dem Gaumen. Die „Saarländische Küchenbibel“ bietet eine Auswahl der beliebten Rezeptklassiker und moderne Interpretationen dieser vielfältigen Landesküche. Oft findet man in den Rezeptbezeichnungen die Beifügung: „Saarländisch“, was von dem starken Selbstbewusstsein der saarländischen Küche und ihrer Grillmeister, Köche und Köchinnen zeugt. „Mir wisse, was gudd iss!“ sagen sie, denn die Saarländer reden gern vom Essen und Feiern.

Es ist imponierend, wieviele kulinarische Traditionen und vielfältige Spezialitäten aller Landesteile in diesen Rezepten stecken. Die ursprüngliche Küche im Saarland ist deftig und besonders schmackhaft in Begleitung von Bier und Wein. Eintöpfe, Kartoffelgerichte, Sauerkraut, Dürr- oder Dörrfleisch, Wurst und Fleisch spielten schon immer eine wesentliche Rolle. Heute ist es eine Mischung aus herzhafter Hausmannskost und kulinarischer Raffinesse. Die Angewohnheit, herzhafte Suppen zusammen mit süßem Obstkuchen zu essen, ist für „Nichtsaarländer" oft befremdlich. Solche klassischen Kombinationen sind z. B. Kartoffelsuppe mit Apfelkuchen oder Bohneneintopf mit Pflaumenkuchen. Man muss es gegessen haben!
Und was wäre das Saarland ohne den Schwenkbraten – ein köstlich mariniertes Schweinenackenstück, saftig, zart, auf dem hängenden Rost unter freiem Himmel gegrillt! „Der Mensch denkt, Gott lenkt – der Saarländer schwenkt", lautet das Motto der Grillfeste im Kreise der Familie, Nachbarschaft und Arbeitskollegen.

Dieser authentische Querschnitt durch die Küche des Saarlands ist für Kochprofis, die etwas Neues ausprobieren möchten oder die traditionelle Küche pflegen wollen, sowie auch für Anfänger bestens geeignet. Die Rezepte sind leicht nachzukochen und benötigen meist nur eine kurze Vorbereitungszeit. Auch soll dieses Buch all denen, die gerne kochen, helfen, die vielen Seiten der saarländischen Küche zu entdecken, und dem Könner unter ihnen die stille Freude des Eingeweihten bringen. Jedoch kann man aus diesem Buch die Kunst des Kochens nicht erlernen.

Immer mehr saarländische Gastronomen besinnen sich auf die kulinarischen Traditionen ihrer Heimat. Heute bietet das Saarland die größte Dichte in der Sterne-Gastronomie in Deutschland (Guide Michelin – gemessen pro Kopf der Bevölkerung). Von insgesamt sieben Sterneköchen kann man sich im Saarland und der angrenzenden Nachbarschaft (Saar-Lor-Lux) kulinarisch verwöhnen lassen. Christian Bau (3 Sterne), Klaus Erfort (3 Sterne), Alexander Kunz (1 Stern), Jens Jakob & Martin Stopp

(1 Stern), Isabelle Egloff (1 Stern), Stéphan Schneider (1 Stern), Jean-Georges Klein (3 Sterne), Lea Linster (1 Stern) und ´last but not least´ bei Christian Rach (1 Stern), doch muss man das „Tafelhaus" des saarländischen Spitzenkochs in Hamburg besuchen.

Unser Dank für die Unterstüzung bei der Recherche der Rezepte sowie für die Fotos in diesem Buch gilt:

Olaf Bank aus dem Restaurant „Zum Blauen Fuchs" in Oberthal (Steinberg-Deckenhardt)

Stefan Burbach aus dem „Restaurant Niedmühle" in Rehlingen/ Siersburg-Eimersdorf

Eric Dauphin aus dem Restaurant „Die Alte Brauerei" in St. Ingbert

„Die Saarlänner im Rebenhof" in St. Ingbert

Cliff Hämmerle aus „Hämmerle's Restaurant" in Blieskastel

Josef Hubertus aus der „Hotellerie Hubertus" in Tholey

Jörg Künzer aus dem „Gräfinthaler Hof" im Mandelbachthal

Alexander Kunz aus dem „Restaurant Kunz" in Bliesen

Wolfgang Quack aus dem „Restaurant Quack" in der Villa Weismüller (Saarbrücken)

Dieter Thoni aus dem „Restaurant Trampert" im „Alten Pfarrhaus Beaumarais" in Saarlouis/Beaumarais

Hermann Wögerbauer aus der „Hostellerie Bacher-Wögerbauer" in Neunkirch/Kohlhof.

Viel Freude beim Kochen und Genießen wünschen

Heike Winter und Evert Kornmayer

P.S. Mit Sicherheit haben wir in diesem Buch nicht alle Rezepte der saarländischen Küche zusammentragen können, und so freuen wir uns über die Zusendung Ihrer Rezepte per E-Mail (hw@kornmayer-verlag.de) für die kommenden Auflagen dieses Buches.

Auswahl & Verwendung der Zutaten

- Um den typischen Geschmack der saarländischen Küche zu erreichen, sollte beim Zusammenstellen der Zutaten darauf geachtet werden, möglichst Produkte aus dem Saarland zu bekommen. Dies gilt insbesondere für die Lyoner.

- Beilagen, Saucen und Vorschläge zur Dekoration der Speisen findet man meist am Ende des Rezepts. Die Zutaten hierfür werden in der Zutatenliste nicht aufgeführt. Oft findet man die Rezepte für Beilagen und Saucen in den entsprechenden Kapiteln.

- In diesem Buch findet man auch Variationen und ähnliche Zubereitungsarten, da es im Saarland regional kleine kulinarische Unterschiede gibt oder man früher anders kochte als heute.

- Im Vorfeld sollte man die Garzeiten planen und Rückschlüsse ziehen, z. B. wann der Braten in den Ofen kommt und die Kartoffeln aufgesetzt werden.

- Die Zutaten sollten stets frisch und reif sein.

- In manchen Rezepten werden Dosen- und Fertigprodukte verwendet. Diese Zutaten wurden übernommen, um den Charakter des Rezeptes nicht zu verfälschen. Selbstverständlich bleibt es der Köchin oder dem Koch überlassen, eine schmackhafte Hühnerbrühe zu kochen, statt einen Brühwürfel zu verwenden, oder Bohnen über Nacht einzuweichen und frisch zu kochen, statt auf Dosenbohnen zurückzugreifen.

- Bei der Verwendung der Zutaten wird generell davon ausgegangen, dass Gemüse und Obst vor der Verwendung gewaschen bzw. geschält werden. Fleisch wird pariert, was bedeutet, dass Sehnen,

Haut und überschüssiges Fett abgeschnitten werden. Meeresfrüchte bürsten, putzen und wenn nötig den Darm entfernen. Die Fische schuppen etc. Eier werden zuvor aufgeschlagen oder gepellt. Dies wird meist in den Rezepten nicht extra erwähnt.

· Ein Suppengrün besteht normalerweise aus 1 Stange Lauch, 1–2 Karotten (Möhren), 1 Stück Sellerie und 3 Petersilienstängeln. Vom Lauch das Welke entfernen, waschen und oben wie unten abschneiden. Die Karotten und der Sellerie werden geschält. Meist wird der Lauch in Stücke oder Ringe geschnitten. Der Sellerie und die Karotten werden in Würfel geschnitten. Die Petersilie wird gehackt.

· Lyoner: wird zur Verarbeitung und zum Verzehr generell gepellt.

· Melfort: ein Essig, der ursprünglich aus Frankreich stammt und auch dort noch heute produziert wird. Der saarländische Melfort wird in St. Ingbert produziert und ist im Gegensatz zum französischen Melfort dunkel und kräftiger im Geschmack.

· Pellkartoffel-Tipp: Das Wasser von den fertig gekochten Kartoffeln abgießen und 10 Minuten im Topf mit geschlossenem Deckel stehen lassen. Dann lassen sich die Kartoffeln leichter pellen.

· Zitrusschalen: Wenn geriebene Schalen von Zitrusfrüchten (z. B. Zitrone, Orange) verwendet werden, sollten diese nur von unbehandelten (ungespritzten) Früchten stammen. Immer die Früchte unter heißem Wasser gut abbürsten!

Maßeinheiten & Mengenangaben

Der Erfahrung nach können Mengenangaben und Garzeiten nur ungefähre Angaben sein. Die unterschiedliche Beschaffenheit der Zutaten, die verschiedenen Gegebenheiten der Küchen – von der Pfanne über das Kochfeld* bis hin zum Backofen** – und auch der individuelle Geschmack lassen ein präzises Abschmecken und Garproben unabdingbar werden. Bei allen Rezepten sollte jeder seine eigene Erfahrung im Umgang und Bereiten von Speisen einfließen lassen.

Die Mengen sind nach dem metrischen System angegeben:

kg	=	Kilogramm
g	=	Gramm (1.000 g = 1 kg)
L	=	Liter (Achtung: „L“ statt „l“)
cl	=	Centiliter (1 cl = 10 ml)
ml	=	Milliliter (1.000 ml = 1 L)
EL	=	Esslöffel = ca. 15 g
TL	=	Teelöffel = ca. 7 g

Weitere Mengenangaben:

Msp.	=	Messerspitze (Menge, die auf der Spitze eines Besteckmessers Platz hat)
Pkg.	=	Packung, Päckchen, Tütchen (z. B. Vanillezucker)
Prs.	=	Prise (Menge zwischen Daumen und Zeigefinger)
TK	=	tiefgekühlt
°C	=	Grad Celsius (100 °C = 212 ° Fahrenheit)
Ø	=	Durchmesser
cm	=	Zentimeter

* z. B. die unterschiedlichen Kochzeiten von 1 L Wasser bei
elektrischem Kochfeld: 9 Minuten
Ceranfeld: 6 Minuten
Gasherd: 4 ½ Minuten
Induktionsherd: 2 ½ Minuten

** unterschiedliche Garzeiten bei Gas-, Infrarot-, Elektro- oder Umluft-Backöfen. Die angegebenen Garzeiten beziehen sich auf den Elektro-Backofen.

Anmerkung zu den saarländischen Rezeptnamen

Im Saarland werden eine Vielzahl von regionalen Dialekten gesprochen. Das wirkt sich auch auf die Namen und Schreibweisen der Küchenklassiker aus.

Zwei Beispiele aus dem Bereich Brotaufstriche:

· Hardsschmeer, Harzschmeer oder Harzschmier

· Quetscheschmier, Lequäärich oder Lattwerg

Meist beziehen sich die Rezeptnamen in diesem Buch auf eine gängige, weit verbreitete Schreibweise.

Einige Küchenbegriffe

altbacken: Wird in Verbindung mit Brot öder Brötchen verwendet. Es bedeutet, dass die Backwaren nicht frisch, sondern vom Vortag – oder älter – und somit sehr trocken sind. Meist wird daraus Paniermehl gerieben, oder man weicht sie in kaltem Wasser ein, um die Masse unter Hackfleisch zu mischen.

blanchieren: Gemüse 1 bis 5 Minuten lang in kochendes Wasser geben und anschließend abschrecken, indem man es in Eiswasser taucht. Dadurch behält es seine kräftige Farbe, bleibt knackig und länger haltbar.

Dürrfleisch: nennt man im Saarland das Bauchfleisch, welches im Rest der Republik unter dem Namen „Dörrfleisch" gehandelt wird.

küchenfertig: Das bedeutet, dass die Tiere zur Verwendung in der Küche vorbereitet wurden. Neben dem obligatorischen Waschen bedeutet dies z. B. auch, dass Fisch ausgenommen und geschuppt wurde, dass Geflügel gerupft, abgebrüht und ausgenommen wurde.

legieren: Mit der Kochflüssigkeit verrührtes Ei unter ständigem Rühren in die fertige, nicht mehr kochende Speise einlaufen lassen.

Maggi: In kaum einer saarländischen Küche kommt man ohne diese Gewürzsauce aus dem Hause Nestlé aus. Es wird gerne und viel verwendet und sogar auf Restauranttischen und in Kantinen darf Maggi nicht fehlen.

montieren: Der Name stammt aus dem Französischen und bedeutet „in die Höhe steigen". Saucen und Suppen werden montiert, indem man klein geschnittene Butterflocken in die nicht mehr kochende Flüssigkeit gibt und diese mit dem Schneebesen aufschlägt.

passieren: Suppen, Saucen, Fonds etc., die Stücke von Zutaten beinhalten, werden durch ein Sieb gegossen, und die Inhaltstoffe im Sieb werden mit einem Löffel durchgedrückt, wobei die weichen Bestandteile durch das Sieb gehen und die festen, wie z. B. Knochen, Schalen etc., im Sieb bleiben und entfernt werden. Das kann durchaus sehr anstrengend sein. Aus diesem Grund bieten Hersteller von Küchengeräten eine spezielle Maschine an, die diese Arbeit erleichtert und unter dem Namen „Flotte Lotte" bekannt ist.

reduzieren: Die Flüssigkeit, die während des Kochens oder Bratens entstanden ist, bei offenem Topf oder offener Pfanne einkochen lassen, bis so viel Flüssigkeit verdampft ist, dass die gewünschte Konsistenz erreicht ist.

unterheben/unterziehen: Eine schaumige Masse oder Sahne wird vorsichtig unter eine festere Masse „gerührt". Durch das sanfte Unterziehen bleibt der Schaum erhalten, und die Masse wird lockerer.

vom Herd nehmen: Der Begriff wird oft verwendet, wenn man einen Topf oder eine Pfanne von der heißen Kochplatte nehmen soll. Natürlich kann man diese auf dem Herd belassen, wenn man sie einfach auf eine Platte zieht, die noch kalt ist, oder man bei einem Gasherd das Gas abschaltet.

vorgewärmt: Teller und Platten, auf denen die Speisen serviert werden, werden im Backofen bei 50 °C vorgewärmt.

warm stellen: Es gibt 2 Arten des Warmstellens. 1. Hefeteig stellt man bei 50 °C abgedeckt zum Aufgehen in den Backofen. 2. Speisen stellt man bis zum Verzehr bei 70 °C abgedeckt in den Backofen.

zerstoßen: Zutaten werden im Mörser zerkleinert (fein oder grob).

DIE REZEPTE

SUPPEN & EINTÖPFE

Suppen & Eintöpfe

Quär dorch de Gade oder Franzosesupp´

Eintopf „Quer durch den Garten“

Ein herbstliches Gericht, zu dem man im Saarland Zwetschgen- oder Mirabellenkuchen reicht.

Zutaten für 4 Portionen:

500 g Rind- oder Schweinefleisch
500 g Gemüse, in Stücke geschnitten (Erbsen, Möhren, Blumenkohl, Bohnen, Kohlrabi etc.)
2 EL Öl
300 g Kartoffeln, in Stücke geschnitten
1 Prs. Muskatnuss
etwas Mehl
1–2 EL Sahne
Pfeffer aus der Mühle
Salz

Zubereitung:

Das Fleisch in Stücke schneiden, das Öl in einem Topf erhitzen und die Fleischstücke darin anbraten. Dann das Gemüse – ohne Kartoffeln – hinzugeben und unter gelegentlichem Rühren anschmoren. Mit Pfeffer, Salz und Muskat würzen. So viel Wasser hinzugießen, dass Fleisch und Gemüse bedeckt sind. Das Ganze etwa 30 Minuten bissfest kochen. Anschließend die Kartoffeln hinzugeben, erneut so viel Wasser angießen, bis der Topfinhalt davon bedeckt ist, und weitere 15 bis 20 Minuten kochen. Vor dem Servieren mit etwas Mehl abbinden und die Sahne unterrühren.

Schnippelsches Bohnensupp´

Schnippelbohnensuppe

Eine saarländische Spezialität – nicht nur zur Kirmes und an kalten Tagen. Im Saarland wird dazu „Quetschekuchen" gereicht.

Zutaten für 4 Portionen:
200 g Kartoffeln, in Würfel geschnitten
500 g Bohnen
2 L Bouillon (siehe Rezept)

Zubereitung:
Die Bohnen in 3 cm lange Stücke schräg „schnippeln" und in einen Topf geben. Die Bouillon hinzugießen und die Bohnen bei mittlerer Hitze 15 Minuten garen. Anschließend mit den Kräutern und Gewürzen abschmecken. Die Kartoffeln in einem Topf mit leicht gesalzenem Wasser weich kochen. Dann die Kartoffeln durch ein Sieb passieren und unter die Bohnensuppe rühren.Ganze kurz einkochen und dann mit etwa 2 Litern Wasser auffüllen. Die Kartoffeln und Bohnen hinzugeben und 40 Minuten köcheln lassen, bis die Kartoffelstücke gar sind. Mit einem Stampfer zerdrücken und, wenn nötig, etwas Wasser hinzugeben. Den Topf vom Herd nehmen, die Suppe etwas abkühlen lassen und dann die saure Sahne unterziehen. Mit Muskat, Maggi und Salz abschmecken. Mit Zwetschgenkuchen oder Apfelpfannkuchen servieren.

Schnippelsches Bohnensupp´ mit Zucchini

Schnippelbohnensuppe mit Zucchini

Eine moderne Variante dieser saarländischen Spezialität. Aufgewärmt schmeckt die Suppe noch einmal so gut!

Zutaten für 4 Portionen:

500 g Stangenbohnen
250 g Zucchini
250 g Kartoffeln
2 Karotten
¼ Sellerieknolle
1 Lauchstange
1 Knoblauchzehe
2 Becher saure Sahne
1 Msp. Muskatnuss
2 L Wasser
etwas Melfort (Weinessig)
1 Schuss Maggi
Zucker
2 EL Öl

Zubereitung:

Alle Zutaten in 2 cm große Stücke schneiden. Das Öl in einem großen Topf erhitzen und die Karotten, den Sellerie, den Lauch und den Knoblauch anbraten. Mit Zucker karamellisieren, etwas Salz hinzugeben und mit Melfort ablöschen. Das Ganze kurz einkochen und dann mit etwa 2 Litern Wasser auffüllen. Die Kartoffeln und Bohnen hinzugeben und 40 Minuten köcheln lassen, bis die Kartoffelstücke gar sind. Mit einem Stampfer zerdrücken und, wenn nötig, etwas Wasser hinzugeben. Den Topf vom Herd nehmen, die Suppe etwas abkühlen lassen und dann die saure Sahne unterziehen. Mit Muskat, Maggi und Salz abschmecken. Mit Zwetschgenkuchen oder Apfelpfannkuchen servieren.

Schnippelsches Bohnensupp´ mit Dürrfleisch

Eintopf „Quer durch den Garten“

Alternativ zu Quetschekuchen können auch Waffeln oder Apfelpfannkuchen dazu serviert werden.

Zutaten für 4 Portionen:
1 kg grüne Bohnen
1 Bund Suppengrün, in Würfel geschnitten
4 Kartoffeln, in Würfel geschnitten
50 g Butter
50 g Dürrfleisch, in Würfel geschnitten
2 L Fleischbrühe
2 EL saure Sahne
1 EL Mehl
1 EL Petersilie, gehackt
1 Zweig Bohnenkraut

Zubereitung:
Die grünen Bohnen putzen und in 4 cm lange Stücke schneiden. Die Bohnenstücke mit dem Dürrfleisch, dem Suppengrün und den Kartoffeln in einen Topf geben. Die Fleischbrühe hinzugießen, das Bohnenkraut zufügen und die Suppe 30 Minuten bei mittlerer Hitze kochen lassen. In einer Kasserolle die Butter erhitzen, unter Rühren das Mehl darüberstäuben und goldgelb werden lassen. Mit etwas Wasser ablöschen und die Mehl-Butter-Mischung unter die Suppe rühren. Vor dem Servieren die saure Sahne unterrühren und die Petersilie darüberstreuen.

Bibbelsches Bohnesupp´

Sie wird auch „Löffelbohnensupp“ genannt, und zu ihr wird „Quetschekuche“ (Zwetschgenkuchen) serviert.

Zutaten für 4 Portionen:
100 g Dürrfleisch
2 Zwiebeln, gewürfelt
1 ½ L Fleischbrühe
1 kg grüne Bohnen, frisch
300 g Kartoffeln, gewürfelt
2 Karotten, gewürfelt
1 Stange Lauch
100 ml Sahne
etwas Petersilie, gehackt
Bohnenkraut
Maggi
1 Prs. Muskatnuss
Pfeffer aus der Mühle
Salz

Zubereitung:
Die Bohnen putzen und in 2 cm lange Stücke schneiden. Den Lauch in ½ cm breite Streifen schneiden. Die Karotten, die Kartoffeln, die Bohnen, die Zwiebeln, den Lauch, das Dürrfleisch und das Bohnenkraut in einen Topf geben. Die Fleischbrühe hinzugießen und 20 Minuten bei mittlerer Hitze kochen. Anschließend mit Pfeffer, Salz und Maggi abschmecken. Die Sahne unterrühren und vor dem Servieren mit Petersilie bestreuen.

Bohneneintopf süß-sauer

Zutaten für 3 Portionen:
750 g grüne Bohnen
5–6 Kartoffeln
1 Apfel, säuerlich
2 Zwiebeln, gehackt
100 g Speck, in kleine Würfel geschnitten
1 Würfel Gemüsebrühe
1–2 EL Maggi
3 Zweige Bohnenkraut
1 EL Zucker
Pfeffer aus der Mühle
1 Prs. Salz

Zubereitung:

Die Bohnen putzen und in 4 cm lange Stücke schneiden. Die Kartoffeln und Äpfel schälen und in kleine Stücke schneiden. Die Kartoffeln und den Apfel mit dem Brühwürfel, dem Maggi, dem Bohnenkraut, Salz, Pfeffer und Zucker in einen Topf geben. 2 Liter Wasser hinzugießen und 30 Minuten bei mittlerer Hitze kochen. Anschließend das Bohnenkraut herausnehmen und die Suppe pürieren. Dann die Bohnen hinzugeben und 45 Minuten einkochen. Die Zwiebeln 15 Minuten vor Ende der Garzeit zufügen. Dazu zuvor den Speck in einer Pfanne auslassen und anbraten. Die Zwiebeln hinzugeben und glasig braten. Die Zwiebeln und den Speck zum Eintopf geben, unterrühren und mit Pfeffer und Salz abschmecken. Mit Brot und Butter servieren.

Bohneneintopf mit Sahne

Zutaten für 4 Portionen:
2 Dosen (grüne) Brechbohnen
4 Schnitzel, in Streifen geschnitten
400 g Sahne
2 TL Senf
2 TL Bohnenkraut
2 EL Butterschmalz
2 EL Petersilie, gehackt

Zubereitung:
Das Butterschmalz in einem Topf erhitzen und die Schnitzelstreifen darin anbraten. Dann die Bohnen und das Bohnenkraut hinzugeben und unter Rühren heiß werden lassen. Die Sahne mit dem Senf verquirlen und anschließend in den Topf geben. Vor dem Servieren die Petersilie darüberstreuen und mit Baguette servieren.

Weiße Bohnensupp´

Zutaten für 4 Portionen:
250 g weiße Bohnen
2 Kartoffeln
1 Bund Suppengrün
2 Scheiben Speck, gewürfelt
Maggi
1 TL Salz

Zubereitung:
Die Bohnen mit kaltem Wasser bedecken und über Nacht zugedeckt quellen lassen. Das Suppengrün und die Kartoffeln in kleine Stücke schneiden. Die Bohnen mit dem Einweichwasser, dem Supßpengrün und dem Speck in einem Topf 60 bis 90 Minuten köcheln lassen. Mit Salz und Maggi abschmecken.

Gemiesesupp´

Gemüsesuppe

Zutaten für 6 Portionen:
500 g Suppenfleisch
200 g Blumenkohl
150 g Karotten, in Scheiben geschnitten
150 g Kohlrabi, gewürfelt
150 g grüne Bohnen, halbiert
150 g Lauch, in Ringe geschnitten
150 g Erbsen, TK
50 g Sellerie
50 g Suppennudeln
2 L Wasser
Maggi
Salz

Zubereitung:
Das Fleisch abspülen, in einen großen Suppentopf legen und mit kaltem Wasser bedecken. Den Sellerie halbieren, zum Fleisch geben und bei geschlossenem Deckel aufkochen lassen. Den aufsteigenden Schaum mit einer Schaumkelle abschöpfen, die Hitze reduzieren, 45 Minuten köcheln. Dann den Sellerie entfernen, die Karotten, den Kohlrabi, die Bohnen und den Blumenkohl hinzugeben und 10 Minuten köcheln. Anschließend den Lauch und die Erbsen hinzufügen und weitere 10 Minuten bissfest kochen. Wasser mit etwas Salz in einem Topf erhitzen und die Suppennudeln darin kochen. Das Fleisch aus der Suppe nehmen, in Würfel schneiden und zurückgeben. Die Nudeln abgießen und in die Suppenteller füllen. Die Suppe mit Maggi und Salz abschmecken und über die Nudeln geben. Mit frischem Baguette servieren.

Kappessupp´

Kohlsuppe

Zutaten für 4 Portionen:
1 kg Weißkohl, geputzt
2 Kartoffeln
2 Zwiebeln
150 g Lauch, nur das Weiße
150 g Knollensellerie
4 Knoblauchzehen, zerdrückt
1 ½ L Gemüsebrühe
1 EL Öl
Salz

Zubereitung:
Die Zwiebeln, den Weißkohl und den Lauch fein hacken. Den Sellerie und die Kartoffeln in kleine Würfel schneiden. Das Öl in einer Pfanne erhitzen und die Zwiebeln und den Knoblauch darin anschwitzen. Die Gemüsebrühe hinzugießen. Das Gemüse hineingeben, mit Salz würzen und 30 bis 40 Minuten bei mittlerer Hitze köcheln.

Bettsäächersupp´

Löwenzahnsuppe

Zutaten für 4 Portionen:

1 ½ Handvoll Löwenzahn, fein gehackt
1 EL Petersilie, fein gehackt
1 EL Schnittlauch, fein gehackt
60 g Butter
50 g Mehl
1 Eigelb
2 EL Sahne
2 L Wasser
Croûtons
Pfeffer aus der Mühle
Salz

Zubereitung:

Die Butter in einem Topf erhitzen und die Kräuter darin kurz dämpfen. Dann das Mehl darüberstäuben und unter Rühren anschwitzen. Mit Wasser ablöschen und die Suppe bei mittlerer Hitze 30 Minuten kochen lassen. Den Topf vom Herd nehmen, das Eigelb mit dem Schneebesen unterziehen, die Sahne hineinrühren und die Suppe mit Pfeffer uns Salz abschmecken. Die Croûtons daraufgeben.

Rindfleisch-Gemüseeintopf

Zutaten für 4 Portionen:
500 g Rindfleisch von der Hohen Rippe, ausgelöst
700 g Blumenkohl
300 g Kartoffeln, in Würfel geschnitten
300 g Kohlrabi, in Würfel geschnitten
300 g Sellerie, in Würfel geschnitten
2 Tomaten
1 Zwiebel
1 Bund Kerbel, gehackt
1 Bund Basilikum, gehackt
1 Bund Schnittlauch, gehackt
1 Lorbeerblatt
3 Wacholderbeeren
Pfeffer aus der Mühle
Salz

Zubereitung:
Das Rindfleisch mit 1 ½ Liter Wasser, dem Lorbeerblatt, den Wacholderbeeren und der Zwiebel in einen Topf geben und 1 Stunde kochen. Anschließend das Fleisch herausnehmen und die Brühe durch ein Sieb in einen Topf gießen. Den Blumenkohl in Röschen brechen und mit den Kartoffeln, dem Kohlrabi und dem Sellerie in die Brühe geben. Weitere 15 Minuten bei mittlerer Hitze kochen. Die Tomaten kurz mit kochendem Wasser überbrühen, dann die Haut abziehen. Das Fleisch der Tomaten achteln, das Rindfleisch in Würfel schneiden. Die Tomatenstücke mit dem Fleisch in den Topf geben. Das Ganze aufkochen lassen, mit Kräutern bestreuen, mit Salz und Pfeffer abschmecken und servieren.

Rindfleischsupp´

Zutaten für 4 Portionen:
1 kg Rindfleisch
1 Markknochen
2 Bund Suppengrün
1 Zwiebel, ungeschält
½ Bund Petersilie
2 Nelken
2 Lorbeerblätter
6 Pfefferkörner
etwas Maggi
1 Prs. Muskatnuss
Salz
2 L Wasser

Zubereitung:
Das Rindfleisch und den Markknochen in einem Topf mit kaltem Wasser zum Kochen bringen. Nach dem Aufkochen die Hitze reduzieren und den Schaum abschöpfen. Dann die Zwiebel, das Suppengrün und die Petersilie hinzugeben und 1 Stunde bei schwacher Hitze simmern lassen. Anschließend die Gewürze hinzufügen und eine weitere Stunde simmern lassen. Das Rindfleisch herausnehmen, die Fleischbrühe durch ein feines Sieb passieren und mit Salz, Muskat und Maggi abschmecken. Man kann das Fleisch, separat in Scheiben geschnitten, zur Suppe reichen oder für ein anders Gericht verwenden.

Markklößchensuppe

Zutaten für 4 Portionen:
etwa 20 Markklößchen (siehe Rezept)
1 ½ L Fleischsuppe
1 EL Petersilie, gehackt

Zubereitung:
Die Fleischsuppe in einem Topf zum Kochen bringen, die Markklößchen hineingeben und etwa 5 Minuten gar ziehen lassen. Die Suppe mit den Markklößchen auf die Teller verteilen und mit frischer Petersilie bestreut servieren.

Bouillon

Um eine gute Bouillon zu bereiten, ist es wichtig, dass man gutes Rindfleisch nimmt. Die Bouillon mit einem Brötchen oder einer Scheibe Bauernbrot servieren. In manchen saarländischen Familien ist es Brauch das Brötchen der Länge nach auseinander zu brechen und längs der aufgebrochenen Mitte einen „Strich“ mit Maggi zu ziehen. Dieses mit Maggi getränkte Brötchen wird zur Suppe gegessen.

Zutaten für 6 Portionen:
1 kg Rindfleisch
1 kg Rinderknochen
1 Bund Suppengrün, in Würfel geschnitten
2 Zwiebeln
1 Prs. Kümmel, gemahlen
3 Wacholderbeeren
5 Pfefferkörner
¼–½ EL Salz
5 L Wasser

Zubereitung:

Die Zwiebeln schälen, aber die innerste braune Haut nicht entfernen. Halbieren und mit den Schnittflächen nach unten in einen großen Topf legen, der bereits erhitzt wurde. Die Zwiebelhälften darin kräftig anrösten. Dann das Fleisch und das Suppengrün in den trockenen Topf geben, unter Rühren kurz anbraten, die restlichen Zutaten hinzufügen und das Wasser angießen. Das Ganze zum Kochen bringen und 4 Stunden bei geschlossenem Deckel und schwacher Hitze sanft köcheln lassen. Anschließend durch ein Sieb in einen zweiten Topf gießen und das Fett abschöpfen. Die Bouillon salzen und servieren.

Saarländischer Lyonertopf

Zutaten für 10 Portionen:

4 Ringe Lyoner
200 g Dürrfleisch, in Scheiben
½ Flasche Ketchup
2 Dosen Tomaten, geschält
1 kg Zwiebeln, in Ringe geschnitten
5 Knoblauchzehen, zerdrückt
Cayennepfeffer
Öl

Zubereitung:

Die Lyoner pellen und jede in 8 Stücke teilen. Einen großen Bräter mit dem Öl einpinseln, mit dem Dürrfleisch auslegen und dieses mit Cayennepfeffer würzen. Eine Lage Lyoner-Stücke darauflegen. Etwas Ketchup darauf verteilen und etwas Knoblauch darübergeben. Die Zwiebeln 3 bis 4 cm dick daraufschichten. Etwa die Hälfte der Tomaten darüber verteilen. Die Schichtung mehrmals wiederholen, bis alle Zutaten im Bräter sind. Abgedeckt im Backofen bei 170 °C 2 bis 2 ½ Stunden garen. Dazu Baguette reichen.

Lisdorfer Lyonertopf

Keine 20 Kilometer nordwestlich von Saarbrücken liegt Lisdorf an der Saar. Der Ort ist bekannt für den Gemüseanbau in der „Lisdorfer Aue".

Zutaten für 6 Portionen:
1 Ring Lyoner
150 g Karotten, in Würfel geschnitten
50 g Sellerie, in Würfel geschnitten
2 Zwiebeln, gehackt
1 Stange Lauch, in dünne Scheiben geschnitten
2 Knoblauchzehen, gehackt
125 ml Rotwein
125 ml Fleischbrühe
2 EL Sahne
etwas Butter
1 Lorbeerblatt
etwas Thymian
etwas Majoran
Pfeffer aus der Mühle
Salz

Zubereitung:
Die Lyoner pellen und in Streifen schneiden. Die Butter in einer Pfanne erhitzen und das Gemüse darin andünsten. Die Lyoner-Streifen hinzugeben und kurz anbraten. Mit dem Rotwein ablöschen und die Fleischbrühe angießen. Den Majoran, den Thymian und das Lorbeerblatt hinzugeben. Mit Pfeffer und Salz würzen und bei schwacher Hitze 15 Minuten köcheln lassen. Vor dem Servieren die Sahne unterrühren.

Geröschded Grießsupp´

Geröstete Grießsuppe

Zutaten für 4 Portionen:

1 L Fleischbrühe oder Bouillon
60 g Butter
4 g Grieß
¼ Zwiebel, gehackt
Petersilie, gehackt

Zubereitung:

Die Butter in einer Pfanne erhitzen und die Zwiebel und den Grieß darin goldgelb anrösten. Dann die Fleischbrühe hinzugießen und unter gelegentlichem Rühren 5 Minuten köcheln lassen. Mit Petersilie bestreut servieren.

Tapiokasuppe

Tapioka ist eine Stärke, die aus der getrockneten Maniokwurzel hergestellt und in Form von kleinen Kügelchen ähnlich den Perlgraupen.

Zutaten für 4 Portionen:
600 g Rindfleisch zum Kochen
600 g Markknochen
1 Zwiebel
4 Karotten
4 Petersilienwurzeln
1 Stück Sellerie
1 Lauchstange
2 Knoblauchzehen
Markklößchen
(Anzahl nach Belieben)
4-6 EL Tapioka (oder Perlgraupen)
2 Eier, hart gekocht
1 Schuss Maggi
2 ½ L Wasser
etwas Petersilie
1 Lorbeerblatt
3 Wacholderbeeren
2 Nelken
etwas Majoran
5 schwarze Pfefferkörner
Salz

Zubereitung:
Die Zwiebel halbieren und in einem großen Topf mit der Schnittfläche nach unten ohne Öl kurz anrösten. Das restliche Gemüse würfeln und in den Topf zur Zwiebel geben. Dann die Kräuter und Gewürze sowie das Fleisch und den Knochen darauflegen. So viel Wasser hinzugießen, bis alles bedeckt ist, und bei mittlerer Hitze zum Kochen bringen. Die Hitze reduzieren und die Suppe 2 Stunden sanft köcheln lassen. Während dieser Zeit den Schaum mit einer Schaumkelle abschöpfen und, wenn nötig, etwas Wasser nachfüllen. Anschließend die Brühe durch ein Sieb in einen Topf abgießen, das Tapioka und die Markklößchen hinzugeben und die Suppe unter gelegentlichem Rühren bei schwacher Hitze 25 Minuten köcheln lassen. Vor dem Servieren mit Maggi und Salz abschmecken. Die hart gekochten Eier in kleine Stücke schneiden und separat zur Suppe servieren. Die Suppe kann auf den Tellern individuell mit Maggi nachgewürzt werden und mit gehacktem Ei bestreut werden. Dazu Baguette reichen.

Weinsuppe mit Tapioka

Die saarländischen Weine stammen aus Nennig, Oberperl, Perl und Sehndorf. Seit der Römerzeit wächst dort die älteste Weißweinrebe Europas, die „Elblingrebe". Auch sei noch erwähnt, dass die Reben nicht an der Saar, sondern an der Mosel stehen.

Zutaten für 8 Portionen:

gekochter Schinken
250 g Tapioka
(alternativ: Perlgraupen)
1 Zitrone, geschält
2 Flaschen Weißwein, trocken
3 L Wasser
3 Eier
Butter
Zucker
Baguette
1 Zimtstange

Zubereitung:

Das kalte Wasser mit dem Tapioka, der Zimtstange und der Zitrone in einem Topf unter gelegentlichem Rühren bei schwacher Hitze 60 Minuten köcheln lassen. Dann den Weißwein hinzugießen. Die Eier in eine Schüssel geben und mit dem Zucker verschlagen. Die Suppe vom Herd nehmen, die Zimtstange entfernen und die Ei-Mischung unter die nicht mehr kochende Suppe rühren, bis diese leicht eindickt. Mit etwas Zucker abschmecken und dazu Baguette reichen.

Rotweinsuppe

Eine seltene Variante der Weinsuppe, bei der man traditionell dem französischen Rotwein dem Vorzug vor dem aus der Pfalz gab. Heutzutage gibt es rund um das Saarland vorzügliche Rotweine.

Zutaten für 4 Portionen:
3 EL Tapioka (alternativ: Grieß, Sago oder Graupen)
750 ml Rotwein, trocken
500 ml Wasser
½ Zitrone, in Scheiben geschnitten
2–3 Eier
3–4 EL Zucker
2–3 Msp. Zimt

Zubereitung:
Das Wasser mit dem Tapioka und den Zitronenscheiben in einem Topf bei schwacher Hitze unter gelegentlichem Rühren 20 Minuten köcheln lassen. Dann den Rotwein, den Zucker und den Zimt hinzugeben und die Suppe 2 bis 3 Minuten ziehen lassen. Die Eier trennen, die Eiweiße mit etwas Zucker steif schlagen. Die Eigelbe verquirlen, die Suppe vom Herd nehmen und die Eigelbe unter die nicht mehr kochende Suppe rühren. Den Eischnee in kleinen Häufchen auf die Suppe setzen und 5 Minuten bei geschlossenem Deckel stehen lassen. Anschließend die Suppe in Teller füllen und die Schneehäufchen darauf verteilen.

Aufgeschlagene Weinsuppe

Zutaten für 4 Portionen:
½ Lauchzwiebel, in dünne Ringe geschnitten
500 ml Fleischbrühe, kalt
250 ml Weißwein, trocken
2 Eier
½ Zitrone
1 TL Butter
2 Scheiben Baguette
1 TL Speisestärke
1 Prs. Zucker
Pfeffer aus der Mühle
Salz

Zubereitung:
Die Butter in einer Pfanne erhitzen und die Baguettescheiben darin auf beiden Seiten knusprig braten. Für die Suppe die Fleischbrühe, die Eier, den Wein und die Speisestärke in einen Topf geben und mit dem Schneebesen gut verrühren. Die Suppe bei schwacher Hitze und unter Rühren so lange erwärmen, bis sie eindickt, sie darf jedoch nicht kochen. Dann mit Zitronensaft, Pfeffer, Salz und Zucker abschmecken. Die Suppe in Suppenteller füllen, die Baguettescheiben hineinlegen und mit den Lauchringen bestreut servieren.

Merziger Viezsupp´

Apfelweinsuppe aus Merzig

Zutaten für 4 Portionen:

150 g Schinken, mit Fett
5 Zwiebeln, fein gehackt
2 Äpfel, fein gewürfelt
1 Knoblauchzehe, fein gehackt
150 g Petersilienwurzel, fein gewürfelt
400 ml Viez (Apfelwein)
400 ml Hühnerbrühe
400 ml Sahne
150 g Butter
1 Bund Petersilie, fein gehackt
1 Prs. Muskatnuss
Pfeffer aus der Mühle
Salz

Zubereitung:

Die Butter in einem Topf erhitzen und die Äpfel, die Petersilienwurzel, den Knoblauch und die Zwiebeln darin andünsten. Anschließend den Viez und die Hühnerbrühe angießen und die Suppe bei mittlerer Hitze 10 Minuten köcheln lassen. Die Sahne zugeben, die Suppe mit dem Stabmixer pürieren und weitere 10 Minuten köcheln lassen. Mit Salz, Muskat und Pfeffer abschmecken. Den Schinken in feine Streifen schneiden. Etwas Butter in eine Pfanne geben und den Schinken darin kross braten. Die Schinkenstreifen in die Suppenteller geben und die Viezsuppe darübergießen. Mit der Petersilie bestreuen und servieren.

Graupensuppe

Zutaten für 4 Portionen:
500 g Suppenfleisch
2 Bouillonwürfel
4 Kartoffeln, gewürfelt
1 Pkg. Graupen
1 Bund Suppengrün
Salz

Zubereitung:
Das Suppenfleisch und die Bouillonwürfel in einen Topf geben. So viel Wasser angießen, bis das Fleisch damit bedeckt ist. Das Fleisch etwa 2 Stunden kochen. 15 Minuten vor Ende der Garzeit die Kartoffeln und die restlichen Zutaten hinzugeben und weich kochen.

Rappsupp´

Eine Rinderbrühe mit Gemüseeinlage und Kartoffeln.

Zutaten für 4 Portionen:
1 ½ L Fleischbrühe
1 Bund Suppengrün, in Würfel geschnitten
4 Kartoffeln
1 Ei
1 Prs. Muskatnuss, gemahlen
2 EL Petersilie, gehackt
Salz

Zubereitung:
Die Fleischbrühe und das Suppengrün in einem Topf 15 Minuten kochen lassen. Die Kartoffeln reiben, in die kochende Fleischbrühe geben und unter Rühren 5 Minuten kochen. Das Ei mit dem Salz und dem Muskat verquirlen, und unter kräftigem Rühren mit dem Schneebesen in die kochende Suppe geben, so dass die Ei-Mischung in dünnen Fäden stockt. Die Suppe in Teller füllen und mit Petersilie bestreut servieren.

Riwwelsupp´

Zutaten für 4 Portionen:
1 ½ L Fleischbrühe
5 EL Mehl
1 Ei
2 EL Petersilie, gehackt
1 Prs. Salz

Zubereitung:
Das Mehl, das Ei und etwas Salz in einer Schüssel zu einem glatten Teig verkneten. Den Teig 30 Minuten ruhen lassen. Die Fleischbrühe in einem Topf zum Kochen bringen. Dann den Teig zwischen den Händen zerreiben („riwwele“) und in die sanft köchelnde Fleischbrühe geben. Die Suppe unter gelegentlichem Rühren 10 Minuten köcheln lassen. In die Teller füllen und mit Petersilie bestreuen.

Riwwelsupp´ mit Milch

Zutaten für 4 Portionen:
1 ½ L Milch
5 EL Mehl
1 Ei
Zucker
Salz

Zubereitung:
Das Mehl, das Ei und etwas Salz in einer Schüssel zu einem glatten Teig verkneten. Den Teig 30 Minuten ruhen lassen. Die Milch in einem Topf zum Kochen bringen. Dann den Teig zwischen den Händen zerreiben („riwwele“) und in die sanft köchelnde Milch geben. Die Suppe unter gelegentlichem Rühren 10 Minuten köcheln lassen und mit Salz und Zucker abschmecken.

Bambelsupp´

*Saarländische Mangoldsuppe,
zu der Waffeln gereicht werden.*

Zutaten für 4 Portionen:
1 ½ L Fleischbrühe
500 g Mangold
250 g Kartoffeln, in Würfel geschnitten
50 g Speck (fett), in Würfel geschnitten
4 EL Sahne
Pfeffer aus der Mühle
Salz

Zubereitung:
Den Mangold quer in ½ cm breite Streifen schneiden. Die Fleischbrühe in einem Topf zum Kochen bringen. Die Kartoffeln und den Mangold hineingeben und 10 Minuten kochen. Anschließend das Gemüse stampfen und die Suppe mit Pfeffer und Salz abschmecken. Die Speckwürfel in einer Pfanne anbraten und in die Suppe geben. Je 1 Esslöffel Sahne in die Suppenteller gießen, mit der Suppe auffüllen und servieren.

Saarländer Kohlrabitopf

Zutaten für 4 Portionen:
6 Bratwürste, in Scheiben geschnitten
2 Zwiebeln, gehackt
6 Kohlrabi
750 ml Fleischbrühe
250 ml Sahne
250 ml Weißwein, trocken
3 EL Butter
1 Msp. Muskatnuss
1 Prs. Zucker
1 kleine Dose Pfifferlinge
Kartoffelpüreepulver für 500 ml Kartoffelpüree
Pfeffer aus der Mühle
Salz

Zubereitung:
Die Kohlrabi in Stifte schneiden. Die Butter in einem Topf erhitzen und die Würstchen, die Zwiebeln und den Kohlrabi darin anbraten. Anschließend mit Weißwein ablöschen und die Fleischbrühe angießen. Mit Pfeffer, Salz, Muskatnuss und Zucker abschmecken. Bei mittlerer Hitze 30 Minuten kochen. Die Pfifferlinge hinzugeben und weitere 5 Minuten kochen. Nun das Kartoffelpüree unterrühren. Vor dem Servieren die Sahne unterziehen.

Saarländischer Biertopf

Dieser Biertopf schmeckt am besten, wenn er am Vortag zubereitet und dann nochmals aufgewärmt wird.

Zutaten für 4 Portionen:
1 kg Rinderhüfte
250 g Dürrfleisch, gewürfelt
500 g Zwiebeln
2 Knoblauchzehen
600 ml Schwarzbier
250 ml Fleischbrühe
½ EL Mehl
1 EL Butterschmalz
2 Zweige Thymian
Pfeffer aus der Mühle
Salz

Zubereitung:
Die Rinderhüfte in Streifen schneiden. Das Butterschmalz in einem Bräter erhitzen und die Fleischstreifen darin scharf anbraten. Dann den gewürfelten Schinkenspeck hinzugeben und unter gelegentlichem Rühren 5 Minuten anschmoren. Die Zwiebeln und den Knoblauch hinzufügen und bei mittlerer Hitze weitere 5 Minuten schmoren. Das Mehl darüberstäuben und unter Rühren eine Minuten braten. Das Bier und die Fleischbrühe angießen. Etwas Salz hinzugeben, kräftig mit Pfeffer würzen und die Thymianzweige darauflegen. Zugedeckt im auf 180 °C vorgeheizten Backofen 90 Minuten garen. Wichtig: Während dieser Zeit weder den Topf noch den Backofen öffnen! Dazu Klöße und Rotkraut servieren.

Kesselsupp´ mit Krachelscher

Gemüsesuppe mit gerösteten Brotstückchen

Zutaten für 4 Portionen:
150 g Weißkraut
150 g Karotten
150 g Kohlrabi
150 g grüne Bohnen
50 g Dürrfleisch, gewürfelt
1 ½ L Fleischbrühe
3 Scheiben Weißbrot
1 EL Butter
1 Msp. Muskatnuss
Pfeffer aus der Mühle
Salz

Zubereitung:
Das Gemüse klein schneiden. Die Fleischbrühe zum Kochen bringen und das Weißkraut, die Karotten, den Kohlrabi und die grünen Bohnen darin bissfest garen. Die Butter in einer Pfanne erhitzen und das Dürrfleisch darin braten. Das Weißbrot in kleine Würfel schneiden und mitrösten. Die Suppe in die Teller verteilen und das Dürrfleisch mit den gerösteten Brotwürfeln darübergeben.

Kappes un Grumbeere Durjnanner

Weißkohl-Kartoffel-Eintopf

Zutaten für 4 Portionen:
4 Schweinebacken, geräuchert
4 grobe Bratwürste
250 g durchwachsener Speck, in Würfel geschnitten
1 kg Weißkohl, in Streifen geschnitten
500 g Kartoffeln, in Würfel geschnitten
2 Zwiebeln, gehackt
4 Knoblauchzehen, zerdrückt
150 g getrocknete Tomaten, in Stücke geschnitten
500 ml Fleischbrühe
2 EL Crème fraîche
2 EL Schweineschmalz
etwas Kümmel
Pfeffer aus der Mühle
Salz

Zubereitung:
Das Schweineschmalz in einem großen Topf erhitzen und den Speck darin anbraten. Den Knoblauch und die Zwiebeln hinzugeben und glasig dünsten. Anschließend den Weißkohl und die Tomatenwürfel hinzufügen und unter Rühren einige Minuten andünsten. Die Kartoffeln und die Fleischbrühe hineingeben, kurz aufkochen lassen und mit Pfeffer, Salz und Kümmel abschmecken. Das Fleisch und die Würste darauflegen und bei mittlerer Hitze und geschlossenem Deckel 40 Minuten köcheln lassen. Nach Ende der Garzeit die Crème fraîche unterrühren und das Durjnanner heiß servieren.

Lothringer Zwiwwelsupp´

Lothringer Zwiebelsuppe

Zutaten für 4 Portionen:
5 Zwiebeln
3 Knoblauchzehen
125 g Emmentaler, gerieben
4 Scheiben Baguette
3 EL Butter
1 L Gemüsebrühe
200 ml Weißwein, trocken
Thymian, getrocknet
1 Lorbeerblatt
1 EL Petersilie, gehackt
1 Lorbeerblatt
Pfeffer aus der Mühle
Salz

Zubereitung:

Die Zwiebel in Streifen und 2 Knoblauchzehen in feine Blättchen schneiden (dafür evtl. einen Trüffelhobel verwenden). Die Butter in einem Topf erhitzen und die Zwiebeln mit dem Knoblauch darin glasig dünsten. Die Gemüsebrühe und den Weißwein angießen. Das Lorbeerblatt und etwas Thymian hinzugeben und die Suppe 12 Minuten sanft köcheln lassen. Das Baguette im auf 200 °C vorgeheizten Backofen rösten, dann eine Knoblauchzehe darauf verreiben. Die Suppe mit Pfeffer und Salz abschmecken, in feuerfeste Suppenschalen geben, die Weißbrotscheiben darauflegen und mit dem geriebenen Emmentaler bestreuen. Im noch heißen Backofen bei 220 °C mit Oberhitze überbacken und sofort servieren.

Kappesdierdes

Weißkohleintopf

Zutaten für 4 Portionen:

1 kg Schweinebauch
1 kg Weißkohl, in Streifen geschnitten
1 kg Kartoffeln, in Würfel geschnitten
3 Zwiebeln, gehackt
1 EL Schmalz
1 Brühwürfel
1 Prs. Muskatnuss
Pfeffer aus der Mühle
Salz

Zubereitung:

Wasser und etwas Salz in einen Topf geben und den Weißkohl darin kochen. Das Schmalz in einer Pfanne erhitzen und den Schweinebauch und die Zwiebeln darin anbraten, anschließend mit den Kartoffeln und dem Brühwürfel zum Weißkohl geben. Das Ganze mit Pfeffer und Salz würzen und 15 bis 20 Minuten kochen. Das Fleisch herausnehmen, in Stücke schneiden, auf die Teller verteilen, mit dem Eintopf übergießen und servieren.

Körpricher Kappesdierdes

Körpricher Weißkohleintopf

Körprich liegt im Landkreis Saarlouis.

Zutaten für 6 Portionen:
6 Scheiben Schweinebauch
100 g Dürrfleisch, gewürfelt
1 ½ kg Weißkohl, in Streifen geschnitten
1 L Rinderbrühe
1 kg Kartoffeln, in 1 cm dicke Scheiben geschnitten
1 Msp. Muskatnuss
Pfeffer aus der Mühle
Salz

Zubereitung:
Den Schweinebauch mit Salz und Pfeffer einreiben. Das Öl in einer Pfanne erhitzen und das Dürrfleisch und den Schweinebauch braun braten. Anschließend die Kartoffeln und den Weißkohl hinzugeben. Die Rinderbrühe angießen und mit so viel Wasser auffüllen, bis der Kohl zu zwei Dritteln bedeckt ist. Mit Pfeffer und Salz würzen und 25 Minuten kochen lassen.

Lisdorfer Mous

Grünkohleintopf

Alljährlich wird in Lisdorf zum „Mous-Essen" geladen. Der Stadteil von Saarlouis ist bekannt für den Gemüseanbau in der Lisdorfer Aue, einem fruchtbaren Überschwemmungsgebiet der Saar, auf dem auch der Grünkohl für dieses Festessen geerntet wird. Mehr als 90 Prozent des saarländischen Gemüses wird in Lisdorf angebaut.

Zutaten für 4 Portionen:
250 g Dürrfleisch
1 Bauchlappen (Schwein)
4 Mettwürste
750 g Grünkohl
75 g Schweineschmalz
250 ml Fleischbrühe
5 Kartoffel
Pfeffer aus der Mühle
Salz

Zubereitung:
4 Kartoffeln in kleine Würfel schneiden, 1 Kartoffel reiben. Den Grünkohl waschen, ausdrücken, mit kochendem Wasser überbrühen, abtropfen lassen und fein hacken. Das Schmalz in einem Topf erhitzen und den Kohl darin anbraten. Mit Pfeffer und Salz würzen und die Brühe angießen. Den Bauchlappen und das Dürrfleisch in 4 Stücke schneiden und zum Grünkohl geben. Bei geschlossenem Deckel und schwacher Hitze 15 Minuten garen. Anschließend die geriebene Kartoffel und die Kartoffelwürfel unter den Grünkohl mischen. Die Mettwürste darauflegen und weitere 15 Minuten kochen. Vor dem Servieren mit Salz abschmecken. Dazu wird Bauernbrot gereicht.

Grumbeersupp´

Kartoffelsuppe

Zutaten für 4 Portionen:
1 kg Kartoffeln, gewürfelt
200 g Dürrfleisch
1 Zwiebel, grob gehackt
1 Bund Suppengrün, in Würfel geschnitten
1,2 L Fleisch- oder Gemüsebrühe
100 ml Sahne
1 EL Crème fraîche
1 Msp. Muskatnuss
1 Schuss Maggi
Pfeffer aus der Mühle
Salz

Zubereitung:
Das Dürrfleisch in Würfel schneiden und in einer kleinen Pfanne auslassen. Die Kartoffeln und die Zwiebel mit der Karotte, dem Lauch und dem Sellerie vom Suppengrün in einen Topf geben. Die Brühe angießen und etwa 30 Minuten weich kochen. Anschließend die Suppe mit dem Pürierstab grob pürieren. Dann die Dürrfleischwürfel und den Muskat hinzugeben. Die Petersilie vom Suppengrün hacken, in die Suppe geben, die Sahne und die Crème fraîche unterrühren und mit Pfeffer, Salz und Maggi abschmecken. Als Einlage können Lyonerscheiben oder Croûtons hineingegeben werden.

Kartoffel-Lauchcremesuppe

Zutaten für 2 Portionen:
200 g Kartoffeln, in Würfel geschnitten
150 g Lauch, in Ringe geschnitten
500 ml Gemüsebrühe
1 TL Crème fraîche
1 EL Butter
½ Bund Schnittlauch, gehackt
Pfeffer aus der Mühle
Salz

Zubereitung:
Die Butter in einem Topf erhitzen und den Lauch darin kurz anbraten. Die Brühe angießen, die Kartoffeln hinzugeben und 20 Minuten bei schwacher Hitze kochen. Anschließend die Suppe mit dem Pürierstab pürieren, die Crème fraîche und den Schnittlauch unterrühren und mit Pfeffer und Salz abschmecken.

Rohe Kartoffelsupp´

Ein Rezept aus der Region Merzig-Wadern.

Zutaten für 4 Portionen:
500 g Kartoffeln
4 Zwiebeln, fein gehackt
4 Lauchstangen, in dünne Ringe geschnitten
1 ½ L Gemüse- oder Fleischbrühe
40 g Butter
1 Ei
Sahne
Pfeffer aus der Mühle
Salz

Zubereitung:
Die Butter in einem Topf erhitzen und das Gemüse darin kurz anbraten. Dann die Brühe hinzugießen und die Suppe aufkochen lassen. Die Kartoffeln auf dem Reibeisen reiben, unter Rühren in die kochende Suppe geben und 30 bis 45 Minuten kochen. Mit Pfeffer und Salz abschmecken. Das Ei mit etwas Sahne in einer Schüssel verquirlen und vor dem Servieren in die Suppe geben.

Hinkelsgrumpban

Kartoffelsuppe mit Mehlbrenne

Zutaten für 4 Portionen:
1 kg Kartoffeln, gewürfelt
1 Zwiebel, grob gehackt
1 Bund Suppengrün, in Würfel geschnitten
1,3 L Fleisch- oder Gemüsebrühe
1 Msp. Muskatnuss
1 Schuss Maggi
Pfeffer aus der Mühle
Salz

Mehlbrenne:
2 EL Mehl
3 Butter

Zubereitung:
Die Kartoffeln und die Zwiebel mit der Karotte, dem Lauch und dem Sellerie vom Suppengrün in einen Topf geben. Die Brühe hinzugießen und etwa 30 Minuten weich kochen. Anschließend das Gemüse grob stampfen und mit Pfeffer, Salz und Maggi abschmecken. Für die Mehlbrenne die Butter in einer Pfanne erhitzen und unter Rühren das Mehl darüberstreuen. In die Kartoffelsuppe einrühren.

Zweibrücker Linsen

Zutaten für 4 Portionen:

50 geräucherter Speck, gewürfelt
1 Bund Suppengrün, in Würfel geschnitten
200 g Linsen
500 ml Wasser
125 g Kartoffeln, in Würfel geschnitten
1 Zwiebel, gewürfelt
125 ml Sahne
1 EL Butter
1 Lorbeerblatt
3 Nelken
2 EL Zucker
Pfeffer aus der Mühle
Salz

Zubereitung:

Die Linsen über Nacht in einer Schüssel mit kaltem Wasser einweichen. Am nächsten Tag den Speck und die Zwiebel in einer Pfanne 3 Minuten dünsten. Die Linsen mit dem Einweichwasser, dem Gemüse und den Gewürzen hinzugeben und bei geschlossenem Deckel 15 Minuten kochen. Die Butter in einer kleinen Pfanne erhitzen und den Zucker unter Rühren darin karamellisieren. Anschließend die Sahne und den karamellisierten Zucker unter die Linsen rühren und servieren.

Erbsensuppe mit Lyoner

Zutaten für 4 Portionen:
500 g Lyoner, in Würfel geschnitten
100 g Dürrfleisch, in kleine Würfel geschnitten
250 g Erbsen, frisch oder TK
7 Kartoffeln, in Würfel geschnitten
2 Lauchstangen, fein gehackt
2 Karotten, in kleine Würfel geschnitten
2 Zwiebeln, fein gehackt
etwas Butterschmalz
750 ml Wasser
1 Schuss Maggi
Pfeffer aus der Mühle
Salz

Zubereitung:
Das Butterschmalz in einem Topf erhitzen und die Zwiebeln darin kurz andünsten. Das Wasser hinzugießen, das Dürrfleisch hineingeben und die Brühe 30 Minuten bei schwacher Hitze ziehen lassen. Die Erbsen, die Karotten, den Lauch und die Kartoffeln hinzugeben und die Suppe etwa 35 Minuten bei mittlerer Hitze köcheln lassen. Dann das Gemüse grob durchstampfen oder mit dem Küchenmixer grob pürieren, so dass die Suppe eine sämige Konsistenz erhält. Mit Pfeffer, Salz und Maggi abschmecken. Die Lyonerwürfel hineingeben und unter Rühren 5 Minuten sanft köcheln lassen. Zur Suppe mit Maggi beträufelte Baguettescheiben reichen.

Rahmsupp´

Rahm ist der fettreiche Anteil frischer Milch, der sich beim Stehenlassen an der Oberfläche sammelt und abgeschöpft wird.

Zutaten für 3–4 Portionen:
¼ Baguette
oder 1 Brötchen
1 L Fleischbrühe
100 g Rahm (alternativ: saure Sahne)
Pfeffer aus der Mühle
Salz

Zubereitung:
Das Baguette oder Brötchen in Scheiben schneiden und anrösten. Die Fleischbrühe in einem Topf zum Kochen bringen, den Rahm unterrühren und mit Pfeffer und Salz abschmecken. Die Brotscheiben in Suppenschüsseln oder -tellern verteilen und die Brühe darübergießen.

Pilzcremesuppe

Zutaten für 8 Portionen:
200 g Champignons, in Scheiben geschnitten
1 Frühlingszwiebel, gehackt
150 ml Weißwein, trocken
500 ml Hühnerbrühe
500 ml Sahne
2 ½ EL Butter, weich
2 EL Mehl
1 EL Petersilie, gehackt
Pfeffer aus der Mühle
Salz

Zubereitung:
½ Esslöffel Butter in einer Pfanne erhitzen und die Champignons mit den Schalotten kurz dünsten. Mit dem Weißwein ablöschen und einmal aufkochen lassen. Die Hühnerbrühe und die Petersilie hinzugeben und die Suppe bei mittlerer Hitze 30 Minuten köcheln lassen. Anschließend mit dem Stabmixer pürieren. Das Mehl und 2 Esslöffel Butter in einer kleinen Schüssel durch leichtes Kneten zu einer Kugel formen. Die Mehlbutter in die kochende Suppe geben und unter Rühren auflösen. Die Sahne angießen und 5 Minuten köcheln lassen. Durch ein Sieb passieren und servieren.

Wecksupp´

Brötchensuppe

Zutaten für 4 Portionen:
2 Doppelweck vom Vortag
(alternativ: 4 Brötchen)
40 g Butter
1 L Fleischbrühe
2 Eigelbe
1 Bund Schnittlauch, gehackt
Pfeffer aus der Mühle
Salz

Zubereitung:
Die Weck (Brötchen) in dünne Scheiben schneiden. Die Butter in die Pfanne geben und einige Brötchenscheiben auf beiden Seiten rösten, dann herausnehmen. Mit den restlichen Scheiben ebenso verfahren. Die Brötchenscheiben und den Schnittlauch auf 4 Teller verteilen. Die Eigelbe in einer Schüssel verquirlen. Die Fleischbrühe aufkochen lassen, vom Herd nehmen, etwas abkühlen lassen, mit Pfeffer und Salz abschmecken und dann die Eigelbe mit einem Schneebesen unterrühren. Die Suppe über die Brötchenscheiben gießen und servieren.

Brodsupp´

Brotsuppe

Zutaten für 4 Portionen:
150 g Brot, altbacken
2 EL Korinthen
1 EL Butter
1 L Wasser
etwas Zitronenschale
2 EL Zucker
1 Prs. Salz

Zubereitung:
Die Korinthen in etwas Wasser 30 Minuten einweichen. Das Brot klein schneiden und in einem Topf mit kaltem Wasser 10 Minuten einweichen. Die Zitronenschale hinzugeben und bei mittlerer Hitze 10 Minuten köcheln lassen. Anschließend die Suppe durch ein Sieb in einen Topf streichen. Die Korinthen hinzugeben und 5 Minunten kochen. Dann die Butter und den Zucker hinzufügen und mit Salz abschmecken.

Klößchen, Einlagen & Croûtons

„for in die Supp"

Markklößchen

Zutaten für 4 Portionen:
100 g Rindermark
1 Ei
5–6 EL Semmelbrösel
etwas Petersilie, gehackt
1 Prs. Muskatnuss
Pfeffer aus der Mühle
Salz
Fleischbrühe

Zubereitung:

Das Mark klein schneiden, in eine heiße Pfanne geben und auslassen. Durch ein Sieb in eine Schüssel streichen und abkühlen lassen. Das erkaltete Fett mit dem Schneebesen schaumig rühren. Dann das Ei, Salz, Pfeffer, Muskat, die Semmelbrösel und die feingehackte Petersilie daruntermischen und abschmecken. Mit zwei Kaffeelöffeln kleine Klößchen abstechen. In kochende Fleischbrühe geben und etwa 5 Minuten gar ziehen lassen.

Grießklößchen

Zutaten für 4 Portionen:
125 g Grieß
250 ml Wasser
10 g Butter
1 Ei
1 Prs. Muskatnuss
etwas Petersilie, fein gehackt
Salz

Zubereitung:
Das Wasser in einem Topf erhitzen und das Fett und den Grieß hineingeben und unter Rühren zu einem Kloß kochen. Vom Herd nehmen und abkühlen lassen. Anschließend das Ei, etwas Salz, Muskat und die Petersilie unterrühren. Klößchen mit zwei Teelöffeln abstechen und in sanft kochender Suppe etwa 5 Minunten gar ziehen lassen.

Schwemmklößchen

Kleine Klöße, die man noch mit Muskat und Zucker würzen kann, als Einlage für Suppen.

Zutaten für 4 Portionen:
125 ml Wasser
10 g Butter
70 g Mehl
1 Ei
etwas Petersilie, gehackt
Salz

Zubereitung:
Die Butter, etwas Salz und das Wasser in einem Topf zum Kochen bringen. Das Mehl auf einmal hineingeben und so lange bei schwacher Hitze rühren, bis sich der Teig vom Topfboden löst. Den Topf vom Herd nehmen und etwas abkühlen lassen. Das Ei und die Petersilie untermischen. Kleine Klöße mit einem Kaffeelöffel abstechen und in sanft kochendem Wasser etwa 5 Minuten kochen. Die garen Klöße schwimmen an der Oberfläche, werden mit einer Schaumkelle herausgenommen und in die Suppe gegeben.

Leberknödelsupp´

Zutaten für 4 Portionen:
175 g Rinderleber
200 g Schweinehackfleisch
½ Brötchen, altbacken
1 TL Schmalz
etwas Milch
60 g Zwiebel, fein gehackt
1 Ei und 1 Eigelb
evtl. Semmelbrösel
etwas Majoran
1 EL Petersilie, gehackt
1 L Rinderbrühe
Pfeffer aus der Mühle
Salz

Zubereitung:
Das Brötchen in einer Schüssel mit kalter Milch einweichen. Die Leber durch den Fleischwolf drehen und mit dem Hackfleisch mischen. Das Brötchen ausdrücken, mit der Zwiebel, dem Ei, Schmalz, Majoran, Pfeffer und Salz zum Fleisch geben und gut vermengen. Wenn nötig, etwas Semmelbrösel hinzugeben, um die Masse einzudicken. Anschließend den Teig im Kühlschrank 30 Minuten ruhen lassen. Dann 6 Klöße formen und in der Fleischbrühe unter dem Siedepunkt 30 Minuten gar ziehen lassen. Die Suppe mit den Knödeln auf Teller verteilen und mit Petersilie bestreut servieren.

Eiereinlauf

Zutaten für 4 Portionen:
2 Eier
2 TL Mehl
1 Prs. Muskatnuss, gemahlen
Salz

Zubereitung:
Die Zutaten in einer Schüssel verquirlen und im dünnen Strahl in die heiße Suppe einlaufen lassen.

Eiernibbele

Zutaten für 4 Portionen:
1 Ei
2 EL Mehl
etwas Mehl

Zubereitung:
Das Ei trennen, das Eigelb mit dem Mehl in einer kleinen Schüssel mit einer Gabel gut vermischen. Dann mit den Händen verkneten und so viel Mehl hinzufügen, bis sich beim Kneten kleine Klümpchen bilden. Unter Rühren in die Suppe geben und einige Minuten kochen lassen. Das Eiweiß mit dem Handmixer aufschlagen und langsam in die Suppe laufen lassen.

Saarländische Kartoffeleinlage

Zutaten für 4 Portionen:

1 Kartoffel
1 Ei

Zubereitung:

Eine rohe Kartoffel auf einer feinen Reibe reiben. Die Kartoffelmasse gut ausdrücken. Das Ei in einer Schüssel verquirlen. Dann die Kartoffelmasse hinzugeben und gut verrühren. Langsam in die kochende Suppe geben.

Grießklößchen

Ein weiterer „Einlagenklassiker" für Suppen.

Zutaten für 4 Portionen:	1 Ei
250 ml Wasser	etwas Petersilie, gehackt
125 g Grieß	1 Prs. Muskatnuss
10 g Butter	Salz

Zubereitung:
Die Butter, etwas Salz und das Wasser in einem Topf zum Kochen bringen. Dann den Grieß auf einmal hinzuschütten und bei schwacher Hitze zu einem Kloß rühren. Den Topf vom Herd nehmen und etwas abkühlen lassen. Das Ei, die Petersilie, Muskat und etwas Salz untermischen. Kleine Klöße mit einem Kaffeelöffel abstechen und in sanft kochendem Wasser ziehen lassen. Wenn sie an die Oberfläche kommen mit einer Schaumkelle herausnehmen und in die Suppe geben.

Flädchen

Kleine Pfannkuchen

Eine Einlage für klare Suppen.

Zutaten für 4 Portionen:
60 g Mehl
1 Ei
20 g Butter
130 ml Wasser
1 TL Petersilie, gehackt
1 Prs. Salz
Fett, zum Braten

Zubereitung:
Das Mehl in eine Schüssel sieben. In die Mitte eine Vertiefung eindrücken und Salz und das Ei hineingeben. Von der Mitte aus das Ei mit dem Mehl verrühren, nach und nach Wasser hinzufügen und die Petersilie untermischen. Das Fett in einer Pfanne erhitzen, den Teig portionsweise mit einer Schöpfkelle hineingeben und dünne Pfannkuchen backen. Die Pfannkuchen zusammenrollen, in feine Streifen schneiden, auf Tellern verteilen und die Suppe darübergießen.

Krachelscher

Croûtons

Sie werden über Suppe, Salat, oder Klöße gestreut serviert. Je nach Geschmack kann man auch noch eine Knoblauchzehe zerdrücken und mitrösten.

Zutaten für 4 Portionen:
2 Toastbrotscheiben
1 EL Butter

Zubereitung:
Die Toastbrotscheiben in kleine Würfel schneiden. Die Butter in einer Pfanne erhitzen, die Brotwürfel darin rösten und die „Krachelscher" über die Speise streuen.

Krachelscher II

Kross gebackene Grieben

Die köstliche Variante vom Land, bei der man auch noch sein eigenes Schmalz herstellt.

Zutaten für 4 Portionen:
1 ½ kg Schweinefett
etwa 100 ml Wasser

Zubereitung:
Das Fett in 1,5 cm Würfel schneiden, in einen Topf geben und das Wasser hinzugießen. Bei mittlerer Hitze unter Rühren langsam braten, bis sich Schmalz und Grieben gebildet haben. Die Grieben sollen goldbraun sein. Dabei darauf achten, dass die Grieben nicht anbrennen, da sonst das Schmalz bitter schmeckt. Das Schmalz durch ein Sieb abgießen und in Gläser füllen. Die Grieben aus dem Sieb nehmen, vor der Verwendung in einer Pfanne kurz erhitzen, jedoch nicht anbrennen lassen.

SALAT

Grüner Salat

Bettsächersalat

Löwenzahnsalat

Der Salat schmeckt am besten, wenn man im Frühjahr die langen Strünke an Maulwurfshügeln oder von frisch gedüngten Wiesen nimmt. Die „normalen" Löwenzahnblätter bekommen im Saarland die Hasen und Kaninchen.

Zutaten für 4 Portionen:
500 g Löwenzahn
1 Zwiebel, gehackt
1 EL Speckwürfel
2 Eier, hart gekocht
6 EL Essig
2 EL Wasser
4 EL Öl
1 Schuss Maggi
Pfeffer aus der Mühle
Salz

Zubereitung:
Den Löwenzahn in etwa 4 cm lange Stücke zupfen, waschen und eine Weile im Wasser liegen lassen. Dann herausnehmen und in einem Sieb gut abtropfen lassen. Das Eiweiß in Würfel schneiden. Die Speckwürfel in einer Pfanne anbraten. Das hart gekochte Eigelb durch ein feines Sieb streichen und mit Essig, Wasser, Öl und Maggi glatt rühren, mit Pfeffer und Salz abschmecken. Den Salat, die Zwiebeln, das Eiweiß und die Sauce vermischen. Den ausgelassenen Speck darübergeben und zu Bratkartoffeln und Frikadellen servieren.

Bettsächersalat mol anners

Löwenzahnsalat auf andere Art

Zutaten für 4 Portionen:

500 g Löwenzahn
125 g Speck, gewürfelt
3 Eier, hart gekocht
3 EL Essig
3 EL Öl
3 EL Sahne
1 Zwiebel, fein gehackt
1 Knoblauchzehe, zerdrückt
1 TL Senf
1 EL Wasser
Pfeffer aus der Mühle
Salz

Zubereitung:

Den Löwenzahn in etwa 4 cm lange Stücke zupfen, waschen und eine Weile im Wasser liegen lassen. Dann herausnehmen und in einem Sieb gut abtropfen lassen. Die Zwiebel und den Knoblauch in einer Schüssel mit dem Essig, dem Wasser sowie dem Senf gut verrühren. Die Sahne unterrühren und mit Salz und Pfeffer würzen. Die Eier in kleine Stücke schneiden und mit der Sauce unter den Salat mischen. Das Öl in einer Pfanne erhitzen und die Speckwürfel darin anbraten, über den Salat streuen und durchheben. Zu Bratkartoffeln servieren.

Löwenzahnsalat nach Lisdorfer Art

Lisdorf, ein Stadtteil von Saarlouis, gilt als die kulinarische Hauptstadt des Saarlandes – zumindest was Gemüse anbelangt. Auch Löwenzahn wird hier angebaut.

Zutaten für 4 Portionen:

500 g Löwenzahn
2 Eier, hart gekocht
2–3 EL Speckwürfel
1 Zwiebel, fein gehackt
6 EL Essig
4 EL Öl
2 EL Wasser
1 Prs. Zucker
Pfeffer aus der Mühle
Salz

Zubereitung:

Den Löwenzahn in etwa 4 cm lange Stücke zupfen, waschen und eine Weile im Wasser liegen lassen. Dann herausnehmen und in einem Sieb gut abtropfen lassen. Die Eier halbieren, die Eigelbe herauslösen, durch ein Sieb streichen und das Eiweiß hacken. Den Essig, das Öl, das Eigelb, den Zucker und das Wasser in einer Schüssel mit dem Schneebesen verrühren und mit Pfeffer und Salz abschmecken. Die Sauce mit dem gehackten Eiweiß über den Salat geben und durchheben. Die Speckwürfel in einer Pfanne kurz anbraten, mit dem ausgetretenen Fett über den Salat geben und sofort servieren.

Endiviensalat

Zutaten für 4 Portionen:

2 Endivienköpfe
1 Zwiebel, fein gehackt
3 EL Melfort (Essig)
3 EL Öl
125 g Schmand
Pfeffer aus der Mühle
Salz

Zubereitung:
Die Endivien in schmale Streifen schneiden, mehrmals in lauwarmem Wasser waschen und abtropfen lassen. Für die Sauce die Zwiebel, das Öl, den Melfort, den Schmand, das Salz und den Pfeffer in einer Schüssel verrühren. Den Salat erst kurz vor dem Servieren mit der Sauce vermengen.

Länje Salaad

Kopfsalat

Zutaten für 4 Portionen:

1 Kopfsalat
1 Zwiebel, gehackt
4 EL Öl
4 EL Melfort (Essig)
1 TL Senf
Pfeffer aus der Mühle
Salz

Zubereitung:
Das Öl, den Essig, den Senf, Salz, Pfeffer und die Zwiebel in einer Schüssel verrühren. Den Salat hinzugeben, mit der Sauce mischen und servieren.

Mausohrsalaad

Feldsalat

Zutaten für 4 Portionen:
150–200 g Mausohrsalat (Feldsalat)
1 Zwiebel, gehackt
4 EL Öl
4 EL Melfort (Essig)
Pfeffer aus der Mühle
Salz

Zubereitung:
Das Öl, den Essig, Salz, Pfeffer und die Zwiebel in einer Schüssel verrühren. Den Mausohrsalat hinzugeben, mit der Sauce mischen und servieren.

Saarländischer Sommersalat

Zutaten für 10 Portionen:

½ Ring Lyoner
1 Kopf Eisbergsalat
250 g Spiralnudeln
4 Fleischtomaten
4 EL Sahne
2 EL Melfort (Essig)
2 EL Öl
Petersilie, gehackt
Schnittlauch gehackt
2 Eier, hart gekocht
1 Baguette
Pfeffer aus der Mühle
Salz

Zubereitung:

Die Nudeln in einen Topf mit kochendem Wasser und Salz fügen und weich kochen. Abgießen und in eine Schüssel mit kaltem Wasser geben. Nach 5 Minuten das Wasser abgießen und die Nudeln gut abtropfen lassen. Die Lyoner pellen und in 1 cm große Würfel schneiden. Die Tomaten halbieren, die Kerne entfernen und das Fleisch in Würfel schneiden. Den Eisbergsalat in dünne Streifen, die Eier in Würfel schneiden. Die Eier, die Tomaten, den Salat, die Lyonerwürfel und die Nudeln in eine Schüssel geben. Für die Sauce den Essig, die Sahne, das Öl, den Pfeffer, etwas Salz und die Kräuter verrühren. Die Sauce über den Salat gießen und vermengen. Dazu Baguette servieren.

Schnittlauchsalat

*Eine echte saarländische Spezialität,
die zu Bratkartoffeln gereicht wird.*

Zutaten für 4 Portionen:
6 Bund Schnittlauch
8 Eier, hart gekocht
1 Zwiebel, gehackt
6 EL Essig
2 EL Wasser
4 EL Öl
125 ml Sahne
Pfeffer aus der Mühle
Salz

Zubereitung:
Den Schnittlauch waschen und in ½ cm lange Röllchen schneiden. Die hart gekochten Eier in Würfel schneiden und mit dem Schnittlauch in einer Schüssel mischen. Den Essig, das Öl, die Sahne, Pfeffer und Salz zu einer Salatsauce rühren und über den Salat gießen. Die Zwiebelstücke hinzugeben und den Salat durchheben.

Mangoldstrunkensalat

Zutaten für 4 Portionen:
400 g Mangold
Salz
4 Eier
6 EL Öl
30 g Mehl
1 Zwiebel, fein gehackt
1 Knoblauchzehe, fein gehackt
150 ml Melfort (Essig)
250 ml Fleischbrühe
Pfeffer aus der Mühle
4 Tomaten, geachtelt
etwas Blattsalat

Zubereitung:
Die Mangoldstiele kurz in einem Topf mit kochendem Salzwasser blanchieren, dann mit Eiswasser abschrecken und abziehen. In 6 cm lange Stücke und diese in etwa 1,5 cm lange Stifte schneiden. Die Eier 8 Minuten hart kochen, mit kaltem Wasser abschrecken und pellen. Für die Sauce das Öl in einem Topf erhitzen. Unter Rühren das Mehl hineinstäuben und braun anschwitzen. Dann die Zwiebeln und den Knoblauch hinzugeben und leicht anbraten. Mit dem Melfort ablöschen, die Brühe angießen, gut verrühren und bei schwacher Hitze 5 Minuten köcheln lassen. Vom Herd nehmen, mit Pfeffer und Salz abschmecken und etwas abkühlen lassen. Die Mangoldstifte, die Tomatenstücke und den Salat auf Tellern anrichten, mit der Sauce übergießen und mit den halbierten oder gehackten Eiern garnieren.

Chicoréesalat

Chicorée ist die „Erfindung" eines belgischen Gärtners im 19. Jahrhundert. Das Gemüse hat von Belgien aus schnell den Weg ins nahe Saarland gefunden.

Zutaten für 4 Portionen:
3 Chicorées
150 g Joghurt
¼–½ Zwiebel, fein gehackt
1 TL Senf
etwas Zucker
Pfeffer aus der Mühle
Salz

Zubereitung:
Den Strunk aus den Chicorées kegelförmig herausschneiden und die äußeren Blätter entfernen, da sie die meisten Bitterstoffe enthalten. Die übrigen Blätter in schmale Streifen schneiden und 30 Minuten in einer Schüssel mit kaltem Wasser die Bitterstoffe herausziehen lassen. Anschließend in einem Sieb abtropfen lassen. Für die Sauce den Joghurt, den Senf, den Zucker, Pfeffer, Salz und die Zwiebeln mischen. Den Chicorée dazugeben und durchheben. Nach Geschmack kann die Salatsauce noch mit 1 Esslöffel Orangensaft abgerundet werden, oder man gibt Mandarinenfilets aus der Dose dazu.

Saarländischer Bauernsalat

Zutaten für 4 Portionen:
6 Pellkartoffeln
1 Salat (Endivien- oder Kopfsalat)
400 g Dürrfleisch, gewürfelt
1 Zwiebel, gehackt
Melfort (Essig)
1 EL Petersilie, gehackt

Zubereitung:
Das Dürrfleisch in einer kleinen Pfanne auslassen. Die Zwiebel hinzugeben und glasig dünsten. Mit etwas Melfort abschmecken. Die Kartoffeln pellen und in Scheiben schneiden. Den Salat putzen und in einer großen Schüssel mit den Kartoffeln, dem ausgelassenen Dürrfleisch und der Petersilie mischen.

Kappessalat

Zutaten für 4 Portionen:
Sauerkraut, gekocht, vom Vortag
2 Scheiben Speck, gewürfelt
1 Zwiebel, gehackt
1 EL Essig
½ TL Kümmel
1 TL Pfeffer
1 TL Salz

Zubereitung:
Den Speck und die Zwiebel in eine Pfanne anbraten. Mit den restlichen Zutaten in eienr Schüssel mischen und durchziehen lassen.

Frühlingssalat mit Lyoner

Zutaten für 4 Portionen:
1 kg Kartoffeln
½ Ring Lyoner
2 Bund Radieschen, in dünne Scheiben geschnitten
4 Frühlingszwiebeln, in dünne Scheiben geschnitten
1 Bund Schnittlauch, gehackt
1 TL Senf
200 ml Crème fraîche
250 ml Fleischbrühe
Pfeffer aus der Mühle
Salz

Zubereitung:
Die Kartoffeln mit der Schale kochen, anschließend abkühlen lassen, pellen und in dünne Scheiben schneiden. Die Lyoner halbieren und in dünne Scheiben schneiden. Den Senf mit der Crème fraîche und der Fleischbrühe verrühren. Mit Pfeffer und Salz würzen und die Lyoner unter das Gemüse heben. Im Kühlschrank 2 Stunden ziehen lassen.

Saure Lyoner

Fleischwurst-Zwiebelsalat

Zutaten für 4 Portionen:
800 g Lyoner
2–3 Zwiebeln, in dünne Ringe geschnitten
125 ml Wasser
3 EL Essig
4 EL Öl
½ Bund Petersilie, gehackt
1 Prs. Zucker
Pfeffer aus der Mühle
Salz

Zubereitung:
Die Lyoner in Scheiben schneiden. Das Wasser in einer Schüssel mit dem Essig, dem Öl, Zucker, Pfeffer und Salz zu einer Marinade verrühren. Die Lyoner- und Zwiebelscheiben hineingeben, mit der Marinade mischen und im Kühlschrank 3 Stunden marinieren. Zum Servieren auf Teller geben und mit der Petersilie bestreuen. Dazu Baguette reichen.

Salat mit Fleisch

Saure Lyoner mit Radieschen

Zutaten für 4 Portionen:

1 Ring Lyoner
500 g Gemüsezwiebel
2 rote Paprika
4 EL Öl
3 EL Melfort (Essig)
½ TL Thymian
1 Prs. Zucker
Pfeffer aus der Mühle
Salz

Zubereitung:

Die Zwiebeln in dünne Ringe schneiden. Die Paprikaschoten entkernen und in feine Streifen schneiden. Das Öl, den Essig, Salz, Pfeffer, Zucker und Thymian in einer Schüssel verrühren. Die Lyoner in dünne Scheiben schneiden und mit den Paprikastreifen und den Zwiebelringen in die Schüssel geben, mit der Sauce mischen. Im Kühlschrank 3 Stunden marinieren. Dazu Baguette reichen.

Lyoner-Kartoffelsalat

Zutaten für 4 Portionen:

400 g Lyoner
800 g Kartoffeln, fest kochend
250 g Linsen, gekocht
1 Zwiebel, in Streifen geschnitten
200 ml Wasser
125 ml Öl
5 EL Melfort (Essig)
2 EL Senf, körnig
1 EL Schnittlauch
1 Prs. Kümmel
etwas Zucker
Pfeffer aus der Mühle
Salz

Zubereitung:

Die Kartoffeln mit Schale in Salzwasser mit etwas Kümmel garkochen. Abgießen und die Kartoffeln abkühlen lassen, pellen, in Scheiben schneiden und mit den Zwiebelstreifen in eine Schüssel geben. Die Lyoner längs halbieren, die Hälften in Scheiben schneiden und mit den Linsen zu den Kartoffeln geben. Den Melfort in einer Schüssel mit dem Öl, dem Wasser, Salz, Pfeffer, Zucker und Senf verrühren. Die Vinaigrette über den Salat gießen, vorsichtig untermengen und den Salat im Kühlschrank 3 Stunden ziehen lassen. Vor dem Servieren den Schnittlauch unterheben.

Lyoner-Carpaccio

Zutaten für 2 Portionen:
200 g Lyoner
100 g Parmesan, grob gerieben
150 g Löwenzahn (Bettsächer)
50 g Kirschtomaten, halbiert
1 EL Olivenöl
2 TL Melfort (Essig)
Pfeffer aus der Mühle
Salz

Zubereitung:

Die Lyoner in sehr dünne Scheiben schneiden. Den Löwenzahn und die Kirschtomaten mit dem Melfor und dem Olivenöl in einer Schüssel mischen und mit Pfeffer und Salz abschmecken. Die Lyoner-Carpaccio-scheiben nebeneinander auf Teller verteilen, den Salat daraufgeben und mit dem Parmesan bestreuen.

Kartoffelsalat mit Dürrfleisch

Zutaten für 4 Portionen:
1 kg Pellkartoffeln
1 Zwiebel, gehackt
150 g Dürrfleisch, gewürfelt
200 g Sahne
etwas Essig
Pfeffer aus der Mühle
Salz

Zubereitung:
Die Pellkartoffeln pellen, in Scheiben schneiden, mit der Zwiebel in einer Schüssel mit Essig, Salz und Pfeffer würzen. Das Dürrfleisch in einer Pfanne knusprig anbraten, dann mit der Sahne ablöschen und aufkochen lassen. Anschließend über die Kartoffeln gießen und kurz ziehen lassen.

Ochsenmaulsalat

Das Ochsenmaul sollte beim Metzger vorbestellt werden.

Zutaten für 4 Portionen:
600 g Ochsenmaul
1 Zwiebel, fein gehackt
2 Essiggurken, in Scheiben geschnitten
3 EL Melfort (Essig)
5 EL Öl
1 Bund Schnittlauch, gehackt
Zucker
Pfeffer aus der Mühle
Salz

Zubereitung:
In einer Schüssel den Melfort mit Salz, Pfeffer und Zucker verrühren und das Öl unterschlagen. Das Ochsenmaul in sehr dünne Scheiben schneiden. Die Ochsenmaulscheiben mit der Zwiebel und den Gurken in eine Schüssel geben, die Marinade darübergießen und untermischen. Den Salat 30 Minuten ziehen lassen und vor dem Servieren mit dem Schnittlauch bestreuen.

Flautzen

Kuttelsalat

Früher wurde dieser Salat aus den Mägen und den Eutern von Kühen bereitet.

Zutaten für 4 Portionen:
1 kg Kutteln (Kaldaunen)
2 Zwiebeln
2 TL Senf, scharf
3 EL Melfort (Essig)
7 EL Öl
1 EL Petersilie, gehackt
Pfeffer aus der Mühle
Salz

Zubereitung:
Wasser, Salz und eine grob gehackte Zwiebel in einen Kochtopf geben. Die Kutteln hinzufügen, zum Kochen bringen und bei schwacher Hitze 2 Stunden garen. Danach die Kutteln herausnehmen, gut abtropfen lassen und in feine Streifen schneiden. Den Senf, den Essig, das Öl, etwas Salz und Pfeffer in einer Schüssel verrühren. Die andere Zwiebel fein hacken und mit der Petersilie unter die Sauce rühren. Die Sauce über die noch lauwarmen Kutteln gießen, vermengen und 2 Stunden ziehen lassen.

GERICHTE MIT FLEISCH

Schwenkbraten

Über das „Schwenken“

„*Gott lenkt, der Saarländer schwenkt*“ ist mehr als eine humorvolle Skizzierung der Art der Zubereitung von Speisen – es ist nahezu eine Weltanschauung! Der Schwenkbraten ist eines der Nationalgericht der Saarländerinnen und Saarländer.

Die Begeisterung für die ursprüngliche Zubereitung von Fleisch über dem offenen Feuer und die damit einhergehende Geselligkeit ist im ganzen Saarland groß, und so steht man hier neben den USA und Argentinien in der ersten Reihe der großen „Barbecue-Nationen“.

Die „Schwenkbraten-Saison” ist die wichtigste saarländische Jahreszeit. Sie beginnt am Aschermittwoch und endet am ersten Advent.

Der Begriff „Schwenker“ bezeichnet im Saarland:
· die besondere Form eines Grills (Dreibein/“Turm“)
· das darauf zubereitete Fleisch (Schwenkbraten)
· und den „Grillmeister“.

Über der Glut von Buchenholz „schwenkt” man am Feierabend und an den Wochenenden.

Das Rezept für die Marinade, in welcher die Schweinenackenkoteletts eingelegt werden, ist oft streng geheim.

Schwenkbraten-Marinaden und -Saucen findet man im Kapitel: „SAUCEN & GEWÜRZE“.

Schwenkbrooderezept

Schwenkbraten-Grundrezept

Man sagt, der Schwenker auf dem Grill braucht etwa 15 Minuten, bis er gut ist, und der Schwenker am Grill 2 Flaschen Bier, „bissa gudd is". Für den klassischen Schwenkbraten verwendet man vorzugsweise ausgebeinte Schweinenackenkoteletts. Als Beilagen reicht man im Saarland Kartoffel-, Tomaten-, Blatt- oder Rohkostsalat, Ofenkartoffeln, Baguette usw.

Zutaten für 10 Portionen:
10 Schweinenackenkoteletts, entbeint

Grund-Marinade:
1 kg Zwiebeln, in Scheiben geschnitten
4 Knoblauchzehen, zerdrückt
1 EL Thymian, gerebelt
1 EL Oregano, gerebelt
4 Lorbeerblätter, zerrieben
8 Wachholderbeeren, zerdrückt
1 TL Pimentpulver
Öl
Pfeffer aus der Mühle
Salz

Zubereitung:
Die Zutaten für die Marinade in einer Schüssel mischen. Die Schweinenackenkoteletts hineingeben, mit der Marinade mischen und über Nacht im Kühlschrank marinieren. Aus dem Kühlschrank nehmen, auf Zimmertemperatur erwärmen und abtropfen lassen. Den Schwenker (Grill) vorbereiten, das Buchenholz so weit abbrennen oder die Holzkohle so weit glühen lassen, bis die Glut weiß ist. Den Grillrost leicht ölen. Das Fleisch zum Grillen auf den Schwenker legen und unter gleichmäßigem Schwenken je nach Dicke des Fleisches 10 bis 15 Minuten garen. Nach etwa der Hälfte der Zeit die Koteletts wenden. Das Fleisch am Rand des Grills noch 5 Minuten nachziehen lassen und vor dem Servieren mit Salz bestreuen.

Saarländischer Schwenkbraten

Zutaten für 8 Portionen:
2 kg Schweinekamm
250 ml Öl
1 EL Senf
10 Zwiebeln, in Streifen geschnitten
4 Knoblauchzehen, zerdrückt
7 Wacholderbeeren, zerdrückt
Thymian
Oregano
Currypulver
Paprikapulver
Cayennepfeffer
Pfeffer aus der Mühle
Salz

Zubereitung:
Den Schweinekamm in 250 g Steaks schneiden. Die restlichen Zutaten in einer Schüssel mischen, die Steaks hinzugeben und mit der Marinade mischen. Im Kühlschrank 24 Stunden zugedeckt ziehen lassen. Vor dem Grillen das Fleisch rechtzeitig aus dem Kühlschrank nehmen. Den Rost einfetten und über dem Feuer erhitzen. Den Schwenkgrill auf mittlere Höhe einstellen. Warten, bis das Feuer fast niedergebrannt ist, dann den Schwenkgrill etwas ablassen und die Steaks darauflegen. Etwa 10 bis 15 Minuten grillen.

Maulwürfe

Eine weitere saarländische Grillspezialität

Zutaten für 4 Portionen:
1 kg Schweinekamm (2 Stücke à 500 g)
1 Zwiebel, in Scheiben geschnitten
Pfeffer aus der Mühle
Salz

Zubereitung:
Die Zwiebelscheiben mit Pfeffer und Salz in einer Schüssel gut mischen. In die Schweinekammstücke eine Tasche schneiden und die gewürzten Zwiebeln hineindrücken. Die Fleischtaschen verschließen und mit Wurstkordel wie einen Rollbraten verschnüren. Das Fleisch mit Pfeffer und Salz von außen würzen. Anschließend im Kühlschrank 24 Stunden ziehen lassen. Bei nicht zu starker Hitze 45 Minuten grillen.

Gegrillter Bauch

Zutaten für 4 Portionen:
1,2 kg Schweinebauch mit Schwarte
5 Zwiebeln, in Ringe geschnitten
Pfeffer aus der Mühle
Salz

Zubereitung:
Den Schweinebauch in 2 cm dicke Scheiben schneiden. Die Schwarte im Abstand von 2 cm mit einem scharfen Messer einritzen. Das Fleisch kräftig mit Pfeffer und Salz würzen und mit den Zwiebeln in eine Schüssel geben. Nochmals durchmischen und abgedeckt 24 Stunden im Kühlschrank ziehen lassen. Etwa 15 Minuten grillen und dabei einmal die Schweinebauchscheiben wenden. Den Grillrost während dieser Zeit schwenken.

Spanferkel vom Grill

Zutaten für 20 Portionen:
1 Spanferkel (20 kg)
250 ml Bier
5 EL Honig

Marinade:
2 Zwiebeln, gehackt
2 Knoblauchzehen, zerdrückt
6 EL Zitronensaft
3 EL Sojasauce
400 ml Öl
1 Bund Petersilie, gehackt
1 TL Thymian
1 TL Majoran
1 TL Rosmarin
1 TL Pfeffer, gemahlen
1 TL Salz

Zubereitung:
Die Haut des Spanferkels 24 Stunden vor dem Grillen gut trocken reiben, dann die Schwarte so einschneiden, dass 5 cm große Vierecke entstehen. Die Zutaten für die Marinade in einer Schüssel verrühren, das Spanferkel damit bestreichen und im Kühlschrank oder in einem kühlen Raum ziehen lassen. Die Füße, die Ohren und den Schwanz mit Aluminiumfolie umwickeln, dann das Ferkel auf einen Grillspieß stecken. Die Holzkohle im Schwenker 20 Minuten glimmen lassen. Das Ferkel in den Grill einhängen, den Grillmotor einschalten und das Spanferkel von Zeit zu Zeit mit Bier und Honig bestreichen. 4 bis 5 Stunden grillen, aufschneiden und als Beilage grünen Salat servieren.

Geschwenkte Lyonerscheiben

Gegrillte Fleischwurstscheiben

Zutaten für 4 Portionen:
600 g Lyoner
200 g Sahne
200 g Frischkäse
1–2 El Öl
2 El Dijon Senf
2 El Crème fraîche
etwas Maggi

Zubereitung:
Die Lyoner pellen und in Scheiben schneiden. Auf den mit Öl eingepinselten, vorgeheizten Grill legen und auf beiden Seiten goldbraun grillen. Nach Geschmack über die „geschwenkten"Lyonerscheiben etwas Maggi geben. Für die Sauce die Sahne, den Frischkäse, das Öl, den Senf und die Crème fraîche mischen. Zu den Lyonerscheiben die Sauce und Baguette reichen.

Merguez vom Schwenker

Gegrillte Merguez

Merguez-Würstchen stammen aus Nordafrika und haben auf dem Weg über Frankreich ins Saarland gefunden. Sie verdanken ihren Geschmack und die Farbe der Harissa, einer scharfen Chilipaste mit einem Hauch von Koriander, Kreuzkümmel und Knoblauch.

Zutaten für 4 Portionen:
4 Merguez

Zubereitung:
Die Merguez auf einem Teller in etwa 30 Minuten auf Zimmertemperatur bringen. Auf dem vorgeheiztem Grill auf den mit Öl eingepinselten Rost legen. 4 Minuten grillen, wenden und weitere 3 bis 4 Minuten grillen. Dazu Brötchen oder Baguette reichen.

Roschdworscht

Bratwurst vom Grill

Die „Roschdworscht“ gibt es in zwei Varianten: eine Art Mettwurst (rot) , „e Roodi“, und eine helle, feine Bratwurst, „e Weissi“.

Zutaten für 4 Portionen:
4 Bratwürste

Zubereitung:
Die Bratwürste auf einem Teller in etwa 30 Minuten auf Zimmertemperatur bringen. Mehrere Male mit einer Nadel einstechen und sparsam mit Öl einpinseln. Auf dem vorgeheizten Grill auf den mit Öl eingepinselten Rost legen, 4 bis 6 Minuten grillen, wenden und weitere 3 bis 4 Minuten grillen.

Krombierwurscht

Kartoffelwurst

Zutaten für 6 Portionen:
500 g Schweinebauch
300 g Rindfleisch
300 g Dürrfleisch
2 kg Kartoffeln
500 g Zwiebeln, grob gehackt
etwas Muskat
Majoran
Bohnenkraut
Pfeffer aus der Mühle
Salz
Wurstdarm

Zubereitung:
Den Schweinebauch, das Rindfleisch und das Dörrfleisch in einem Topf mit etwas Wasser kochen. Vom Herd nehmen und abkühlen lassen. Die rohen, geschälten Kartoffeln in Stücke schneiden, mit den Zwiebeln, dem Schweinebauch, dem Rindfleisch und dem Dörrfleisch durch den Fleischwolf drehen. Die Masse gut mischen und mit Pfeffer, Salz, Muskat, Majoran und Bohnenkraut würzen, dann durch den Fleischwolf mit Wurstspitze und Wurstdarm drehen und Würste formen. Diese in 80 °C heißem Wasser 20 Minuten ziehen lassen. Aus dem Wasser nehmen und abtropfen lassen. Anschließend auf dem vorgeheizten Grill auf den mit Öl eingepinselten Rost legen, 6 Minuten grillen, wenden und weitere 3 bis 4 Minuten grillen.

Illinger Grillspatzen

Die Gemeinde Illingen, im Landkreis Neunkirchen gelegen, ist über 1275 Jahre alt. Die Ruine der Wasserburg Kerpen ist das Wahrzeichen des Ortes. Die „Grillspatzen“ sind eine Spezialität, bei der eine Art Frikadelle mit Käse gefüllt, mit Speck umwickelt und gegrillt wird.

Zutaten für 4 Portionen:
500 g Rinderhack
10–15 Scheiben Speck
etwa 50 g Hartkäse
2 Zwiebeln, gehackt
2 Knoblauchzehen, zerdrückt
1 EL Mehl
Pfeffer aus der Mühle
Salz

Zubereitung:
Das Hackfleisch, das Mehl, die Zwiebeln, Pfeffer und Salz in einer Schüssel gut mischen. Den Hartkäse in 4 cm lange Streifen schneiden. Um jeden Käsestreifen ein ca. 2 cm dickes und 5 cm langes Hackfleischwürtschen formen, diese mindestens ½ Stunde ruhen lassen, damit das Mehl quellen kann und dem Hackfleisch etwas Festigkeit gibt. Mit dem Speck umwickeln. Dann mit Öl bestreichen und 10 bis 15 Minuten grillen. Während dieser Zeit mehrfach wenden. Dazu grünen Salat reichen.

Rind & Kalb

Saarländischer Spießbraten

Zutaten für 6 Portionen:
1 ½ kg Rindfleisch vom Bug
250 g Dürrfleisch
500 g Zwiebeln, gehackt
750 ml Rotwein, trocken
1 Bund Suppengrün, gehackt
2 Lorbeerblätter
10 Nelken
10 Wacholderbeeren, zerstoßen
10 Pfefferkörner
Pfeffer aus der Mühle
1 Prs. Salz

Zubereitung:
Das Fleisch zu einer dicken, großen, flachen Scheibe aufschneiden. In diese Scheibe eine Tasche schneiden und die Hälfte des Dürrfleischs hineingeben. Das restliche Dürrfleisch darauf verteilen. Die Zwiebeln und die Petersilie darüberstreuen und die Fleischscheibe mit Pfeffer, Salz und einigen Spritzern Maggi würzen. Dann aufrollen und mit Küchenzwirn umwickeln. Aus den restlichen Zutaten eine Marinade bereiten und die Rolle 24 Stunden darin ziehen lassen. Herausnehmen, mit Küchenkrepp trocken tupfen und mit Pfeffer und Salz würzen. In einen Bräter geben und im auf 180 °C vorgeheizten Backofen 1 ½ Stunden braten. Dann den Rollbraten auf einen Spieß gesteckt über dem Holzkohlenfeuer unter ständigem Drehen 1 Stunde knusprig braun braten. Dazu Brot oder Kartoffelsalat reichen.

Saarländische Rinderrouladen

Zutaten für 4 Portionen:

4 Rouladen (à 200 g)
4 Zwiebeln, gehackt
2 Knoblauchzehen, zerdrückt
200 g Dürrfleisch
100 g fetter Speck
3 Karotten, gewürfelt
150 g Sellerie, gewürfelt
2 Tomaten, gewürfelt
Senf
3 Nelken
2 Lorbeerblätter
60 g Bratfett (Palmin, Biskin o. ä.)
1 Bouillonwürfel
Pfeffer aus der Mühle
Salz

Zubereitung:

Das Rouladenfleisch ausrollen und dünn mit dem Senf und dem Knoblauch bestreichen. Mit Pfeffer und Salz würzen und die Hälfte der Zwiebeln darauf verteilen, ebenso das Dürrfleisch und den fetten Speck, in feine Streifen geschnitten, auf den Rouladen verteilen. Die Rouladen aufrollen und mit Küchenzwirn zusammenbinden. Das Bratfett in einer tiefen Pfanne oder einem Bräter erhitzen und die Rouladen von allen Seiten darin anbraten. Die restlichen Zwiebeln, die Karotten und den Sellerie hinzugeben und ebenfalls anbraten. Dann die Tomaten zufügen und so viel heißes Wasser angießen, bis die Rouladen bedeckt sind. Die Lorbeerblätter, die Nelken und den Bouillonwürfel hinzugeben. Mit geschlossenem Deckel 75 bis 90 Minuten bei schwacher Hitze köcheln lassen. Gelegentlich umrühren und, wenn nötig, noch etwas Wasser angießen. Anschließend die Rouladen herausnehmen und die Fäden entfernen. Die Sauce abschmecken und mit etwas angerührtem Mehl andicken. Dazu Rotkraut und Kartoffelpüree reichen.

Saarländer Böfflamott

Boeuf à la mode

Zutaten für 4 Portionen:
1 kg Schwanzrolle vom Rind
4 Markknochen
50 g Speck
750 ml Rotwein
250 ml Rotweinessig, mild
1 Zwiebel, gehackt
1 Karotte, gewürfelt
1 Tomate, entkernt und gewürfelt
1 Lauchstange, halbiert und in dünne Ringe geschnitten
1 Petersilienwurzel, gewürfelt
20 g Brotrinde, altbacken
1 TL Mehl
½ TL Zucker
125 ml Rotwein
1 EL Petersilie
5 EL Öl
10 Pfefferkörner
6 Wacholderbeeren
½ TL Pfeffer, gemahlen
1 TL Salz

Zubereitung:

Für die Beize die Karotte, die Zwiebel, die Petersilienwurzel, den Rotweinessig, die Pfefferkörner und die Wacholderbeeren in einem Topf mit Wasser aufkochen. Vom Herd nehmen und den Sud abkühlen lassen. Das Fleisch in eine Schüssel legen, die Beize darübergießen und mit Frischhaltefolie verschließen. 6 bis 8 Tage im Kühlschrank marinieren. Während dieser Zeit das Fleisch alle 2 Tage wenden. Dann das Fleisch aus der Beize nehmen, trocken tupfen, mit den Speckstreifen spicken, mit Salz, Pfeffer und der Petersilie einreiben. Das Öl in einem Topf erhitzen und das Fleisch darin von allen Seiten anbraten. Das Gemüse aus der Beize und die Markknochen hinzufügen. Die Beize erhitzen. Das Fleisch 2 Stunden schmoren lassen und während dieser Zeit nach und nach die Beize angießen. Nach 1 Stunde Garzeit die Brotrinde hinzugeben. Anschließend das Fleisch aus der Sauce nehmen und warm stellen. Die Markknochen aus der Sauce entfernen und diese, durch ein Sieb passiert, in eine Kasserolle geben. Das Mehl und die Butter verkneten, in die Sauce geben und sie bei mittlerer Hitze damit binden. Den Rotwein angießen und die Tomatenwürfel und den Lauch hinzufügen. Weitere 10 Minuten kochen lassen. Das Fleisch mit dem Gemüse auf einer vorgewärmten Platte anrichten. Als Beilage klassische Saarländer Klöße servieren.

Geschnetzeltes Zwiebelfleisch

Zutaten für 4 Portionen:
750 g Rinderfilet
500 g Zwiebeln, in Ringe geschnitten
4 EL Butterschmalz
1 Lauchstange, in Ringe geschnitten
1 Knoblauchzehe, fein gehackt
250 ml Fleischbrühe
½ TL Kümmel, gemahlen
1 TL Majoran, getrocknet
Pfeffer aus der Mühle
Salz

Zubereitung:
Das Rinderfilet in Streifen schneiden. Das Butterschmalz in einer schweren Pfanne erhitzen und das Fleisch auf allen Seiten 6 Minuten anbraten. Aus der Pfanne nehmen und warm stellen. Die Zwiebeln und den Knoblauch zum Bratfond geben und darin goldgelb braten, dann die Fleischbrühe zugießen und etwas einkochen lassen. Den Kümmel, den Majoran sowie den Lauch hinzugeben und mit Pfeffer und Salz abschmecken. Das Ganze 10 Minuten dünsten. Das Fleisch mit Pfeffer und Salz würzen, zu den Zwiebeln geben und kurz erhitzen. In einer Schüssel anrichten und dazu Salat reichen.

Rindergulasch mit Kastanien

Zutaten für 4–6 Portionen:
1 kg Rindergulasch
500 g Esskastanien
2 EL Butterschmalz
12 Perlzwiebeln
250 ml Bier
250 ml Sahne
1 EL Tomatenmark
1 TL Thymian
1 EL Petersilie, gehackt
Pfeffer aus der Mühle
Salz

Zubereitung:
Die Kastanien an der Spitze kreuzweise einritzen und 15 Minuten in Wasser kochen. Das Wasser abgießen und die Schale und die Häutchen abziehen. Das Butterschmalz in einem Topf oder Bräter erhitzen und das Rindergulasch darin anbraten. Die Zwiebeln hinzugeben und unter Rühren kurz mitbraten. Die Hälfte des Biers angießen und das Tomatenmark, den Thymian, Salz und Pfeffer hinzufügen. Bei mittlerer Hitze und geschlossenem Deckel 1 Stunde schmoren. Dann das restliche Bier und die Kastanien hinzugeben und unter gelegentlichem Rühren weitere 30 Minuten schmoren. Nun das Gulasch und die Kastanien aus dem Topf nehmen und in eine Schüssel füllen. Die Sauce auf die Hälfte einkochen, die Sahne hinzugießen und mit Pfeffer und Salz abschmecken. Über das Fleisch und die Kastanien geben. Mit Petersilie bestreut servieren und dazu Baguette reichen.

Sauerbroode

Sauerbraten

Dazu isst der Saarländer am liebsten Schneebälljer.

Zutaten für 4 Portionen:
1 ½ kg Rinderbraten aus der Schulter oder Keule
500 g Zwiebeln, gehackt
1 Bund Suppengrün, in Würfel geschnitten
500 ml Essig
250 ml Rotwein
250 ml Wasser
5 EL Öl
1 Scheibe Bauernbrot (Sauerteig)
1 EL Fenner Harz
9 Wacholderbeeren
1 TL Senfkörner
2 Gewürznelken
3 Lorbeerblätter
1 TL Pfefferkörner
1 TL Salz

Zubereitung:
Die Zwiebeln und das Suppengrün mit den Gewürzen in eine Schüssel geben. Den Wein und das Wasser hinzugießen und das Fleisch hineinlegen. Abgedeckt im Kühlschrank 4 bis 5 Tage marinieren. Während dieser Zeit das Fleisch mehrmals wenden. Anschließend das Fleisch aus der Marinade nehmen und mit Küchenkrepp trocken tupfen. Mit Salz und Pfeffer einreiben. Das Öl in einem Bräter erhitzen und das Fleisch auf allen Seiten kräftig anbraten. Die Marinade durch ein Sieb in eine Schüssel gießen. Das Gemüse gut abtropfen lassen, ebenfalls anbraten und mit einem Viertel der Marinade ablöschen. Das Brot zerbröselt hinzufügen und alles 2 Stunden mit geschlossenem Deckel schmoren lassen. In dieser Zeit immer wieder etwas Flüssigkeit zugießen und den Braten wenden. Das Fleisch aus dem Bräter nehmen und 5 Minuten warm stellen. Die Sauce mit Pfeffer, Salz und Fenner Harz abschmecken und, wenn nötig, noch etwas einkochen lassen. Dazu „Schneebälljer“ und Rotkraut oder Endiviensalat servieren.

Saarländischer Bierbraten

Zutaten für 4 Portionen:

1 kg Rindfleisch vom Bug
10–15 Streifen Speck
1–2 Karotten, gewürfelt
1 kleines Stück Sellerie, in Würfel geschnitten
2 Zwiebeln
330 ml dunkles Bier
1 Schuss Maggi
2 EL Fett
1 Prs. Kümmel
2 Lorbeerblätter
Pfeffer aus der Mühle
Salz

Zubereitung:

Den Speck in Streifen schneiden und das Fleisch damit spicken, mit Salz und Pfeffer einreiben. Das Fett in einem Bräter erhitzen und das Fleisch darin rundum anbraten. Dann die Zwiebel, die Karotten, den Sellerie und etwas Kümmel hinzugeben und kurz anbraten. Mit dem Bier ablöschen. Den Braten 1 bis 1 ½ Stunden schmoren. Wenn in dieser Zeit das Bier verkocht, heißes Wasser nachgießen. Das Fleisch aus dem Bräter nehmen und warm stellen. Die Sauce mit Mehl eindicken und mit Zucker, Pfeffer, Salz und Maggi abschmecken. Das Fleisch in Scheiben schneiden auf einer vorgewärmten Platte anrichten und etwas Sauce darübergießen. Dazu Kartoffelklöße, Hoorische oder Mehlknepp servieren.

Saarbrücker Bierbraten

Die Art, wie man den saarländischen Bierbraten in der Hauptstadt zubereitet.

Zutaten für 4 Portionen:
1 kg Rindfleisch vom Bug
10 Scheiben Speck
1 Bund Suppengrün, in Würfel geschnitten
1 Zwiebel, gehackt
1 Gewürzgurke
330 ml Bier
50 g Fett
1 EL Mehl
Zucker
etwas Maggi
Pfeffer aus der Mühle
Salz

Zubereitung:
Den Speck in Streifen schneiden, das Fleisch damit spicken und mit Salz und Pfeffer einreiben. Das Fett in einem Bräter erhitzen und das Fleisch darin rundum anbraten. Dann die Zwiebel und das Suppengrün hinzugeben und kurz anbraten. Mit dem Bier ablöschen. Den Braten 1 bis 1½ Stunden schmoren. Wenn in dieser Zeit das Bier verkocht, heißes Wasser nachgießen. Den Braten aus dem Bräter nehmen und warm stellen. Die Sauce mit Mehl andicken und mit Zucker, Pfeffer und Salz süß-sauer abschmecken. Die Gewürzgurke in Würfel schneiden und kurz in der Sauce ziehen lassen. Das Fleisch in Scheiben schneiden, auf einer vorgewärmten Platte servieren und mit etwas Sauce übergießen. Dazu gedünstetes Gemüse und Kartoffelklöße reichen.

Kappeswickel

Krautwickel oder Kohlrouladen

Zutaten für 4 Portionen:
1 Kohlkopf
300 g Rinderhackfleisch
2 Zwiebeln
1 Brötchen, altbacken
1 Ei
Mehl
500 ml Fleischbrühe
1 Prs. Muskatnuss
Pfeffer aus der Mühle
Salz

Zubereitung:
Die äußeren und welke Blätter vom Kohl entfernen, die übrigen Blätter etwa 2 Minuten in kochendem Wasser blanchieren. Mit einem Schaumlöffel aus dem Wasser nehmen und abkühlen lassen. Das Brötchen zerbröseln und kurz in etwas Wasser einweichen. Gut ausdrücken und mit dem Hackfleisch und dem Ei in einer Schüssel mischen. Mit Pfeffer, Salz und Muskat würzen. Je 2 gut gefüllte Esslöffel Fleischteig mit dem Kohl umwickeln, dabei etwa 3 Blätter pro Roulade verwenden. Die Blattenden einschlagen, so dass kleine Päckchen entstehen, mit Zahnstochern feststecken. Die Wickel mit Mehl bestäuben und goldgelb anbraten, dann die Brühe angießen und bei schwacher Hitze etwa 40 Minuten sanft schmoren lassen. Wenn nötig, während der Garzeit noch etwas Wasser angießen. Vor dem Servieren die Kappeswickel aus dem Bräter nehmen und warm stellen. Die Sauce mit wenig Mehl binden und mit Pfeffer und Salz abschmecken. Die Wickel auf Teller legen, Sauce daübergießen und dazu Kartoffelbrei servieren.

Blätterteigpastetchen mit Ragout fin

Das Rezept stammt ursprünglich aus Frankreich und ist heute im Saarland ein Klassiker, der serviert wird, wenn die Verwandtschaft zu Besuch kommt.

Zutaten für 4 Portionen:
4 Blätterteigpastetchen
500 g Kalbfleisch
1 Zwiebel
4 Gewürznelken
1 Bouquet garni (Kräutersträußchen)
4 Pfefferkörner
3 EL Butter
40 g Mehl
150 g Erbsen, TK
100 g Champignons
2 Eigelbe
4 EL Elbling (Weißwein), trocken
Salz

Zubereitung:
Die Zwiebel vierteln und in jedes Viertel eine Gewürznelke stecken. Das Kalbfleisch in einen Topf mit 1 Liter Wasser geben, Die gespickten Zwiebelviertel, das Bouquet garni, die Pfefferkörner und etwas Salz hinzufügen. Kurz aufkochen lassen, dann die Hitze reduzieren und 1 Stunde sanft köcheln lassen. Das Kalbfleisch aus der Brühe nehmen und in kleine Würfel schneiden. Die Brühe durch ein Sieb in eine Schüssel gießen. 2 Esslöffel Butter in einer Kasserolle erhitzen, das Mehl einrühren und unter ständigem Rühren rösten, bis es hellgelb ist. 500 ml der Fleischbrühe portionsweise mit dem Schöpflöffel in die Kasserolle gießen und gut verrühren, dass keine Klümpchen entstehen. Anschließend 10 Minuten köcheln lassen. Dann die Erbsen in die Sauce geben und weitere 5 Minuten köcheln lassen. Die Sauce vom Herd nehmen. Die Eigelbe mit 4 Esslöffeln heißer Fleischbrühe verquirlen und mit dem Schneebesen unter die Sauce rühren. Mit

Pfeffer, Salz, Zitronensaft und Weißwein abschmecken. Das Fleisch in die Sauce geben und darin erwärmen. Die Champignons putzen, in Scheiben schneiden und in einer Pfanne mit etwas Butter kurz anbraten. Die Blätterteigpastetchen im Backofen 10 Minuten bei 150 °C erhitzen, mit dem Ragout füllen und die Champignonscheiben dazulegen.

Saarbrücker Fleischpastete

Zutaten für 4 Portionen:

1 kg Schweinekamm ohne Knochen
250 g Schweinemett, gewürzt
1 Zwiebel, gehackt
1 Eigelb
250 g saure Sahne
1 Ei
75 g Butter und Butter für die Form
125 ml Milch
1 TL Zucker
15 g Hefe
300 g Mehl
125 ml Weinessig
750 ml Rotwein
1 TL Koriandersaat
8 Wacholderbeeren
6 Nelken
3 Lorbeerblätter
Pfeffer aus der Mühle
Salz

Zubereitung:

Das Fleisch in 2 cm große Würfel schneiden, mit der Zwiebel, den Lorbeerblättern, den Nelken, den Wacholderbeeren, dem Koriander, dem Rotwein und dem Essig in einer Schüssel abgedeckt im Kühlschrank 24 Stunden ziehen lassen. Während dieser Zeit einmal umrühren. Für den Pastetenteig das Mehl in eine Schüssel sieben und in die Mitte eine Mulde drücken. Die Hefe mit dem Zucker und 50 ml lauwarmer Milch verrühren. Diese Mischung in die Vertiefung gießen. Mit etwas Mehl zu einem Vorteig verkneten und 15 bis 20 Minuten an einem warmen Ort gehen lassen. Die restliche lauwarme Milch mit der Butter, dem Ei und etwas Salz in einer Schüssel mit dem Handrührer verrühren. Nachdem der Vorteig 15 Minuten gegangen ist, diese Mischung nach und nach unter den Teig schlagen und dann verkneten. Zwei Drittel des Teiges zu einer großen Platte ausrollen und den Boden sowie den Rand einer gebutterten Springform damit auslegen. Das Fleisch aus der Marinade nehmen, in einem Sieb abtropfen lassen und mit Küchenkrepp trocken tupfen. In einer Schüssel mit dem Schweinemett vermischen, mit Pfeffer und Salz würzen, und in der Springform verteilen. Die saure Sahne darübergießen. Aus dem restlichen Teig eine Platte ausrollen und als Deckel über die Füllung in der Springform legen. Die Ränder etwas andrücken. Anschließend einen „Kamin“ ausstechen und den Deckel mit Teigresten verzieren. Mit Eigelb bestreichen und im auf 180 °C vorgeheizten Backofen 1 ½ Stunden backen. Nach 1 Stunde mit Pergamentpapier oder Aluminiumfolie abdecken, damit der Deckel nicht zu braun wird. Aus dem Ofen nehmen und abkühlen lassen. Aus der Form lösen, in Stücke schneiden und servieren.

Saarländer gefüllte Kalbsbrust

Zutaten für 4 Portionen:
750 g Kalbsbrust
50 g Sellerieknolle, gewürfelt
1 Karotte, gewürfelt
2 Zwiebeln
125 ml Milch
125 g saure Sahne
2 EL Zitronensaft
2 EL Öl
125 ml Wasser
2 Brötchen, altbacken
3 EL Butter
1 Ei
2 EL Petersilie, gehackt
1 TL Speisestärke
1 Prs. Muskatnuss
Pfeffer aus der Mühle
Salz

Zubereitung:
Die Kalbsbrust mit dem Zitronensaft beträufeln und mit Salz einreiben. Die Brötchen in einer Schüssel mit Milch übergießen und 10 Minuten einweichen. 1 Zwiebel hacken. Die Butter in einer Pfanne erhitzen und die Zwiebelwürfel darin glasig dünsten. Die Brötchen ausdrücken, dazugeben und gut vermengen, vom Herd nehmen und abkühlen lassen. Das Ei, die gehackte Petersilie und die Gewürze unter die Zwiebelfarce mischen. In die Kalbsbrust eine Tasche schneiden, die Farce hineinfüllen und die Öffnung mit Rouladennadeln fest verschließen. In einen Bräter mit heißem Öl legen und im auf 200 °C vorgeheizten Backofen 1 ½ Stunden braten. Nach der Hälfte der Zeit das Fleisch einmal wenden und öfter mit Bratenfond übergießen. Die zweite Zwiebel schälen und vierteln. Nach 45 Minuten der Garzeit des Fleisches die Zwiebel und die Sellerie- und Karottenwürfel in den Bräter geben. Nach Ende der Bratzeit das Fleisch herausnehmen und warm stellen. Den Bratenfond mit 125 ml Wasser loskochen und das Gemüse in der Sauce pürieren. Die Stärke mit der sauren Sahne verquirlen und in die Sauce geben. Unter Rühren aufkochen lassen und mit Salz und Pfeffer abschmecken. Dazu Salzkartoffeln und Gemüse reichen.

Kuddelfleck

Speise aus Rindermagen

Ein Rezept aus der Region Merzig-Wadern, das seinen Ursprung in Luxemburg haben soll.

Zutaten für 4 Portionen:
1 kg Kaldaunen (Kutteln)
1 EL Speck, in Würfel geschnitten
2 Tomaten, geschält und in Scheiben geschnitten
1 Zwiebel, gehackt
2 grüne Peperoni, entkernt
2 rote Peperoni, entkernt
60 g Käse, gerieben
50 g Mehl
50 g Butter
500 ml Wasser
1 Schuss Maggi
Salz

Zubereitung:
Die Kaldaunen (Kutteln) gut waschen, abtropfen lassen und mit Küchenkrepp trocken tupfen. Dann in Streifen schneiden und in einem Teller mit Mehl wenden. Die Peperoni in kleine Stücke schneiden. Die Butter in einer Pfanne erhitzen und den Speck, die Peperoni und die Zwiebel darin anbraten. Das Kuddelfleck hinzugeben undebenfalls goldbraun anbraten. Das heiße Wasser hinzugießen und etwas Salz, etwas Maggi sowie die Tomaten hinzufügen. Das Ganze 30 Minuten bei schwacher Hitze köcheln lassen. Mit Käse bestreut servieren.

Kalbsragout mit Pilzen

Zutaten für 6 Portionen:
1 ½ kg Kalbfleisch (Nacken oder Schulter)
500 g Pilze
1 Zwiebel, fein gehackt
1 Bouquet garni (Kräutersträußchen)
1 EL Tomatenmark
50 g Butter
300 ml Elbling (Weißwein), trocken
2 EL Mehl
Pfeffer aus der Mühle
Salz

Zubereitung:
Das Fleisch in Würfel von jeweils ca. 50 g schneiden. Die Butter in einem Bräter erhitzen und die Ragoutstücke darin scharf anbraten. Dann die Zwiebel hinzufügen. Die Pilze vierteln und zum Ragout geben. Mit Salz und Pfeffer würzen und mit Mehl bestäuben. Das Tomatenmark untermengen. Den Wein und so viel Wasser hinzugießen, bis das Fleisch mit Flüssigkeit bedeckt ist. Das Kräutersträußchen hineinlegen und den Bräter mit geschlossenem Deckel für 1 Stunde in den auf 170 °C vorgeheizten Ofen stellen. Vor dem Servieren das Kräutersträußchen entfernen und zum Ragout Salzkartoffeln, Kartoffelpüree oder Nudeln servieren.

Schwein

Saarländer Krustenbraten

Zutaten für 12 Portionen:
2 Krustenbraten von der Hüfte à 1,5 kg
500 ml Bier
4 EL Honig
4 EL Kümmel, gemahlen
4 EL Majoran, gerebelt
4 EL Nelken
Pfeffer aus der Mühle
Salz

Zubereitung:
Für die Marinade das Bier mit dem Honig mischen. Die Schwarte des Bratens in Rauten bis zum Fett einschneiden, mit Nelken spicken und den rundum mit Kümmel, Majoran, reichlich Pfeffer und Salz würzen. Den Braten mit der Kruste nach oben auf den Backofen-Grillrost setzen und auf der mittleren Schiene des auf 180 °C vorgeheizten Backofens 1 ½ Stunden braten. Alle 10 Minuten mit der Marinade einpinseln. Nach Ende der Garzeit aus dem Ofen nehmen, mit Aluminiumfolie umwickeln und vor dem Aufschneiden 10 Minuten ruhen lassen.

Rollbraten „Saarländer Art“

Für dieses typische Rezept verwendet man auch Rotwein statt Fleischbrühe oder bestreicht den Rollbraten noch mit Senf.

Zutaten für 4 Portionen:
1 kg Schweine-Rollbraten
1 Zwiebel, gehackt
1 Bund Suppengrün, in Würfel geschnitten
1 Knoblauchzehe, zerdrückt
2 EL Tomatenmark
500 ml Fleischbrühe
3 EL Öl
etwas Maggi
3 EL Speisestärke
etwas Rosmarin
1 Lorbeerblatt
2 Nelken
Pfeffer aus der Mühle
Salz

Zubereitung:
Den Rollbraten mit Pfeffer und Salz einreiben. Das Öl in einem Bräter erhitzen und das Fleisch darin anbraten. Das Suppengrün, die Zwiebeln und den Knoblauch hinzugeben und gut anbraten. Anschließend das Tomatenmark, das Lorbeerblatt, etwas Rosmarin, die Nelken, Pfeffer und Salz unterrühren. Die Fleischbrühe angießen und den Bräter in den auf 180 °C vorgeheizten Backofen stellen. Den Rollbraten 1 ½ Stunden schmoren, dann das Fleisch herausnehmen und warm halten. Das Gemüse und die Bratensauce durch ein Sieb in eine Kasserolle passieren. Die Speisestärke in etwas Wasser auflösen, in die Sauce rühren und unter Rühren zum Kochen bringen. Mit Pfeffer, Salz und etwas Maggi abschmecken. Den Rollbraten aufschneiden und mit der Sauce servieren. Dazu Kartoffelklöße und Rotkraut reichen.

Schweinekamm

Schweinebraten

Zutaten für 4 Portionen:
1 kg Schweinekamm
1 Bund Suppengrün, in Würfel geschnitten
1 Zwiebel, gehackt
2 EL Schweineschmalz
500 ml Fleischbrühe
3 EL Essig
125 ml Wasser, heiß
1–2 EL saure Sahne
Mehl
etwas Kümmel, gemahlen
Pfeffer aus der Mühle
Salz

Zubereitung:
Den Schweinekamm mit Pfeffer, Salz und dem gemahlenen Kümmel einreiben. Das Schmalz in einem Bräter erhitzen und den Schweinekamm von allen Seiten gut anbraten. Dann die Zwiebeln hinzugeben und ebenfalls anbraten. Mit dem heißen Wasser ablöschen, den Essig zugießen und bei schwacher Hitze 30 Minuten schmoren lassen. Dann das Suppengrün hinzugeben und 1 weitere Stunde bei geschlossenem Deckel schmoren. Während dieser Zeit den Braten gelegentlich wenden und, wenn nötig, noch Wasser hinzugießen. Nach Ende der Garzeit das Fleisch aus dem Bräter nehmen und 5 bis 10 Minuten warm stellen. Die Fleischbrühe zum Bratensatz geben und diesen loskochen, dann durch ein Sieb in eine Kasserolle passieren. Die Sauce unter sanftem Kochen mit etwas Mehl binden und einmal aufkochen lassen. Die Kasserolle vom Herd nehmen und die saure Sahne unterrühren. Den Schweinekamm aufschneiden und mit der Sauce servieren. Dazu Klöße, Rotkraut oder Wirsing reichen.

Weinfleisch

Zutaten für 4 Portionen:
200 g Schweinenacken
200 g Schweineschulter
200 g Rinderbrust
750 g Kartoffeln
300 g Zwiebeln
750 ml Elbling (Weißwein), trocken
1 Knoblauchzehe, zerdrückt
1 EL Butter
1 Lorbeerblatt
1 Bund Petersilie
1 Zweig Thymian
1 Zweig Majoran
Pfeffer aus der Mühle
Salz

Zubereitung:
Das Fleisch in Würfel schneiden, in eine Schüssel geben und 250 ml Wein hinzugießen. Über Nacht im Kühlschrank marinieren. Dann das Fleisch aus der Marinade nehmen, abtropfen lassen und mit Küchenkrepp trocken tupfen. Die Marinade beiseitestellen. Die Kartoffeln und Zwiebeln in dünne Scheiben schneiden. Einen Bräter mit der Hälfte der rohen Kartoffeln auslegen und mit Pfeffer und Salz bestreuen. Das Fleisch darauf verteilen, mit Pfeffer und Salz würzen und den Knoblauch darüberstreuen. Anschließend die Zwiebelscheiben darübergeben. Die Petersilie, den Majoran und den Thymian mit Küchengarn zusammenbinden. Dieses Kräuterbündel und das Lorbeerblatt auf die Zwiebeln legen. Mit den restlichen Kartoffeln abdecken. Die Marinade angießen und bei geschlossenem Deckel 1 ½ Stunden auf der unteren Schiene des auf 220 °C vorgeheizten Ofens braten. Den restlichen Weißwein hinzugießen, die Hitze reduzieren und bei 160 °C mit geschlossenem Deckel 1 weitere Stunde auf der mittleren Schiene des Ofens garen. Das Kräuterbündel entfernen und das Weinfleisch mit Salz und Pfeffer abschmecken.

Zwiebelfleisch

Zutaten für 4 Portionen:
800 g Schweineschulter
300 g Zwiebeln, gehackt
100 g Schmalz
500 ml Bier
3 EL Schwarzbrot, altbacken
1 EL Paprikapulver
1 TL Kümmel
Pfeffer aus der Mühle
Salz

Zubereitung:
Das Fleisch in Würfel schneiden. Das Schmalz in einem Bräter erhitzen und die Zwiebeln darin dünsten. Die Fleischwürfel dazugeben und kräftig anbraten. Das Paprikapulver und den Kümmel darüberstreuen, untermischen und dann das Bier angießen. Die Hitze reduzieren und alles bei geschlossenem Deckel 15 Minuten sanft köcheln lassen. Das Schwarzbrot reiben, unter das Fleisch mischen und weitere 10 Minuten garen. Wenn nötig, noch etwas Wasser hinzugießen. Mit Pfeffer und Salz abschmecken. Dazu Kartoffelbrei oder Baguette servieren.

Gebratener Schweinebauch mit Salzkartoffeln

Ein typisches Bergmannsessen.

Zutaten für 4 Portionen:
1 kg Schweinebauch, geräuchert
1 kg Kartoffeln
2 Bund Petersilie, gehackt
1 L Milch
2 EL Fett zum Braten
1 EL Mehl
1 EL Butter
Pfeffer aus der Mühle
Salz

Zubereitung:
Die Kartoffeln kochen, pellen, beiseitestellen und warm halten. Den Schweinebauch (Schinkenspeck) in fingerdicke Scheiben schneiden. Das Fett in einer Pfanne erhitzen und die Fleischscheiben bei mittlerer Hitze kross braten. Für die Sauce die Butter in einem Topf erhitzen, das Mehl hinzugeben und eine helle Mehlschwitze bereiten. Dann die Milch angießen und unter Rühren aufkochen lassen. Die Petersilie hineinstreuen, nochmals kurz aufkochen lassen und mit Pfeffer und Salz abschmecken. Den Schweinebauch mit den Kartoffeln und der Sauce anrichten.

Gefüllte Kohlrabi

Zutaten für 4 Portionen:
8 Kohlrabiknollen, klein
200 g Hackfleisch, gemischt
1 Ei
1 TL Senf
1 EL Petersilie gehackt
1 EL Schnittlauch, gehackt
40 g Butter
500 ml Fleischbrühe
1 Schuss Maggi
1 EL Mehl
1 Prs. Paprika, edelsüß
1 Prs. Cayennepfeffer
Pfeffer aus der Mühle
Salz

Zubereitung:
Die Kohlrabiknollen schälen, in einem Topf mit wenig leicht gesalzenem Wasser 10 Minuten garen. Dann mit einem scharfkantigen Teelöffel aushöhlen. Das herausgelöste Kohlrabifleisch hacken. In einer Schüssel das Hackfleisch, den gehackten Kohlrabi, das Ei, Salz, Pfeffer, Paprika, Cayennepfeffer, Maggi, Senf, Petersilie und Schnittlauch mischen. Die Masse in die ausgehöhlten Kohlrabis füllen. Die Butter in einem Topf erhitzen und die Kohlrabiknollen darin andünsten. Dann die Fleischbrühe angießen und alles bei geschlossenem Deckel 30 Minuten dünsten. Die Kohlrabis in einer abgedeckten Schüssel warm stellen. Etwas Mehl mit Wasser anrühren, in die Sauce rühren, kurz aufkochen lassen, um sie zu binden. Mit Salz und Pfeffer würzen. Die Sauce über die Kohlrabiknollen gießen. Dazu Baguette oder Salzkartoffeln reichen.

Gefillder Saumaache

Gefüllter Saumagen

Ein Gericht aus dem Saarpfalz-Kreis.

Zutaten für 4 Portionen:
1 Saumagen, geputzt
500 g Dürrfleisch
500 g Schweinebauch, mager
500 g Kartoffeln
500 g Brät
2 Zwiebeln, grob gehackt
etwas Majoran
etwas Thymian
1 Prs. Nelken, gemahlen
Pfeffer aus der Mühle
Salz

Zubereitung:
Das Dürrfleisch, den Schweinebauch und die Kartoffeln in kleine Würfel schneiden. Die Fleischwürfel in einer Schüssel mit dem Brät, den Zwiebeln, Majoran, Thymian, Nelkenpulver, Pfeffer und Salz verkneten. Den Saumagen waschen und mit Küchenkrepp trocken tupfen. Den Magen mit der Fleischmasse füllen und zunähen. Dann in einem Topf mit kochendem Wasser bei schwacher Hitze 4 Stunden lang ziehen lassen. Anschließend den gefüllten Saumagen aus dem Topf nehmen und mit kaltem Wasser abschrecken. Zum Abkühlen an die Luft hängen. Zum Servieren in Scheiben schneiden und in der Pfanne anbraten. Dazu Sauerkraut und Bratkartoffeln reichen.

Kappesröllscher

Kohlrouladen

Zutaten für 4 Portionen:
1 Weißkohl
1 kg Hackfleisch, gemischt
1 Zwiebel, gehackt
500 ml Wasser
Öl zum Braten
Pfeffer aus der Mühle
Salz

Zubereitung:
Das Hackfleisch mit der Zwiebel in einer Schüssel kräftig mit Salz und Pfeffer würzen und vermischen. Den Weißkohl 10 Minuten in kochendem Wasser garen. Herausnehmen, etwas abkühlen lassen und die Blätter ablösen. 8 oder 12 Blätter mit der Hackmasse füllen. Die Blätter oben und unten einklappen, aufrollen und mit Küchengarn binden. Etwas Öl in einer Pfanne erhitzen und die Kohlrouladen darin braun anbraten. Das Wasser hinzugießen und die Rouladen 1 Stunde bei schwacher Hitze garen. Anschließend aus der Pfanne nehmen und die Bratensauce durch ein feines Sieb gießen. Mit Pfeffer und Salz abschmecken. Etwas Speisestärke mit wenig Wasser anrühren, in die Sauce geben und unter Rühren kurz aufkochen lassen. Den restlichen Kohl klein schneiden, ebenfalls in einer Pfanne mit Öl braun anbraten und garen. Die Kappesröllscher mit dem geschmorten Kohl, Salzkartoffeln und der Sauce servieren.

Gehackdeskiechelcher oder Flääschkiechelche

Frikadellen

Zutaten für 4 Portionen:
500 g Hackfleisch, gemischt
1 Zwiebel, fein gehackt
2 Eier
2 Brötchen, altbacken
2–3 TL Senf
etwas Paprikapulver
etwas Currypulver
1 Schuss Maggi
Öl zum Braten
Pfeffer aus der Mühle
Salz

Zubereitung:
Die Brötchen in Scheiben schneiden und in kaltem Wasser 15 Minuten einweichen. Anschließend gut ausdrücken und in einer Schüssel mit den restlichen Zutaten gut vermischen. Aus der Fleischmasse 4 „Kiechelcher“ formen. Das Öl in einer Pfanne erhitzen und die Gehackdeskiechelcher bei schwacher Hitze langsam durchbraten. Dazu Bratkartoffeln reichen.

Gehackdeskiechelcher mit Pilzsauce

Frikadellen mit Pilzsauce

Zutaten für 4 Portionen:
250 g Hackfleisch, gemischt
200 g Champignons, in Scheiben
1 Zwiebel, fein gehackt
20 g Mischpilze, getrocknet
1 Ei
2 EL Paniermehl
1 EL Mehl
125 ml Pilzeinweichwasser
250 ml Fleischbrühe
1 Schuss Maggi
1 EL Öl
Pfeffer aus der Mühle
Salz

Zubereitung:

Die getrockneten Pilze in einem Sieb mit kaltem Wasser abspülen, in eine Schüssel geben und etwa 250 ml Wasser hinzugießen, so dass sie bedeckt sind. 30 Minuten ziehen lassen. Das Hackfleisch mit der Hälfte der Zwiebel in eine Schüssel geben. Die Pilze aus dem Einweichwasser nehmen und 125 ml des Einweichwassers beiseitestellen. 50 g Champignons in Würfel schneiden und zum Hackfleisch geben. Das Ei und das Paniermehl hinzufügen, alles gut vermengen und mit Pfeffer, Salz und Maggi kräftig würzen. Aus der Masse 4 Frikadellen formen. Das Öl in einer Pfanne erhitzen und die Frikadellen von beiden Seiten anbraten. Dann die Hitze reduzieren, die restliche Zwiebel und die restlichen in Scheiben geschnittenen Champignons hinzufügen und mitbraten. Die eingeweichten Pilze und 125 ml Einweichwasser zugeben. Die Gehackdeskiechelcher aus der Pfanne nehmen und warm stellen. Die Fleischbrühe in die Pfanne gießen, das Mehl mit etwas Wasser anrühren, in die Pfanne geben und unter Rühren aufkochen lassen. Die Sauce mit Pfeffer und Salz abschmecken. Die Gehackdeskiechelcher mit der Pilzsauce servieren und dazu Brat- oder Salzkartoffeln reichen.

Bergmannsülze

Zutaten für 4 Portionen:

500 g Schweine- oder Ziegenbraten, evtl. Reste vom Vortag
1 Zwiebel
2 Essiggurken
12 Blatt Gelatine
1 L Fleischbrühe
250 ml Melfort (Essig)
3 Lorbeerblätter
5 Pimentkörner
1 EL Senfkörner
5 Nelken
2 TL Zucker, gestrichen voll

Zubereitung:

Die Zwiebel vierteln und mit der Fleischbrühe und den Gewürzen in einem Topf zum Kochen bringen und 10 Minuten köcheln lassen. Die Gelatine 4 Minuten in einer Schüssel mit kaltem Wasser einweichen, ausdrücken, in die Fleischbrühe geben und unter Rühren auflösen. Das Fleisch auf 4 kleine Schüsseln verteilen. Die Gurken in Scheiben schneiden und auf das Fleisch legen. Die Zwiebel aus dem Sud ebenfalls darüber verteilen und mit einer Schöpfkelle so viel Brühe darübergießen, bis Fleisch und Gemüse bedeckt sind. Die Sülze im Kühlschrank fest werden lassen. Dazu Bratkartoffeln und grünen Salat reichen.

Falsche Lewwerknepp

Falsche Leberklöße

Leberklöße gibt es in fast allen deutschen Regionalküchen. Die Art der Zubereitung ist überall ähnlich, doch im Saarland werden sie kleiner geformt und mit Specksauce serviert. Noch typischer sind „Falsche Lewwerknepp“.

Zutaten für 4 Portionen:
250 g Hackfleisch
250 g Leberwurst
1 Ei
1 Brötchen
Majoran
Salz

Specksoße:
50 g fetter Speck
250 ml Sahne
1 Schuss Maggi
Salz

Zubereitung:
Für die Specksauce den Speck würfeln, in einer Pfanne auslassen und mit Sahne zu einer Soße gebunden. Mit Salz und Maggi abschmecken und warm halten. Das Hackfleisch mit der Leberwurst, dem Ei und Salz in einer Schüssel verkneten. Das Brötchen in etwas Milch 10 Minuten einweichen. Ausdrücken und unter die Fleischmasse kneten, mit Salz und Majoran würzen. Mit einem Esslöffel Klöße abstechen und diese in einen Topf mit kochendem Wasser geben. Bei schwacher Hitze 15 Minuten gar ziehen lassen, mit einem Schaumlöffel herausnehmen. Die „Leberklöße“ in einer Schüssel mit der Specksauce übergießen. Dazu gekochtes Sauerkraut reichen.

Saarländische Speckorte

Zutaten für 4 Portionen:
50 g Frühstücksspeck
30 g Hartkäse, gerieben
600 g Zucchini
250 g Mehl
125 g Butter
7 Eier
100 ml Milch
Butter für die Form
2 Stängel Dill
2 Stängel Thymian
weißer Pfeffer aus der Mühle
Salz

Zubereitung:
Die Butter in kleine Stücke schneiden und mit dem Mehl, ½ Teelöffel Salz und 1 Ei in einer Schüssel verkneten. Den Teig zugedeckt 20 Minuten im Kühlschrank ruhen lassen. Den Speck in Würfel schneiden und die Hälfte in einer Pfanne knusprig braten. Die Zucchini in sehr dünne Scheiben schneiden. Die restlichen Eier mit dem geriebenen Käse und der Milch in einer Schüssel verrühren und mit Salz und Pfeffer würzen. Den Teig auf einer bemehlten Arbeitsfläche in einem Durchmesser von 28 cm rund ausrollen. In eine gefettete Tarte-Form (Durchmesser 26 cm) legen, am Rand hochziehen und mehrmals mit einer Gabel einstechen. Die Zucchinischeiben und die Speckwürfel einschichten, etwas von der Eier-Milch-Mischung anießen, das ganze wiederholen und mit der Eiermilch abschließen. Im auf 180 °C vorgeheizten Ofen 40 Minuten backen. Mit Dill und Thymian bestreut servieren.

Saarbrigger Speckkuchen

Saarbrücker Specktorte

Zutaten für 4 Portionen:

375 g Dürrfleisch, in Würfel geschnitten
500 g Mehl
40 g Hefe
1 Ei und 2 Eigelbe
80 g Butter, zerlassen
Fett, für das Blech
125 ml Milch, warm
1 TL Kümmel
1 TL Zucker
1 EL Salz, grob
1 TL Salz

Zubereitung:

Aus dem Mehl, der Hefe, der zerlassenen Butter, dem Zucker, der Milch, 1 Ei und 1 Teelöffel Salz einen Hefeteig kneten. Den Teig auf einem gefetteten und bemehlten Backblech ausrollen und im leicht warmen Backofen 30 Minuten gehen lassen. Dann den Teig mit den Eigelben besteichen, das Dürrfleisch darüberstreuen, mit Salz und Kümmel würzen und im auf 180 °C vorgeheizten Backofen etwa 30 Minuten backen.

Lamm

Lammrücken nach „Franzose Art“

Lammrückenmedaillons auf französische Art

Zutaten für 4 Portionen:
4 Lammrückenmedaillons
2 EL Butter
2 EL Kräuter der Provence
2 EL Dijonsenf, mittelscharf
etwas Baguette, altbacken
Öl zum Braten

Zubereitung:
Das Öl in einer Pfanne erhitzen und die Medaillons darin 2 Minuten von jeder Seite scharf anbraten. Anschließend aus der Pfanne nehmen, mit dem Senf dünn bestreichen und in eine Auflaufform legen. Das Baguette zu Bröseln reiben, die Brösel mit Kräutern der Provence mischen und auf die Medaillons streuen. Die Butter in einer kleinen Pfanne zerlassen, darübergießen und im Backofen 3 bis 4 Minuten gratinieren. Dazu in Butter geschwenkte grüne Bohnen und Bratkartoffeln reichen.

Cannelloni vom Lamm auf Thymianjus, dazu Flageoletgemüse

Ein Rezept von Eric Dauphin aus dem Restaurant „Die Alte Brauerei“ in St. Ingbert.

Zutaten für 1 Portion:
200 g Lammschulter
2 Cannelloni-Röllchen
1 kleine Zwiebel
½ Knoblauchzehe
glatte Petersilie
Thymian
1 EL Tomatenmark
¼ L Wasser
100 g Flageoletbohnen
Gemüsebrühe

Thymianjus:
1 kg Lammknochen
1 Bund Suppengrün
2 Zwiebeln
1 EL Tomatenmark
1 EL Mehl
1 L Rotwein
1 L Wasser
½ EL Thymian, gehackt
Öl zum Braten
Pfeffer aus der Mühle
Salz

Zubereitung:

Die Lammschulter, die Zwiebel, den Knoblauch, die Petersilie und den Thymian durch den Fleischwolf drehen. Die Masse in Olivenöl anbraten und mit Tomatenmark und Wasser auffüllen. 30 Minuten kochen

lassen und mit Pfeffer und Salz abschmecken. Die Cannelloni mit der Fleischmischung füllen und im Wasser langsam abkochen.

Für die Thymianjus die Lammknochen klein hacken und in etwas Öl anbraten. Das Suppengrün und die Zwiebeln ebenfalls hacken, hinzugeben und kräftig anbraten. Das Tomatenmark hinzufügen, etwas Mehl darüberstäuben und verrühren. Mit dem Rotwein ablöschen und 1 Liter Wasser angießen. 1 Stunde köcheln lassen, dann durch ein Sieb in einen Topf passieren.

Bei mittlerer Hitze reduzieren lassen, bis die Jus leicht eindickt. Mit Pfeffer und Salz abschmecken und den Thymian hineingeben.

Für die Bohnen die Flageoletbohnen und den Knoblauch erhitzen, auf einem Teller anrichten und die Cannelloni auf die Flageoletbohnen anrichten.

Lammbroode

Lammbraten

Für dieses Gericht beginnt man
4 Tage zuvor mit den Vorbereitungen.

Zutaten für 6 Portionen:
1 ½ kg Lammkeule ohne Knochen
2 Zwiebeln, gehackt
2 Karotten, gewürfelt
6 Knoblauchzehen
750 ml Weißwein, trocken
4 cl Weinbrand
2 EL Öl
2 Lorbeerblätter
1 Thymianzweig
10 Pfefferkörner, schwarz
1 TL Speisestärke
Pfeffer aus der Mühle
Salz

Zubereitung:
Die Knoblauchzehen in Stifte schneiden und die Lammkeule damit spicken. Dann die Keule in eine große Schüssel legen. In einer weiteren Schüssel den Wein, das Öl, die Lorbeerblätter, den Thymian, die Zwiebeln und die Karotten mischen und über die Keule gießen. Die Pfefferkörner hineinstreuen. Mit Frischhaltefolie abdecken und im Kühlschrank 4 Tage marinieren. Während dieser Zeit die Lammkeule täglich wenden. Anschließend aus der Marinade nehmen, mit Küchenkrepp trocken tupfen und auf dem Rost des auf 220 °C vorgeheizten Backofens etwa 40 Minuten braten. Anschließend den Ofen abschalten, um das Fleisch einige Minuten ruhen zu lassen, bevor man es zum Servieren in Scheiben schneidet. Die Marinade in einen Topf geben und auf die Hälfte einkochen lassen. Dann durch ein Sieb passieren, den Cognac hinzugießen und mit der in etwas Wasser gelösten Speisestärke unter Rühren binden. Die Soße über das Fleisch gießen und dazu Salz- oder Pellkartoffeln reichen.

Lammkarree mit Senf-Kräuterkruste, Thymianjus und Grumbeer-Knoblauch-Püree

Ein Rezept von Maître Hermann Wögerbauer aus der „Hostellerie Bacher-Wögerbauer" in Neunkirch/Kohlhof.

Zutaten für 8–10 Portionen:
1 Lammrücken vom „Bliesgauer Weideschaflamm"
100 g Senf, mild
50 g Weißbrotkrumen
20 g Parmesankäse
50 g braune Butter
Kräuter (Basilikum, Petersilie, Rosmarin, Thymian)
Schweinenetz

Thymiansauce:
500 g Lammjus
125 ml Weißwein
1 EL Tomatenmark
1 Bund Suppengrün
2 Knoblauchzehen
1 Thymianzweig

Grumbeer-Knoblauch-Püree:
1 kg Kartoffeln, mehlig kochend
100 g Butter
250 ml Milch, heiß
Muskat
Knoblauch
Pfeffer aus der Mühle
Salz

Ratatouillegemüse:	1 Knoblauchzehe
100 g Zucchini	3 EL Olivenöl
100 g Paprika, gemischt	125 ml Brühe
100 g Auberginen	Rosmarin
100 g Tomaten	Thymian
50 g Zwiebeln	Zucker
1 EL Tomatenmark	Salz

Zubereitung:

Den Lammsattel von Sehnen und Fett befreien und links und rechts am Mittelknochen das Karree abhacken. Die Knochen sauber putzen und zur Formgebung in das Schweinenetz einschlagen. Das Karree nun von allen Seiten anbraten, auf der Knochenseite etwas länger, da der Knochen weniger Hitze durchlässt und sich so die Garzeit verlängert. Das Fleisch ruhen lassen, mit Senf bestreichen und mit der Brösel-Kräutermasse belegen. 15 Minuten vor dem Servieren das Karree im Salamander (oder Backofen mit starker Oberhitze) überbacken.

Für die Thymiansauce die Lammknochen im Ofen bei 200 °C braun rösten und in einen Gussbräter geben. Das Wurzelgemüse beifügen und das Tomatenmark miträsten (zur Farbgebung). Dann den Thymian und den Knoblauch beigeben, mit dem Weißwein ablöschen und mit der Lammjus auffüllen. Die Sauce nochmals einreduzieren. Zum Schluss abschmecken und je nach Konsistenz mit angerührter Stärke abbinden.

Für das Grumbeer-Knoblauch-Püree die Kartoffeln waschen, schälen und klein schneiden, mit Wasser bedecken und mit Salz kochen. Die weich gekochten Kartoffeln heiß durch die Kartoffelpresse drücken. Milch und Butter erhitzen und mit dem Schneebesen unter die heißen Kartoffeln unterarbeiten. Mit Salz, Pfeffer, Muskat und gepresstem Knoblauch abschmecken. Das fertige Püree in einen Spritzbeutel füllen und auf Tellern anrichten. Nach Belieben mit gerösteten Zwiebelringen und frischem Liebstöckel garnieren.

Für das Ratatouillegemüse die Zwiebel und den Knoblauch im Olivenöl glasig schwitzen und mit Tomatenmark tomatisieren. Das tournierte (zu gleichmäßigen Formen zurechtgeschnittenen) Gemüse nach und nach beifügen, mit Brühe auffüllen und fertig garen. Kurz vor dem Servieren die Tomatenrauten hinzugeben und mit Thymian und Rosmarin abschmecken.

Lammrücken mit grünen Bohnen

Zutaten für 4 Portionen:
1 kg Lammrücken
8 Scheiben Frühstücksspeck
400 g grüne Bohnen
750 g kleine Kartoffeln
2 Karotten, in Stücke geschnitten
2 Zwiebeln, geschält und geviertelt
1 Knoblauchzehe, fein gehackt
1 TL Kräuter der Provence
1 Bund Petersilie, fein gehackt
125 ml Fleischbrühe
100 ml Wasser
40 g Butter
Pfeffer aus der Mühle
Salz

Zubereitung:
Die Kartoffeln mit der Schale 15 Minuten in einem Topf mit Wasser kochen. Das Wasser abgießen und die Kartoffeln mit kaltem Wasser abschrecken. Nach dem Abkühlen die Kartoffeln pellen. Den Lammrücken waschen, mit Küchenkrepp trocken tupfen und die Fettschicht kreuzweise einschneiden. Mit Pfeffer, Salz und den Kräutern der Pro-

vence einreiben. Den Lammrücken auf das Ofenblech des Backofens legen, das Wasser angießen und die Karotten und die Zwiebelstücke hinzufügen. Im auf 200 °C vorgeheizten Ofen 45 Minuten braten. Nach 20 Minuten der Garzeit etwas Fleischbrühe angießen. Die Bohnen in leicht gesalzenem Wasser 15 bis 20 Minuten kochen. Anschließend in einem Sieb abtropfen lassen, zu kleinen Bündeln legen, mit je einer Scheibe Speck umwickeln und gut feststecken. 30 Gramm Butter in einer Pfanne erhitzen, die Kartoffeln darin goldbraun braten, mit Salz und Pfeffer würzen, herausnehmen und warm stellen. Die restliche Butter in der Pfanne erhitzen, die Bohnenpäckchen darin anbraten, mit Petersilie bestreuen und warm stellen. Den Lammrücken aus dem Ofen nehmen, in Aluminiumfolie wickeln und im nur noch warmen Ofen 5 Minuten ruhen lassen. Den Bratfond in einen Mixbecher gießen. Bratensatz mit der restlichen Brühe lösen, in den Mixbecher geben und mit dem Pürierstab fein pürieren. Die Sauce mit Salz und Pfeffer abschmecken. Die Lammrückenfilets vom Knochen lösen, in Scheiben schneiden. Die Sauce dazu extra reichen und als Beilage Kroketten oder Salzkartoffeln servieren.

Kaninchen & Stallhasen

Rollbroode vom Schdallhas

Rollbraten vom Stallhasen

Zutaten für 4 Portionen:
1 Stallhase, küchenfertig
100 g Dürrfleisch, in Scheiben geschnitten
250 g Zwiebeln, in dünne Ringe geschnitten
1 Bund Petersilie, gehackt
60 g Fett
1 Tomate
125 ml Sahne
etwas Bier
1 Schuss Maggi
Pfeffer aus der Mühle
Salz

Zubereitung:

Den Stallhasen entbeinen. Das Fleisch mit den Zwiebelringen und Dürrfleischscheiben belegen und mit Pfeffer und Salz würzen. Die gehackte Petersilie darauf verteilen, den Braten aufrollen und mit Küchengarn umwickeln. Das Fett in einem Bräter erhitzen und den Rollbraten darin anbraten. Anschließend mit dem Bier ablöschen, die Tomate hinzugeben und 90 Minuten schmoren lassen. Dann das Fleisch herausnehmen und warm stellen. Die Sauce mit Sahne binden und mit Maggi und Pfeffer und Salz abschmecken.

Saarländer Kaninchenschmortopf

Zutaten für 4 Portionen:
4 Kaninchenkeulen
80 g Speck, in Würfel geschnitten
200 g Zwiebeln, gehackt
2 Bund Frühlingszwiebeln
2 Knoblauchzehen, fein gehackt
2 Scheiben Roggenbrot
1 EL Butterschmalz
1 EL Mehl
500 ml Rotwein
500 ml Fleischbrühe
2 Lorbeerblätter
3 Gewürznelken
Pfeffer aus der Mühle
Salz

Zubereitung:
Das Brot entrinden und fein reiben. Die Kaninchenkeulen mit Salz und Pfeffer würzen. Das Butterschmalz in einem Schmortopf erhitzen und die Keulen darin rundherum anbraten. Den Speck, die Zwiebeln und den Knoblauch hinzugeben und 3 Minuten braten. Das Mehl darüberstäuben und einrühren. Dann mit dem Rotwein und der Fleischbrühe ablöschen und aufkochen lassen. Das Brot und die Gewürze hinzufügen. Im auf 180 °C vorgeheizten Backofen etwa 45 Minuten schmoren. Inzwischen die Frühlingszwiebeln in 6 cm lange Stücke schneiden und nach 30 Minuten der Garzeit hinzugeben. Nach Ende der Garzeit aus dem Ofen nehmen und die Bratensauce mit Salz und Pfeffer abschmecken. Mit Baguette servieren.

Dibbehas

Hase im Topf

Zutaten für 4 Portionen:
1 Stallhase, küchenfertig, in 8 Teile zerlegt
200 g Schweinebauch
200 g Speck, durchwachsen
2 EL Schweineschmalz
250 g Zwiebeln, gehackt
500 ml Fleischbrühe
125 ml Rotwein
1 EL Mehl
etwas Zucker
1 Lorbeerblatt
½ TL Thymian
2 Nelken
1 Prs. Koriander, gemahlen
Pfeffer aus der Mühle
Salz

Zubereitung:
Den Schweinebauch und den Speck in Würfel schneiden. Die Hasenteile mit Salz und Pfeffer einreiben. Das Schmalz in einer Pfanne erhitzen und die Hasenteile, den Schweinebauch und den Speck darin anbraten. Mit der Fleischbrühe ablöschen. Das Lorbeerblatt, den Thymian, die Nelken, Koriander und Zucker hinzugeben. Das Ganze 30 Minuten schmoren lassen. Dann den Wein hinzugießen und weitere 40 Minuten schmoren lassen. Den Sud mit Mehl binden und mit Pfeffer und Salz abschmecken.

Bliesgauer Kaninchen

Zutaten für 4 Portionen:
1 Kaninchen, küchenfertig, in 8 Teile zerlegt
1 Bund Suppengrün, in Würfel geschnitten
125 ml Rotwein
Mehl
etwas Zucker
2 Lorbeerblätter
3 Nelken
etwas Thymian, getrocknet
3 Wacholderbeeren
Pfeffer aus der Mühle
Salz

Zubereitung:
Die Kaninchenteile in eine Schüssel geben. Aus den restlichen Zutaten eine Marinade rühren und über das Kaninchen geben. Abgedeckt im Kühlschrank 4 Tage ziehen lassen. Während dieser Zeit mehrmals umrühren. Die Kaninchenteile aus der Marinade nehmen, abtropfen lassen und mit Küchenkrepp trocken tupfen. Das Öl in einer Pfanne erhitzen und die Kaninchenteile darin anbraten. Dann in einen Topf geben, den Rotwein angießen, das Gemüse aus der Marinade und etwas Brühe hinzufügen. 40 Minuten garen und die Sauce mit Mehl binden.

Karnickelbrode

Kaninchenbraten

Zutaten für 4 Portionen:
1 Kaninchen, küchenfertig, in 8 Teile zerlegt
100 g Dürrfleisch, in Würfel geschnitten
1 Lauchstange, in Ringe geschnitten
1 Zwiebel, in Würfel geschnitten
2 Tomaten, in Scheiben geschnitten
2 Karotten, in Würfel geschnitten
Butter, in Flocken
Öl
Pfeffer aus der Mühle
Salz
etwas Mehl

Zubereitung:
Öl in einer Pfanne erhitzen, die Kaninchenteile darin kräftig anbraten und mit Pfeffer und Salz würzen. Aus der Pfanne nehmen und mit etwas Öl in einen Bräter legen. Das Dürrfleisch und den Lauch, die Zwiebel, die Petersilie, die Tomaten und die Karotten hinzugeben und bei mittlerer Hitze 15 Minuten schmoren lassen. Die Kaninchenteile auf eine ofenfeste Platte legen, die Butterflocken darüber verteilen und im auf 150 °C vorgeheizten Backofen fertig braten. Für die Sauce etwas Wasser an den Bratenfond gießen, gut durchkochen lassen und durch ein Sieb in eine Kasserolle streichen. Mit Mehl binden und mit Pfeffer und Salz abschmecken. Die Keulen mit der Sauce übergießen und dazu Salzkartoffeln reichen.

Karnickelraggu

Kaninchenragout

Früher wurde zum Andicken der Sauce statt Mehl Kaninchenblut eingerührt.

Zutaten für 4 Portionen:
1 Kaninchen, küchenfertig, in 8 Teile zerlegt
100 g Dürrfleisch, in Würfel geschnitten
40 g Fett zum Braten
2 Zwiebeln
500 ml Rotwein
2 EL Pflaumenmus
2 EL Paniermehl
Mehl
1 Lorbeerblatt
5 Wacholderbeeren, zerstoßen
Pfeffer aus der Mühle
Salz

Zubereitung:

Die Kaninchenteile mit Pfeffer und Salz würzen und in Mehl wenden. Das Fett in einem Bräter erhitzen und die Kaninchenteile darin scharf anbraten. Dann das Dürrfleisch hinzugeben und ebenfalls anbraten. Das Lorbeerblatt und die Wacholderbeeren hinzufügen. Mit dem Rotwein ablöschen. Die Hitze reduzieren und die Kaninchenteile schmoren lassen, bis sie fast weich sind. Dann die Hitze weiter reduzieren, das Pflaumenmus hinzugeben und sanft köcheln lassen. Vor dem Servieren die Sauce mit Paniermehl eindicken. Dazu Schneebälljer und Rosenkohl reichen.

Hasenpfeffer

Zutaten für 6 Portionen:
1 ½ kg Hase
etwas Hasenblut
1 EL Tomatenmark
3 EL Mehl
50 g Butter
etwas Rotwein
etwas Zitronensaft
Salz

Marinade:
750 ml Rotwein
3 Zwiebeln, gehackt
1 Stück Sellerie
5 Karotten
7 Wacholderbeeren
1 Lorbeerblatt
2 Nelken
5 schwarze Pfefferkörner

Zubereitung:
Die Zutaten für die Marinade in einem Topf aufkochen. Vom Herd nehmen und abkühlen lassen. Den Hasen zerlegen und die Knochen in kleine Stücke hacken. Das Hasenklein in die Marinade geben und 12 Stunden marinieren.Herausnehmen und gut abtropfen lassen. Die Marinade durch ein Sieb in eine Schüssel gießen. Die Butter in einer Kasserolle erhitzen und die Fleischstücke mit dem Gemüse aus der Marinade andünsten. Etwas Tomatenmark hinzugeben, mit Mehl bestäuben und die Marinade angießen. Das Ganze 1 Stunde schmoren lassen. Den Topf vom Herd nehmen und , wenn möglich, etwas Hasenblut dazugeben. Nicht mehr aufkochen lassen! Das Fleisch passieren und mit Salz, Rotwein und Zitronensaft abschmecken.

Hastenpastete

Zutaten für 1 Pastete:

Farce:
2 Hasenschlegel
250 g Speck
1 Gänseleber
200 g Champignons
1 Bund Suppengrün, in Würfel geschnitten
1 Zwiebel
4 Eigelbe
Butter
etwas Rotwein
1 Prs. Kardamom

Teig:
250 g Mehl
100 g Butter
2 Eigelbe
Salz
Wasser

Zubereitung:

Die Hasenschlegel mit Salz einreiben. Die Butter in einem Bräter erhitzen, die Hasenschlegel hineinlegen und mit dem Suppengrün, Rotwein und den Champignons weich dämpfen. Vom Herd nehmen, etwas abkühlen lassen und das Fleisch vom Knochen lösen. Das Fleisch mit den Zwiebeln und den Champignons zweimal durch den Fleischwolf drehen. Die Masse in eine Schüssel geben und die Eigelbe untermischen. Etwas Butter in einer Kasserolle erhitzen und die Gänseleber darin dünsten. Anschließend in dünne Scheiben schneiden. Für den Teig die Zutaten verkneten und etwas ruhen lassen. Dann eine Form einfetten und mit dem Teig so auslegen, dass er den Rand der Form überlappt. Die Farce abwechselnd mit der Leber hineingeben, dann den Teig darüberschlagen und einen Deckel aus Teig drauflegen. Mit Eigelb bestreichen und mit Teigstreifen verzieren. Die Pastete im auf 180 °C vorgeheizten Backofen 1 Stunde backen. Erst nach vollständigem Erkalten aus der Form nehmen! Zum Servieren in daumendicke Scheiben schneiden.

Geflügel

Brathähnchen

Zutaten für 2 Portionen:
1 Hähnchen
20 g Butter
1 Zweig Petersilie
1 Zwiebel, gehackt
1 Karotte, in Scheiben geschnitten
Butterfett zum Anbraten
2 Scheiben Speck, dünn geschnitten
2 EL Dürrfleisch, gewürfelt
250 ml Fleischbrühe
Pfeffer aus der Mühle
Salz

Zubereitung:

Das Hähnchen innen und außen mit Pfeffer und Salz einreiben. Die Petersilie und die Butter hineinlegen und das Hähnchen zunähen. Das Butterfett in einem Bräter erhitzen und das Hähnchen mit dem Dürrfleisch, der Zwiebel und der Karotte anbraten. Dann aus dem Bräter nehmen, mit dem dünn geschnittenen Speck umwickeln und mit Küchengarn festbinden. Das Hähnchen mit der Brustseite nach unten in den Bräter zurücklegen, nach der Hälfte der Bratzeit auf den Rücken legen und insgesamt je nach Größe 30 bis 45 Minuten braten. Während dieser Zeit mehrmals mit dem Bratfett bepinseln. 10 Minuten vor Ende der Garzeit die Speckscheiben entfernen.

Hühnerfrikassee

Zutaten für 4 Portionen:
1 Suppenhuhn
1 Bund Suppengrün, in Würfel geschnitten
150 g Champignons, in Scheiben geschnitten
2 Eigelbe
6 EL Butter
3 EL Mehl
1 Schuss Maggi
etwas Zitronensaft
Zucker

Zubereitung:
Das Huhn mit dem Suppengemüse 1 Stunde in leicht gesalzenem Wasser kochen. Aus der Brühe nehmen, abkühlen lassen, das Fleisch vom Knochen ablösen und in kleine Stücke schneiden. Die Brühe durch ein Sieb in eine Schüssel gießen. Die Butter in einem Topf erhitzen, unter Rühren das Mehl hinzugeben und eine Mehlschwitze bereiten. Diese mit der Brühe ablöschen und unter Rühren nochmals aufkochen, so dass die Sauce eindickt. Mit Salz, Pfeffer, Zitronensaft und Zucker würzen. Die Hitze reduzieren und die Sauce mit Eigelb legieren. Nicht mehr aufkochen lassen! Etwas Butter in einer Kasserolle erhitzen, die Champignons darin andünsten. Das Fleisch mit den Champignons in die heiße Sauce geben und mit Maggi abschmecken. Dazu Reis servieren.

Hahn in Riesling

Zutaten für 4 Portionen:
1 Hahn (ca. 2,4 kg)
1 Bund Suppengrün, in Würfel geschnitten
250 g Champignons, in Scheiben geschnitten
1 Karotte, in Würfel geschnitten
2 Zwiebeln, gehackt
750 ml Elbling (Weißwein), trocken
250 ml Fleischbrühe
100 g Butter
etwa 100 g Mehl
250 g Sahne
Öl
3 Stängel Petersilie
1 Lorbeerblatt
3 Nelken
Pfeffer aus der Mühle
Salz

Zubereitung:
Den Hahn tranchieren und die Schlegel, die Flügel und die Filets zur Seite legen. Das Gerippe in einem Topf mit Wasser bedecken, das Lorbeerblatt, die Nelken, die Petersilie und das Suppengrün hinzufügen, mit Pfeffer und Salz würzen und 1 Stunde köcheln lassen. Die Fleischstücke salzen, in Mehl wenden und in einer Pfanne mit heißem Öl anbraten. Die Zwiebeln und die Karotte hinzugeben. Den Riesling und die Fleischbrühe angießen, bei geschlossenem Deckel 1 ½ Stunden schmoren. Die weiche Butter und 50 g Mehl mit einer Gabel verkneten. Wenn die Hähnchenteile gar sind, sie aus dem Topf nehmen und warm stellen. Die Mehl-Butter-Mischung mit einem Schneebesen in die Sauce rühren. Die Sahne hinzugeben und die Sauce unter Rühren einkochen lassen, bis sie sämig ist, dann durch ein Sieb passieren. Etwas Butter in einer Pfanne erhitzen und die Champignons darin andünsten. Die Hähnchenstücke auf Teller verteilen, die Champignons daraufgeben, die Sauce darübergießen und dazu Salzkartoffeln reichen.

Ziege

Ziegenbraten

Früher ein Festessen zur Kommunion, zu Ostern und zu anderen familiären Festtagen.

Zutaten für 4 Portionen:

1 kg Fleisch von einer jungen Ziege (Kitz)
2 Knoblauchzehen, zerdrückt
250 ml Fleischbrühe
200 ml Sahne
1 Bund Schnittlauch, gehackt
1 EL Petersilie, gehackt
etwas Bohnenkraut
etwas Thymian
Salz

Zubereitung:

Das Fleisch mit Knoblauch und Salz einreiben, mit Bohnenkraut, Thymian und Petersilie würzen. In einen Bräter legen, die Hälfte der Fleischbrühe angießen und im auf 180 °C vorgeheizten Backofen etwa 1 ½ Stunden braten. Während dieser Zeit mehrmals wenden und mit der restlichen Fleischbrühe übergießen. Dann das Fleisch aus dem Bräter nehmen und warm stellen. Die Sauce mit etwas Mehl binden und die Sahne unterrühren. Mit Pfeffer und Salz abschmecken und vor dem Servieren den Schnittlauch in die Sauce geben. Dazu Salzkartoffeln reichen.

Gebratene Ziegenkeule

Ziegen wurden in früheren Zeiten neben Hasen und Hühnern von vielen Familien gehalten. Man nannte sie im Saarland auch die „Bergmannskuh".

Zutaten für 6 Portionen:

1 Ziegenkeule (2 kg)
1 Zwiebel, grob gehackt
2 Tomaten, gehäutet und gewürfelt
4 Knoblauchzehen, gehackt
250 ml Weißwein, trocken
250 ml Öl
3 Lorbeerblätter
2 Thymian
1 EL Wacholderbeeren, zerdrückt
Pfeffer aus der Mühle
Salz

Zubereitung:

Die Ziegenkeule häuten, waschen und mit Küchenkrepp trocken tupfen. Gut mit Pfeffer und Salz einreiben. Das Öl in einem Bräter erhitzen, die Keule rundum anbraten und herausnehmen. Den Knoblauch und die Zwiebel im Bräter anschwitzen, dann die Hitze reduzieren, die Tomatenstücke hinzugeben und bei schwacher Hitze kochen. Den Thymian, die Lorbeerblätter und die Wacholderbeeren hinzufügen. Mit dem Weißwein ablöschen und die Ziegenkeule wieder in den Bräter legen. Im auf 180 °C vorgeheizten Ofen 1½ Stunden braten. Während dieser Zeit das Fleisch mehrmals mit dem Bratensaft übergießen. Dazu Kartoffeln und Bohnen servieren.

Wildgerichte

Wildhasenrücken

Zutaten für 4 Portionen:
2 Wildhasenrücken
200 g Speck, in Streifen geschnitten
5 Schalotten
80 g Butter
250 g Sahne
100 ml Elbling (Weißwein), trocken
4 EL Essig
Pfeffer aus der Mühle
Salz

Zubereitung:
Die Hasenrücken mit den Speckstreifen spicken. 50 g Butter in einem Bräter erhitzen und die Hasenrücken darin von allen Seiten anbraten. Die Schalotten hinzufügen und ebenfalls andünsten. Mit dem Essig sowie dem Wein ablöschen und mit Pfeffer und Salz würzen. Zugedeckt bei mittlerer Hitze 30 Minuten köcheln lassen. Anschließend die Sahne zugießen und das Ganze weitere 10 Minuten kochen. Die Hasenrücken in eine Schüssel legen und warm stellen. Die Sauce durch ein Sieb in eine Kasserolle füllen, etwas einkochen lassen, dann die Kasserolle vom Herd nehmen und die restliche Butter in Stückchen unterrühren. Die Sauce über die Hasenrücken geben und mit Gemüse servieren.

Rehgulasch

Zutaten für 4 Portionen:
700 g Rehschulter
40 g Dürrfleisch, in Würfel geschnitten
200 g Champignons, geviertelt
1 Zwiebel, gehackt
100 ml Rotwein, trocken
200 ml Wildfond
150 ml Sahne
1 EL Zitronensaft
1 EL Johannisbeergelee
Öl zum Braten
3 Thymianzweige
½ Bund Petersilie
Pfeffer aus der Mühle
Salz

Zubereitung:
Das Rehfleisch in Würfel schneiden. Das Öl in einem Bräter erhitzen und das Rehfleisch, das Dürrfleisch und die Zwiebel darin anbraten. Mit Pfeffer und Salz würzen, den Thymian hinzugeben und den Rotwein angießen. 45 Minuten schmoren lassen. Dann die Champignons und den Wildfond hinzugeben und weitere 15 Minuten schmoren. Den Bräter vom Herd nehmen, den Zitronensaft, die Sahne und das Johannisbeergelee unterrühren. Mit Pfeffer und Salz abschmecken und mit gehackter Petersilie bestreuen.

Rehrücken aus heimischen Wäldern im Hoorische-Mantel mit gestampftem Apfel-Rotweinkompott

Ein Rezept von Alexander Kunz aus dem „Restaurant Kunz" in Bliesen.

Zutaten für 4 Portionen:

Rehrücken:
400 g Rehrücken
Salz
Pfeffer aus der Mühle
Öl

Hoorische:
1 kg Kartoffeln
2 Eigelb
Salz
Muskat
2 geh. TL Mondamin

Apfel-Rotweinkompott:
Granny Smith Äpfel
500 ml Portwein
500 ml Rotwein
80 g Zucker
1 Zimtstange

Rosmarin-Pfeffersauce:
300 ml Portwein
100 ml Rotwein
100 ml kräftige Brühe
1 geh. TL Johannisbeergelee
etwas Rosmarin, fein gehackt
Pfeffer aus der Mühle
30 g Butter

Zubereitung:
Den von Haut und Sehnen befreiten Rehrücken mit Salz und Pfeffer würzen und in Öl von allen Seiten kurz anbraten, dann zur Seite stellen. Ein Stück Alufolie von ca. 40 x 40 cm auf einer Seite gut einölen. Den zu einer Platte ausgerollten Hoorische-Teig auf die Alufolie geben. Den Rehrücken mit einem Küchentuch abtupfen und auf den Teig legen. Mit der Alufolie einrollen und die Enden gut zudrehen. Die Rolle mehrmals mit Klarsichtfolie einrollen und deren Enden ebenfalls fest zubinden. In kochendem Wasser etwa 20 Minuten, bei schwacher Hitze, ziehen lassen (das Wasser sollte leicht kochen). Am besten jedoch ist der Garpunkt festzustellen mittels eines Kerntemperaturfühlers (ideale Kerntemperatur ist 52 °C).

Für die Hoorische benötigt man 2/3 rohe und 1/3 am Vortag gekochte Kartoffeln. Die rohen Kartoffeln reiben, auf ein Sieb geben und die Flüssigkeit mit einer Schüssel auffangen. In der Schüssel setzt sich die Stärke ab, die man dem Teig später zugibt. Die rohen geriebenen Kartoffeln in ein Küchentuch einschlagen und mit den Händen kräftig auspressen. Die gekochten Kartoffeln werden ebenfalls gerieben. Die ausgepressten rohen Kartoffeln und die geriebenen in einer Schüssel gut durchmengen. Die Eigelbe, die Kartoffelstärke aus der Schüssel und das Mondamin zugeben und gut durcharbeiten. Den Teig mit einem Nudelholz zu einer rechteckigen Platte von 40 x 40 cm fingerdick ausrollen.

Für das Apfel-Rotweinkompott den Zucker in einem schweren Topf karamellisieren und mit Port- und Rotwein ablöschen. Die Zimtstange und die geschälten, geviertelten und vom Kerngehäuse befreiten Äpfel zugeben, in der Flüssigkeit weich kochen, mit dem Schaumlöffel herausnehmen und auf einen Teller geben. Die Flüssigkeit weiter einreduzieren lassen, bis sie leicht dickflüssig wird. Die Zimtstange herausnehmen, die reduzierte Flüssigkeit zusammen mit den Äpfeln mixen oder durch die flotte Lotte drehen.

➲

Für die Rosmarin-Pfeffersauce die heiße Pfanne (mit dem Bratensaft), in der das Reh angebraten wurde, mit Port- und Rotwein und der Brühe ablöschen. Die Kräuter und das Johannisbeergelee hinzufügen und alles zusammen 1/3 einreduzieren. Mit dem Schneebesen die Butter einrühren und Pfeffer aus der Mühle nach Geschmack zugeben.

Rehrücken mit Specksauce

Zutaten für 4 Portionen:
1 Rehrücken am Stück
6 EL Öl
125 ml Rotwein
125 ml Wasser
Pfeffer aus der Mühle
Salz
Specksauce (siehe Rezept)

Zubereitung:
Den Rehrücken mit Salz und Pfeffer kräftig einreiben. Das Öl in einem Bräter erhitzen und den Rehrücken darin rundum 10 Minuten anbraten. Anschließend im auf 220 °C vorgeheizten Ofen auf der mittleren Schiene 40 Minuten braten. Den Rotwein mit dem Wasser in einem Becher mischen und während der Bratzeit nach und nach über den Rehrücken gießen. Dann das Fleisch aus dem Ofen nehmen und abgedeckt 5 Minuten ruhen lassen. Die Specksauce zubereiten. Den Rehrücken auslösen und in Scheiben schneiden. Das Fleisch auf Teller geben, mit der Specksauce übergießen und dazu Klöße reichen.

Medaillons vom heimischen Rehrücken mit glacierten Apfelspalten, Selleriepüree und Haselnussspätzle

Ein Rezept von Jörg Künzer aus dem „Gräfinthaler Hof" im Mandelbachthal.

Zutaten für 4 Portionen:
12 Rehmedaillons (je ca. 60 g)
Salz und gemahlener Pfeffer

Rosmarin
2 Äpfel, klein
100 ml Apfelsaft
2 cl Calvados
Weißwein
Zucker

Sauce:
2 EL Preiselbeerkompott
2 cl Cognac
Madeira

Haselnussspätzle:
200 g Mehl
4 Eier
Salz
Muskat
etwas Wasser
2 EL Haselnusskerne, gemahlen

Selleriepüree
1 Sellerieknolle, klein
Milch
Sahne
Salz
Muskatnuss
nussbraune Butter

Zubereitung:
Die Rehmedaillons in heißem Butterschmalz rosa braten, mit Salz und Pfeffer würzen und warm stellen. Die Bratenrückstände in der Pfanne mit dem Cognac und dem Madeira ablöschen, mit dem Wildfond aufgießen und mit den Preiselbeeren und den Gewürzen abschmecken.

Für das Selleriepüree eine kleine Sellerieknolle schälen und in kleine Würfel schneiden, mit Milch und etwas Sahne bedecken und weich kochen. Anschließend alles pürieren und mit Salz, Muskatnuss und der Nussbutter abschmecken.

Die Äpfel schälen, achteln und das Kerngehäuse entfernen. Butter und Zucker in einer Pfanne karamellisieren lassen, mit etwas Apfelsaft und Calvados ablöschen und die Apfelspalten darin glacieren.

Wildpfeffer

Zutaten für 4 Portionen:
800 g Wildragout
60 g Dürrfleisch, in Würfel geschnitten
1 EL Mehl
2 EL Butter
1 Zwiebel, gehackt
2 Knoblauchzehen, gehackt
1 Schuss Melfort (Essig)
einige Butterflocken
400 ml Wild- oder Fleischfond
1 Prs. Kümmel, gemahlen
1 Msp. Thymian
1 Msp. Majoran
3 Nelken
1 Lorbeerblatt
4 Wacholderbeeren
Pfeffer aus der Mühle
Salz

Zubereitung:
Das Wildfleisch in grobe Würfel schneiden, mit Pfeffer und Salz würzen und mit Mehl bestäuben. Die Butter in einem Bräter erhitzen und die Dürrfleischwürfel, den Knoblauch und die Zwiebel darin anbraten. Dann das Wildragout hinzugeben und auf alle Seiten kurz anbraten. Mit dem Fond ablöschen. Kümmel, Thymian, Majoran, Nelken, Wacholderbeeren, Pfeffer und das Lorbeerblatt hinzufügen. Den Essig angießen und die Flüssigkeit kurz aufkochen lassen. Den Bräter in den auf 150 °C vorgeheizten Backofen stellen und bei geschlossenem Deckel etwa 2 Stunden schmoren lassen. Vor dem Servieren das Lorbeerblatt, die Nelken und die Wacholderbeeren entfernen und die Sauce mit Salz und Pfeffer würzen. Anschließend mit einigen eiskalten Butterflocken verfeinern und zu Klößen servieren.

Frischlingskeule in der Meersalz-Rapsölkruste mit Maisgrieß und geschmorten Zwiebeln

Ein Rezept von Alexander Kunz aus dem „Restaurant Kunz" in Bliesen.

Zutaten für 4 Portionen:

Frischlingskeule:
600–700 g Frischlingskeule geputzt (ohne Sehnen und Haut) und zerkleinert
2 Seiten grüner Speck, 5 mm dick

Salzmischung:
3 kg Meersalz
1 L Rapsöl
20 Wacholderbeeren
5 Nelken
8 Lorbeerblätter
5 Rosmarinzweige (gehackt)
5 Thymianzweige (gehackt)
(bei Verwendung von getrockneten Kräutern je 1 Esslöffel)

Maisgrieß:
200 g Maisgrieß, mittelgrob
600 ml Brühe
80 g Bergkäse, gerieben
1 TL Rosmarin, gehackt
½ Zwiebel, gewürfelt
1 Knoblauchzehe in Würfel
etwas Olivenöl

Rote Zwiebeln:
1 ½ kg rote Zwiebeln, geschält und halbiert
400 ml Rapsöl
300 ml Rotwein
3 EL Johannisbeergelee
Salz und Pfeffer
Zucker

Zubereitung:
Die Zutaten für die Salzmischung in einer Schüssel mischen.

Die Frischlingskeule salzen und pfeffern, in einer Pfanne von allen Seiten gleichmäßig kurz anbraten und in den grünen Speck einschlagen. In einen mittelgroßen Topf die Salzmischung 2 cm hoch einfüllen. Die Frischlingskeule auf die Salzmischung setzen und mit dem restlichen Salz komplett bedecken. Bei 160 °C im Backofen (Umluft) 35 bis 40 Minuten garen. (Die Salzmischung kann man mehrmals verwenden.)

Für den Maisgrieß die Zwiebeln und den Knoblauch in Rapsöl anschwitzen. Den Maisgrieß und den Rosmarin zugeben, mit etwas Brühe ablöschen und bei schwacher Hitze die restliche Brühe nach und nach angießen. Zum Schluss den geriebenen Bergkäse unterrühren und mit Salz und Pfeffer abschmecken.

Für die roten Zwiebeln das Johannisbeergelee in den Rotwein rühren. Die Zwiebeln mit der Schnittstelle nach unten auf ein geöltes Backblech legen und mit dem Rapsöl und dem Rotwein übergießen. Mit Salz, Pfeffer und Zucker würzen und für 25 Minuten bei 180 °C in den Backofen geben.

Anrichten:
Den Maisgrieß in der Mitte des Tellers anrichten. Die roten Zwiebeln kreisförmig um den Maisgrieß verteilen und die aufgeschnittene Frischlingskeule auf den Maisgrieß legen.

Tipp: Den grünen Speck mit einem Pinsel vom Salz befreien, in einer heißen Pfanne kurz anbraten und mit der Frischlingskeule anrichten.

Rücken vom Siersburger Dammhirsch mit Holunderjus, Schokoladenaromen und Kartoffel-Steinpilzroulade

Ein Rezept von Stefan Burbach aus dem „Restaurant Niedmühle" in Rehlingen/Siersburg-Eimersdorf.

Zutaten für 4 Portionen:

Rücken:
1 kg Dammhirschrücken, ohne Knochen
1 Thymianzweig
Olivenöl zum Braten
Pfeffer aus der Mühle
Salz

Kartoffel-Steinpilzroulade:
400 g Kartoffeln
120 g Mehl
30 g Butter
2 EL Sahne
2 Eigelb
Muskat
Pfeffer aus der Mühle
Salz

Füllung:
350 g Steinpilze
2 Schalotten
200 ml Sahne
Olivenöl
etwas Petersilie, gehackt
1 Prs. Zucker
Pfeffer aus der Mühle
Salz

Jus:
100 g Möhren
100 g Lauch
100 g Sellerie
Kalbsknochen
Tomatenmark
250 ml Rotwein
250 ml Portwein
250 ml Gemüsebrühe
4 Wacholderbeeren
2 Gewürznelken
2 Lorbeerblätter
1 Rosmarinzweig
200 cl Holundersaft
50 g Butter
Wildgewürz
2 Rippen Bitterschokolade
Pfefferkörner
Salz

Zubereitung:

Für die Jus die Knochen und das klein geschnittene Gemüse gut anrösten. Das Tomatenmark zugeben und gut verrühren. Mit Rotwein und Portwein ablöschen. Mit der Gemüsebrühe aufgießen und mindestens 1/3 einreduzieren lassen. Die Gewürze, Lorbeerblätter, Nelken und den Rosmarinzweig zufügen. Den Holundersaft hinzugießen und nochmals einreduzieren lassen. Mit Wildgewürz abschmecken.

Die Steinpilze säubern und in feine Würfel schneiden. Die klein geschnittenen Schalotten in Olivenöl zart anbraten und dann mit den Pilzen gut anrösten. Mit den Gewürzen und der Sahne abschmecken.

Die Kartoffeln garen und im heißen Zustand pressen. Nach dem Auskühlen die restlichen Zutaten zugeben und zu einem Teig verarbeiten.

Den Teig auswalken, auf einen mit Mehl bestäubten Passiertisch legen und mit der Füllung bestreichen. Den Teig einrollen und mit einem Faden rechts und links zubinden. Im kochenden Wasser etwa 30 Minuten leicht köcheln.

Das Fleisch würzen und im heißen Olivenöl von allen Seiten anbraten. Im vorgeheizten Backofen bei 140 °C mit dem Thymianzweig 10 bis 12 Minuten garen lassen, damit der Rücken noch rosa bleibt. Mit Folie abdecken und ruhen lassen.

Die Sauce abschmecken, die Butter unterheben und, wenn möglich, frische Holunderbeeren dazugeben.

Den Rücken in 8 gleiche Scheiben schneiden und auf einem vorgewärmten Teller mit der aufgeschnittenen Kartoffel-Steinpilzroulade und der Jus servieren.

Schnecken & Froschschenkel

Im Saarland hat man schon immer Froschschenkel und Schnecken gegessen. Meist war es die Aufgabe der Kinder, Schnecken einzusammeln und Frösche zu fangen. Heutzutage kauft man die Froschschenkel tiefgekühlt und die Schnecken in der Dose oder ebenfalls tiefgekühlt. Viele Saarländer fahren zum Einkaufen über die Grenze nach Lothringen.

Gebratene Froschschenkel

Zutaten für 2 Portionen:
250 g Froschschenkel, TK
1 Knoblauchzehe, gehackt
1 EL Petersilie, fein gehackt
¼ Zitrone
500 ml Milch
200 g Butter
1 EL Mehl
Pfeffer aus der Mühle
Salz

Zubereitung:
Die tiefgekühlten Froschschenkel mit der kalten Milch in einer Schüssel 1 bis 2 Stunden auftauen lassen. Anschließend durch ein Sieb abgießen und mit Küchenkrepp trocken tupfen. Das Mehl auf einen Teller geben und die Froschschenkel darin wenden. Die Butter in einer Bratpfanne erhitzen und die Froschschenkel darin 10 bis 12 Minuten unter mehrmaligem Wenden knusprig braten. Auf einer vorgewärmten Servierplatte anrichten und mit Salz, Pfeffer, Knoblauch und Petersilie bestreuen. Mit einem Stück Zitrone servieren.

Froschschenkel-Frikassee

Zutaten für 4 Portionen:
450 g Froschschenkel, TK
750 ml Elbling (Weißwein), trocken
1 Zwiebel, fein gehackt
2 Knoblauchzehen, fein gehackt
1 Bund Petersilie
2 Eigelbe
100 g Mehl
120 g Butter
200 g Crème fraîche
Muskatnuss, gemahlen
Pfeffer aus der Mühle
Salz

Zubereitung:
Die Froschschenkel im Kühlschrank auftauen lassen. Anschließend mit kaltem Wasser abspülen, in einem Sieb abtropfen lassen und in einer Schüssel 2 Stunden in 350 ml Weißwein marinieren. Durch ein Sieb abgießen, abtropfen lassen und mit Küchenkrepp trocken tupfen. Die Froschschenkel in einem Teller mit Mehl wenden, überschüssiges Mehl abklopfen. Die Butter in einer Pfanne erhitzen und die Froschschenkel rundum anbraten, aus der Pfanne nehmen und warm stellen. Die Schalotten in die Pfanne geben und goldbraun anbraten. Mit dem restlichen Weißwein ablöschen, die Petersilie hinzufügen und 20 Minuten bei schwacher Hitze köcheln lassen. Die Crème fraîche mit den Eigelben verrühren. Die Pfanne vom Herd nehmen und die Ei-Creme hineinrühren, um die Sauce zu binden. Mit Salz und Pfeffer abschmecken. Die Froschschenkel auf eine Platte legen, mit der Sauce überziehen und servieren.

Froschschenkel in Weißweinsauce

Zutaten für 4 Portionen:
450 g Froschschenkel, TK
250 g Champignons
1 Bund Petersilie, gehackt
1 Schalotte, gehackt
250 ml Weißwein
100 g Butter
200 g Sahne
1 Ei
1 TL Mehl
½ Zitrone
1 TL Salz

Zubereitung:
Die Froschschenkel im Kühlschrank auftauen lassen. Den Weißwein mit der Butter in einem Topf erhitzen. Die Champignons in Scheiben schneiden und mit der Schalotte und der Petersilie hinzufügen. Dann die aufgetauten Froschschenkel hineingeben und bei schwacher Hitze 20 Minuten sanft köcheln lassen. Die Froschschenkel mit einer Schaumkelle herausnehmen und warm stellen. Das Mehl mit der Sahne verrühren und in den Sud rühren. Aufkochen lassen, dann vom Herd nehmen, das Eigelb unterziehen und die Sauce mit Zitronensaft und Salz abschmecken. Die Froschschenkel auf vorgewärmte Teller geben, mit der Sauce übergießen. Heiß servieren und dazu Baguette reichen.

Schnecken mit Kräuterbutter

Zutaten für 4 Portionen:
24 Weinbergschnecken
24 Schneckenhäuschen
150 g Butter
1 EL Petersilie, gehackt
4 Knoblauchzehen, zerdrückt
1–2 TL Zwiebel, gerieben
1 Msp. Muskatnuss, gemahlen
Pfeffer aus der Mühle
Salz

Zubereitung:
Für die Kräuterbutter die Butter in einer Schüssel schaumig schlagen. Dann die Petersilie, Pfeffer, Salz, Muskat, Knoblauch und die Zwiebeln unterrühren. Zum Füllen die leeren Schneckenhäuschen heiß ausspülen und gut abtropfen lassen. In jedes eine Schnecke geben und mit Hilfe eines Teelöffels die Häuschen bis zum Rand mit Kräuterbutter füllen. Zum Garen in eine Schneckenpfanne setzen und im auf 180 °C vorgeheiztem Backofen erhitzen, bis die Butter brutzelt. Dazu Baguette reichen.

Schnecken mit Sahnesauce

Zutaten für 2 Portionen:
12 Weinbergschnecken

Sauce:
50 g Dürrfleisch, in Würfel geschnitten
1 Zwiebel, fein gehackt
2 Knoblauchzehen, fein gehackt
1 EL Kräuterbutter
125 ml Weißwein, trocken
125 ml Sahne
1 TL Senf
2 EL Petersilie, gehackt
etwas Öl zum Braten
1 Spritzer Maggi

Zubereitung:
Das Öl in einer Pfanne erhitzen und die Zwiebel, den Knoblauch und das Dürrfleisch darin anbraten. Mit dem Weißwein ablöschen, den Senf einrühren und die Sahne mit den restlichen Zutaten hinzufügen. Die Sauce etwas reduzieren lassen. Die Schnecken in kleine feuerfeste Formen füllen, die Sauce darüber verteilen und im auf 200 °C vorgeheizten Backofen 5 Minuten gratinieren. Dazu Baguette reichen.

Lyoner

„Der Lyoner“ hat im Saarland Kultstatus und ja — Sie haben richtig gelesen — der Lyoner ist im Saarland „männlich“. Ob es nun „der“ Lyoner (Ring) oder „die“ Lyoner (Wurst) heißt, darüber streiten sich die Geister.
In einem Punkt sind sich alle Saarländer jedoch einig: Der einzigartige Geschmack der Lyoner ist nicht mit dem der in anderen Bundesländern produzierten Fleischwurst vergleichbar.
Wie die Münchner Weißwurst oder der Schinken aus Parma ist die Marke „Saarländische Lyoner“ seit 2006 als „Geografische Ursprungsbezeichnung“ geschützt.

Wer fern des Saarlandes weilt, mag allerdings „Fleischwurst“ als Notlösung in der Küche verwenden.

Saalännischa Adventskranz

Saarländischer Adventskranz

Ein saarländischer Klassiker, der nicht nur in der Adventszeit sättigt. In den achtziger Jahren des vergangenen Jahrhunderts von Gerhard Bungert und Charly Lehnert eine humoristische Variante unter dem gleichen Namen vorgestellt: ein Ring Lyoner mit vier Flaschen Maggi.

Zutaten für 4 Portionen:
1 Ring Lyoner
4 Flaschen (Stubbis) Bier (Karlsberg, Becker`s o.ä.)

Zubereitung:
Den Ring Lyoner auf eine Platte legen und 4 Flaschen kühles Bier hineinstellen. Dazu frisches Flute (Baguette) reichen.

Dingmerter Dullesjer

St. Ingberter Lyoner

„Dingmert“ oder „Dengmert“ ist der abgewandelte Name der Stadt St. Ingbert. Es ist die sechstgrößte Stadt im Saarland. Der Name geht auf den Heiligen Ingobertus zurück, welcher hier um 580 lebte.

Zutaten für 4 Portionen:
1 Ring Lyoner
2 Zwiebeln
200 g saure Sahne
(oder Crème fraîche)
700 g Kartoffeln
Öl
Pfeffer aus der Mühle
Salz

Zubereitung:
Die ungeschälten Kartoffeln in einem Topf mit Wasser gar kochen. Das Wasser abgießen, die Kartoffeln abkühlen lassen, pellen und in Scheiben schneiden. Die Lyoner ebenfalls in Scheiben schneiden. Etwas Öl in einer Pfanne erhitzen und die Zwiebeln, die Kartoffel- und Lyonerscheiben darin goldbraun braten. Mit Pfeffer und Salz würzen, und mit je 1 Portion saurer Sahne auf den Tellern anrichten.

Saarländischer Zwiebelbraten mit Lyoner

Zutaten für 4 Portionen:

5 Zwiebeln, in Ringe geschnitten
1 Ring Lyoner
Dürrfleisch, in Scheiben geschnitten
Fett zum Braten

Zubereitung:

Das Fett in einer Pfanne erhitzen und die Zwiebelringe darin hellbraun anbraten. Den Ring Lyoner auf ein Blech legen und Kerben hineinschneiden. In die Kerben die Dürrfleischscheiben stecken. Die angebratenen Zwiebeln um den Ring Lyoner legen und im auf 180 °C vorgeheizten Backofen etwa 30 Minuten erhitzen. Dazu Baguette und Bier servieren.

Saarländische Lyonerpfanne

Zutaten für 4 Portionen:
600 g Lyoner, in Würfel geschnitten
60 g Dürrfleisch, fein gewürfelt
600 g Pellkartoffeln, in Scheiben geschnitten
100 g Zwiebeln, gewürfelt
2 Tomaten, gewürfelt
1 Knoblauchzehe, zerdrückt
200 g Hartkäse, geriebener
80 g Butterschmalz
Öl
1 EL Schnittlauch oder Petersilie, gehackt
Pfeffer aus der Mühle
Salz

Zubereitung:
Das Butterschmalz in einer Pfanne erhitzen und die Kartoffelscheiben darin anbraten. Dann die Lyonerwürfel hinzugeben und anbraten. Die Zwiebeln mit dem Knoblauch zufügen und unter Rühren ebenfalls anbraten. Mit Pfeffer und Salz würzen. Eine feuerfeste Form mit Öl auspinseln und den Inhalt der Pfanne hineingeben. Die Dürrfleisch- und Tomatenwürfel und den Käse darüberstreuen. Im auf 180 °C vorgeheizten Backofen 10 bis 15 Minuten goldbraun überbacken. In der Form servieren.

Lyonergulasch „Bourgogne“

Zutaten für 4 Portionen:
1 Ring Lyoner
2 Zwiebeln
2 Knoblauchzehen, fein gehackt
200 ml Rotwein
1–2 EL Crème fraîche
Öl zum Braten
Pfeffer aus der Mühle

Zubereitung:

Die Lyoner in gulaschgroße Würfel, die Zwiebeln in 1 bis 2 cm dicke Scheiben schneiden. Das Öl in einer Pfanne erhitzen, die Zwiebeln mit dem Knoblauch darin glasig dünsten und anschließend die Lyonerwürfel knusprig anbraten. Mit dem Rotwein ablöschen, die Hitze reduzieren und die Crème fraîche hinzugeben. Die Sauce sämig einkochen lassen und mit Pfeffer würzen. Dazu Baguette und Rotwein servieren.

Saarländisches Gulasch

Zutaten für 2 Portionen:
½ Ring Lyoner, in Würfel geschnitten
2 Zwiebeln, in Würfel geschnitten
1 rote Paprikaschote, in Würfel geschnitten
1 kleine Dose Tomatenmark
100 g Champignons, in Scheiben geschnitten
¼ Liter Wasser, heiß
2 EL Öl
etwas Paprikapulver
etwas Oregano, gerebelt
Pfeffer aus der Mühle
Salz

Zubereitung:
Das Öl in einer Pfanne erhitzen und die Zwiebeln und die Lyoner darin anbraten. Die Paprikawürfel mit den Champignonscheiben hinzugeben und mitbraten. Mit dem Wasser ablöschen, das Tomatenmark einrühren, mit Pfeffer, Salz, Oregano und Paprika würzen. Das Ganze 10 Minuten köcheln lassen. Dazu Reis oder Baguette servieren.

Saarbrigger Lyonergulasch

Saarbrücker Fleischwurstgulasch

Zutaten für 4 Portionen:

1 Ring Lyoner, in Scheiben geschnitten
150 g Champignons, in Scheiben geschnitten
2 Zwiebeln, klein gehackt
1 rote Paprika, in Streifen geschnitten
1 Knoblauchzehe, zerdrückt
5–6 EL Tomatenmark
1 Dose Tomaten, geschält
200 ml Rotwein
Olivenöl
Thymian
Oregano
Paprikapulver
1 Msp. Cayennepfeffer
Pfeffer aus der Mühle
Salz

Zubereitung:

Die geschälten Tomaten durch ein Sieb abgießen und in Stücke schneiden. Das Öl in einer Pfanne erhitzen und die Lyonerscheiben darin anbraten. Dann den Knoblauch, die Tomatenstücke, die Paprikastreifen, die Zwiebeln und die Gewürze hinzugeben. Das Tomatenmark einrühren und den Rotwein angießen. 15 Minuten bei schwacher Hitze sanft köcheln lassen. Die Champignons dazugeben, weitere 10 Minuten köcheln lassen und das Gulasch mit Pfeffer und Salz abschmecken. Dazu Bratkartoffeln oder Baguette servieren.

Lyoner Stroganoff

Zutaten für 4 Portionen:

200 g Lyoner, in Streifen geschnitten
1 Glas Cornichons (frz. Gewürzgurken), in Würfel geschnitten
2 EL Öl
1 Zwiebel, gehackt
100 g Champignons, in Scheiben geschnitten
1 Glas Paprikastreifen
2 EL Sahne
2 EL Weinbrand
Pfeffer aus der Mühle

Zubereitung:

Das Öl in einer Pfanne erhitzen und die Lyoner, die Champignons, die Cornichons und die Zwiebel darin anbraten. Die Paprikastreifen in einem Sieb abtropfen lassen, in Würfel schneiden und in die Pfanne geben. 5 Minuten köcheln lassen und mit der Sahne, Weinbrand und Pfeffer abschmecken. Dazu Reis oder Baguette servieren.

Lyoner in Biersauce

Zutaten für 4 Portionen:
450 g Lyoner
50 g Cornichons (frz. Gewürzgurken), in Würfel geschnitten
50 g Zwiebel, gehackt
50 g Butter
1 Flasche Bier
2 EL Zucker
2 Eigelbe
2 EL saure Sahne
Zimt
1 EL Petersilie, gehackt
Pfeffer aus der Mühle
Salz

Zubereitung:
Die Lyoner in ½ cm dicke Streifen schneiden. Die Butter in einer Pfanne erhitzen und die Lyonerstreifen, die Cornichons und die Zwiebel darin anbraten. Dann die Hitze reduzieren, um das Ganze warm zu halten. Für die Sauce das Bier und den Zucker in einem Topf kochen, bis der Zucker sich auflöst. Die Hitze reduzieren, so dass das Bier nicht mehr kocht. In einer Schüssel die Eigelbe mit Sahne verquirlen und unter Rühren zum Bier gießen. Weiter rühren und erwärmen, bis die Sauce eindickt, und mit Zimt, Pfeffer und Salz abschmecken. Die Sauce darf nicht mehr kochen, da sie sonst gerinnt. In die Pfanne gießen, mit Petersilie bestreuen und mit Klößen servieren.

Urwese-Auflauf

„De Teller gebbd leer gess! Do werre kenn Urwese gemacht."

Zutaten für 4 Portionen:

½ Ring Lyoner
250 g Kartoffelpüree
200 g Gemüsereste (Urwese), gekocht
1 Zwiebel, gehackt
200 ml Crème fraîche
1 Ei
3 EL Semmelbrösel
2 EL Käse, gerieben
1 Stück Butter, in Flöckchen
Pfeffer aus der Mühle
Salz

Zubereitung:

Eine Auflaufform mit etwas Butter einpinseln. Das Ei unter das nicht zu heiße Kartoffelpüree schlagen, in die Auflaufform geben und glatt streichen. Die Lyoner pellen und in Würfel schneiden. Etwas Butter in einer Pfanne erhitzen und die Zwiebel und die Lyoner darin anbraten. Anschließend zusammen mit den Gemüseresten auf dem Püree verteilen. Die Semmelbrösel, den geriebenen Käse und die Butterflöckchen darübergeben. 30 Minuten im auf 220 °C vorgeheizten Ofen backen.

Saarländischer Lyonerpastete

Zutaten für 4 Portionen:
2 Ringe Lyoner, in Würfel geschnitten
1 kg Bratwurstbrät
1 kg Leberkäsebrät
500 g Gouda, in Würfel geschnitten
2 Lauchstangen, in Ringe geschnitten
Butter für die Form

Zubereitung:
Alle Zutaten in einer großen Schüssel mit den Händen verkneten. Eine Kastenform mit Butter einfetten, die Masse hineingeben. Die Form im auf 175 °C vorgeheizten Backofen 1 bis 1 ½ Stunden backen. Zum Ende der Garzeit mit einem hölzernen Schaschlikspieß prüfen, ob die „Pastete“ gar ist. Es darf kein Teig daran hängen bleiben. Aus der Kastenform nehmen, in Scheiben schneiden und warm servieren.

Käse-Knoblauch-Lyoner

Zutaten für 8 Portionen:
2 Ringe Lyoner
6–8 Knoblauchzehen, in Stifte geschnitten
2 Zwiebeln
150 g Emmentaler, in Scheiben geschnitten
200 ml Olivenöl
etwas Thymian, gehackt
etwas Oregano, gehackt

Zubereitung:
Die Lyoner pellen und halbieren. Seitlich eine Tasche in jede der Lyonerhälften schneiden. Die Wurst mit einem kleinen spitzen Messer mehrmals einstechen und mit den Knoblauchstiften spicken. Die Zwiebeln, den Thymian, den Oregano und das Olivenöl zu einer Marinade rühren. Die Lyonerhälften in die Schüssel mit der Marinade legen und im Kühlschrank 24 Stunden ziehen lassen. Die Emmentalerscheiben in die eingeschnittenen Taschen stopfen. Etwas von der Marinade in einer Pfanne erhitzen und die Lyonerhälften darin braten. Dazu frisches Baguette und Salat reichen.

Lyoner-Geschnetzeltes

Zutaten für 4 Portionen:
1 Ring Lyoner
200 Champignons, in Scheiben geschnitten
1 Zwiebel, gehackt
1 Knoblauchzehe
125 ml Elbling (Weißwein), trocken
200 g Sahne
1 EL Crème fraîche
40 g Mehl
40 g Butterfett
1 EL Schnittlauch, gehackt
1 EL Petersilie, gehackt
Pfeffer aus der Mühle
Salz

Zubereitung:
Die Lyoner pellen, längs halbieren und in Scheiben schneiden. Das Butterfett in einer Pfanne erhitzen und die Zwiebel und die Lyonerscheiben darin anbraten. Das Mehl darüberstäuben, kurz umrühren und dann mit dem Weißwein ablöschen. Den Knoblauch und die Champignonscheiben dazugeben und 10 Minuten sanft köcheln lassen. Dann die Sahne angießen und die Sauce mit Pfeffer und Salz abschmecken. Vor dem Servieren die Crème fraîche und die Kräuter einrühren. Mit Reis oder Baguette servieren.

Gekochter Lyoner mit Flitt

Gekochte saarländische Fleischwurst mit Baguette

Ein Stück Heimat: Ein Ring Lyoner, heiß aus dem Kessel, mit Kartoffelsalat und Flitt (Baguette).

Zutaten für 4 Portionen:
1 Ring Lyoner
1 Baguette
Kartoffelsalat (siehe Rezept)

Zubereitung:
Die Lyoner in einem Topf mit 80 °C heißem Wasser erhitzen, so dass sie nicht platzt. Mit Kartoffelsalat und Baguette servieren.

Saarländischer Lyonerkuchen

Zutaten für 8 Portionen:

Mürbeteig:
300 g Mehl
150 g Butter
2 Eigelbe
3 EL Wasser
Salz

Belag:
½ Ring Lyoner, in Würfel geschnitten
1 Zwiebel, gehackt
1 Stange Lauch, in Streifen geschnitten
2 Eier
200 g Crème fraîche
200 g Hartkäse, gerieben
1 EL Petersilie, gehackt
1 Msp. Muskatnuss
1 Schuss Maggi
Pfeffer aus der Mühle
Salz

Zubereitung:

Für den Mürbeteig die kalte Butter in Stücke schneiden. Das Mehl, die Butterstücke, die Eigelbe, das Wasser und etwas Salz in einer Schüssel zügig zu einem Teig verkneten. Eine Springform mit etwas Butter ausstreichen und mit dem Teig auslegen, diesen am Rand hochziehen. Den Teigboden mehrmals mit einer Gabel einstechen. Für den Belag etwas Butter in einer Pfanne erhitzen und die Lyoner, die Zwiebel und den Lauch darin kurz andünsten. Anschließend in ein Sieb schütten und das Bratfett abtropfen lassen. Diese Mischung auf dem Teig verteilen. In einer Schüssel die Eier, die Crème fraîche, den Hartkäse, die Petersilie, etwas Muskatnuss, Maggi, Pfeffer und Salz gut verrühren und über die Lyonermischung gießen. Im auf 200 °C vorgeheizten Ofen etwa 45 Minuten backen. Heiß oder kalt servieren.

Saarbrücker Lyonerkuchen

In Saarbrücken gibt man geröstetes Dürrfleisch in den Belag.

Zutaten für 8 Portionen:

Mürbeteig:
300 g Mehl
150 g Butter
2 Eigelbe
3 EL Wasser
Salz

Belag:
1 Ring Lyoner
100 g Dörrfleisch, gewürfelt
3 Zwiebeln, gehackt
1 Knoblauchzehe, zerdrückt
250 ml Sahne
6 Eier
150 g Hartkäse, gerieben
1 Msp. Muskatnuss
1–2 EL Petersilie, gehackt
Dillspitzen
Pfeffer aus der Mühle, Salz

Zubereitung:

Für den Mürbeteig die kalte Butter in Stücke schneiden. Das Mehl, die Butterstücke, die Eigelbe, das Wasser und etwas Salz in einer Schüssel zu einem Teig verkneten. Eine Springform mit etwas Butter ausstreichen und mit dem Teig auslegen, diesen am Rand hochziehen. Den Teigboden mehrmals mit einer Gabel einstechen. Für den Belag zwei Drittel der Lyoner in Würfel schneiden. Etwas Butter in einer Pfanne erhitzen und die Lyonerwürfel, das Dürrfleisch und die Zwiebeln darin anbraten. Anschließend in ein Sieb geben und das Fett abtropfen lassen. Diese Mischung auf dem Teig verteilen. In einer Schüssel die Eier, die Sahne und die Gewürze verrühren, die Hälfte davon auf die Lyonermasse gießen. Den geriebenen Käse darüberstreuen, mit der restlichen Eiermischung übergießen und das letzte Drittel der Lyoner in Scheiben geschnitten darauflegen. Im auf 200 °C vorgeheizten Ofen 20 bis 30 Minuten backen. Heiß oder kalt servieren.

Lyoner-Quiche

Die saarländische Antwort auf die „Quiche Lorraine“

Zutaten für 8 Portionen:

Mürbeteig:
300 g Mehl
150 g Butter
2 Eigelbe
3 EL Wasser
Salz

Belag:
½ Ring Lyoner
50 g Dürrfleisch, in Würfel geschnitten
1 Zwiebel, gehackt
1 Lauchstange, in dünne Ringe geschnitten
4 Eier
250 ml Sahne
1 Prs. Muskatnuss
Pfeffer aus der Mühle
Salz

Zubereitung:

Für den Mürbeteig die kalte Butter in Stücke schneiden. Das Mehl, die Butterstücke, die Eigelbe, das Wasser und etwas Salz in einer Schüssel zu einem Teig verkneten. Eine Springform mit etwas Butter ausstreichen und mit dem Teig auslegen, diesen am Rand hochziehen. Den Teigboden mehrmals mit einer Gabel einstechen. Für den Belag das Dürrfleisch in einer Pfanne unter Rühren auslassen. Die Zwiebel hinzugeben und anschwitzen und die Lauchringe darin 5 Minuten dünsten. Die Mischung auf dem Teig verteilen. Die Lyoner in Scheiben, dann in dünne Streifen schneiden und ebenfalls auf dem Teig verteilen. Die Eier und die Sahne mit den Gewürzen verquirlen und über die Dürrfleisch-Zwiebel-Mischung gießen. Im auf 180 °C vorgeheizten Ofen 45 bis 50 Minuten backen.

Heiße Lyoner

Zutaten für 4 Portionen:
1 Ring Lyoner
1 kg Kartoffeln
750 ml Wasser

Zubereitung:
Den Ring Lyoner in einen Topf legen und das Wasser angießen, zum Kochen bringen, dann sofort die Kochhitze reduzieren und die Lyoner unter dem Siedepunkt 45 Minuten ziehen lassen. Die Kartoffeln mit der Schale in einem Topf mit heißem Wasser gar kochen. Abgießen und die Kartoffeln pellen. Statt der Pellkartoffeln kann man auch Kartoffelsalat dazu reichen.

Lyoner-Sauerkrautauflauf

Ein ideales Gericht, wenn man noch gegartes Sauerkraut übrig hat. Das Gericht ist so variabel wie die Menge der einzelnen Zutaten, die man verwendet.

Zutaten:
Sauerkraut, gegart
Kartoffelpüree
Lyoner
Butter
Semmelbrösel

Zubereitung:
Den Ring Lyoner pellen und in Scheiben schneiden. Eine hohe Auflaufform mit Butter fetten. Das Kartoffelpüree, das Sauerkraut und die Lyonerscheiben schichtweise einfüllen. Die letzte Schicht sollte Kartoffelpüree sein. Einige Butterflocken darauf verteilen und Semmelbrösel darüberstreuen. Im auf 140 °C vorgeheizten Backofen 40 Minuten backen.

Lyoner-Salat

Zutaten für 8 Portionen:

1 Ring Lyoner
1 kleines Glas Cornichons
1 EL Senf
1 Zwiebel, in Streifen geschnitten
1 Knoblauchzehe, zerdrückt
2 Bund Schnittlauch, gehackt
5 EL Melfort (Essig)
5 EL Öl
1 Schuss Maggi
Pfeffer aus der Mühle
Salz

Zubereitung:

Den Ring Lyoner quer halbieren und die Hälften in dünne Scheiben schneiden. Die Cornichons in Scheiben schneiden. Die Lyonerscheiben, die Cornichons, die Zwiebel, den Knoblauch und den Schnittlauch in eine Schüssel geben. Den Melfort, das Öl, den Senf, etwas Maggi, Pfeffer und Salz zu einer Marinade verrühren und über den Lyoner-Salat geben. Gut mischen und 10 Minuten ziehen lassen. Dazu Bratkartoffeln oder Baguette reichen.

Lyoner Tonnato

Saarländische Fleischwurst mit Tunfischsauce

Es muss nicht immer Kalbfleisch sein!
Eine köstliches, modernes, Rezept, welches saarländische Lyoner mit italienischer Tunfischsauce trefflich verbindet.

Zutaten für 4 Portionen:

1 kg Lyoner
1 Dose Tunfisch in Öl
100 g Mayonnaise
3 EL Kapern, klein
etwas Fleischbrühe
1 EL Zitronensaft
1 Msp. Cayennepfeffer

Zubereitung:

Den Tunfisch in ein Sieb geben und gut abtropfen lassen. Mit Mayonnaise und 2 Esslöffeln Kapern mit dem Pürierstab fein pürieren. Etwas Fleischbrühe hinzugießen, so dass eine cremige Sauce entsteht. Mit Zitronensaft, Salz und Cayennepfeffer abschmecken. Die Lyoner in dünne Scheiben schneiden und nebeneinander auf einer Platte oder auf Tellern anrichten. Mit der Tunfischsauce bedecken und mit den restlichen Kapern bestreuen. Zugedeckt im Kühlschrank mindestens 2 Stunden ziehen lassen.

Lyonerkäs´

Lyoner-Käse-Auflauf

Zutaten für 4 Portionen:
1 Ring Lyoner
300 g Bratwurstbrät
200 g Gouda oder Gruyère, gerieben
Petersilie, gehackt
Fett für die Form

Zubereitung:

Die Lyoner in Stücke schneiden und durch den Fleischwolf drehen, dabei die feine Lochscheibe verwenden. Die Masse in einer Schüssel mit dem Bratwurstbrät, dem Käse und der Petersilie vermengen. In eine mit Butter ausgestrichene Kastenform geben und im auf 130 °C vorgeheizten Backofen 50 bis 60 Minuten backen. Aus der Form stürzen, den Lyonerkäs´ in Scheiben schneiden und mit Bratkartoffeln oder Kartoffelsalat und grünem Salat servieren.

Lyoner im Frack

Lyoner im Kartoffelmantel

Zutaten für 4 Portionen:
4 Stücke Lyoner à 120 g
7 Kartoffeln
2 Eigelbe
1 Msp. Muskatnuss
Öl zum Frittieren
2 EL Mehl
500 g Bohnen
50 g Schalotten, gehackt
50 g Dürrfleisch, in feine Würfel geschnitten
1 EL Butter
Pfeffer aus der Mühle
Salz

Sauce:
1 Zwiebel, gehackt
100 ml Geflügelbrühe
150 g Sahne
50 g Butter, kalt
2 TL Senf
Pfeffer aus der Mühle
Salz

Zubereitung:

Die Kartoffeln fein reiben und in einem sauberen Tuch ausdrücken. Die austretende Kartoffelstärke in einer Schüssel auffangen. Die ausgedrückten Kartoffeln in einer Schüssel mit Muskat, Pfeffer und Salz würzen und die Eigelbe untermengen. Die Masse in 4 Portionen teilen und zwischen Klarsichtfolie dünn ausrollen. Die obere Klarsichtfolie abnehmen, die Lyonerstücke in einem Suppenteller mit Mehl wälzen, auf die Kartoffelmasse legen und komplett mit der Masse umhüllen. Die 4 Päckchen in der Klarsichtfolie belassen, um die Kartoffelmasse gleichmäßig und fest um die Wurst drücken zu können. Anschließend die Päckchen aus der Folie nehmen und in heißem Öl goldbraun frittieren. Die Bohnen blanchieren, in einem Sieb abtropfen lassen und schräg in Streifen schneiden. Etwas Butter in einer Pfanne erhitzen und die Schalotten mit dem Dürrfleisch darin anbraten. Dann die Bohnen dazugeben, mit Pfeffer und Salz abschmecken und die Petersilie darüberstreuen. Für die Sauce den Geflügelfond mit der Zwiebel in einen Topf geben und die Flüssigkeit auf die Hälfte reduzieren lassen.

Dann die Sahne hinzugießen und erneut einkochen lassen. Die Sauce mit der kalten Butter aufmontieren, den Senf hinzufügen, die Sauce schaumig aufmixen und mit Pfeffer und Salz abschmecken. Zum Servieren die Lyoner schräg aufschneiden, mit den Bohnen auf die Teller geben und die Sauce um die Bohnen gießen.

Wirsing-Lyoner-Ragout

Zutaten für 4 Portionen:
1 kg Lyoner
50 g Dürrfleisch, gewürfelt
1 kg Wirsing
300 g Karotten, in Scheiben geschnitten
1 Zwiebel, gehackt
500 ml Fleischbrühe
150 g Crème fraîche
3 EL Öl
6 EL Mehl
etwas Majoran
1 Msp. Muskatnuss
Pfeffer aus der Mühle
Salz

Zubereitung:
Den Wirsing achteln und in Streifen schneiden. Das Öl in einem Schmortopf erhitzen und die Zwiebel mit dem Speck darin anbraten. Dann den Wirsing und die Karotten hinzugeben und dünsten. Mit Pfeffer, Salz und Muskat würzen. Dann die Fleischbrühe angießen, 20 Minuten garen. Die Lyoner der Länge nach vierteln und in Stücke schneiden. Mit der Crème fraîche zum Gemüse geben, verrrühren, erhitzen und mit Majoran abschmecken. Das Mehl mit etwas Wasser anrühren, zum Gemüse geben und unter Rühren aufkochen lassen, um das Ragout zu binden.

Illinger Schneckcher

Illingen ist ein charmanter Ort zum Einkaufen, ganz besonders freitags auf dem Wochenmarkt und im Oktober beim alljährlichen Illinger Wurstmarkt.

Zutaten für 4 Portionen:
1 Ring Lyoner im Naturdarm
einige Salatblätter
200 g Kräuterbutter
etwas Butter

Zubereitung:
Die Lyoner ungepellt in Scheiben schneiden. Etwas Butter in einer Pfanne erhitzen und die Lyonerscheiben darin braten, bis sie sich wölben. Dann jeweils ein kleines Stück Kräuterbutter in die Vertiefung der Lyonerscheiben hineingeben. Auf Salatblättern anrichten und dazu Baguette reichen.

Lyoner-Pizza

Das Grundrezept dieses Gerichts stammt zwar aus Italien, doch der Geschmack ist typisch saarländisch.

Zutaten für 4 Portionen:

Teig:
200 g Mehl
15 g Hefe
6 EL Milch, lauwarm
1 Eigelb
1 TL Öl
1 Prs. Zucker
1 Prs. Salz

Belag:
300 g Lyoner
80 g Dürrfleisch, in Würfel geschnitten
1 Zwiebel, gehackt
1 Knoblauchzehe, fein gehackt
200 g Emmentaler, gerieben
125 ml Sahne
2 Eier

Zubereitung:

Für den Hefeteig die Butter und das Mehl mit dem Zucker, der Milch, der Hefe, dem Öl, dem Eigelb und Salz zu einem geschmeidigen Teig kneten und abgedeckt an einem warmen Ort oder bei 40 °C im Ofen 40 Minuten gehen lassen. Dann den Teig nochmals durchkneten und an einem warmen Ort 10 Minuten gehen lassen. Anschließend ausrollen und auf ein Backblech legen. Die Lyoner in Scheiben schneiden und auf dem Teig verteilen. Das Dürrfleisch, die Zwiebel und den Knoblauch in einer Pfanne anbraten, vom Herd nehmen, abkühlen lassen und ebenfalls auf dem Pizzateig verteilen. Die Eier mit der Sahne verquirlen und über die Pizza geben. Mit dem Käse bestreuen und im auf 180 °C vorgeheizten Backofen 30 Minuten backen.

Lyoner-Pastete

Zutaten für 10 Portionen:
1 Ring Lyoner, klein geschnitten
1 kg rohe Bratwurst, fein
500 g Dürrfleisch, in feine Scheiben geschnitten
300 g Kochschinken, klein geschnitten
200 g Gouda, klein geschnitten
400 g Champignons, klein geschnitten
½ Bund Petersilie, klein geschnitten

Zubereitung:
Die Lyoner, das Brät aus der Bratwurst, den Kochschinken, den Käse und die Champignons in einer Schüssel mischen. Eine Kastenform mit den Dürrfleischscheiben auslegen, die Wurstmasse hineingeben und glatt streichen. Dann im auf 180 °C vorgeheizten Backofen 1 Stunde backen. Wenn nötig, gegen Ende der Garzeit abdecken. Aus dem Ofen nehmen, mit der Petersilie bestreuen und heiß oder kalt servieren. Dazu Flitt (Baguette) und Salat reichen.

Lyoner-Sülzwurst

Zutaten für 6 Portionen:
500 g Lyoner, in Streifen geschnitten
500 ml Fleischbrühe
3 EL Schnittlauch, gehackt
1 rote Paprikaschote
4 EL Essig
75 g Gelatine, gemahlen
90er Kunstdarm

Zubereitung:
Die Paprikaschote entkernen und in sehr kleine Würfel schneiden. Die Fleischbrühe zum Kochen bringen, die Paprikawürfel hineingeben und bissfest garen. Mit einem Schaumlöffel abschöpfen und in einer Schüssel mit den Schnittlauchröllchen und den Wurststreifen vermischen. Die Gelatine und den Essig in die Fleischbrühe rühren und bei mittlerer Hitze auflösen. Die Fleischbrühe über die Wurststreifen gießen. Die Mischung in den Kunstdarm füllen und zubinden. Über Nacht im Kühlschrank fest werden lassen. Zum Servieren in Scheiben schneiden und mit Bratkartoffeln, Remoulade und Salat servieren.

Boudin noir

Die „Boudin noir" ist die französische Variante der Blutwurst und wird auch im Saarland zubereitet. Sie enthält im Gegensatz zu den anderen deutschen Blutwurstsorten keine groben Speckstücke und ist eine frische Wurst.

Im Saarland wird sie als ganze Wurst (die Größe entspricht einer Bratwurst) oder als Scheibe von einer sehr dicken Wurst angeboten. Sie wird in der Pfanne gebraten und mit Kartoffelpüree, Apfelkompott, Apfelmus oder mit Sauerkraut serviert. Besonders fein schmeckt sie mit Apfelmus mit Karamell.

Buddeng mit Stampfkartoffeln und Apfelmus oder Apfelkompott

Boudin noir mit Kartoffelbrei und Apfelmus oder Apfelkompott

Zutaten für 4 Portionen:

4 Boudin noir
500 g Kartoffelstampf (siehe Rezept)
etwas Butter
Apfelmus oder -kompott (siehe Rezepte)
evtl. Sauerkraut

Zubereitung:

Etwas Butter in einer Pfanne erhitzen und die Boudin noir bei sehr schwacher Hitze darin anbraten. Nicht zu schnell erhitzen, da sie sonst platzt. Hat man Boudin-Scheiben, so brät man sie ebenfalls langsam auf beiden Seiten. Anschließend mit dem Kartoffelbrei und dem Apfelkompott auf einen Teller geben und etwas Bratfett über den Kartoffelbrei geben. Evtl. mit Sauerkraut servieren.

Buddeng mit Eingedämpten

Boudin noir mit gekochten Kartoffeln

Zutaten für 4 Portionen:
4 Boudin noir
etwas Butter

Eingedämpte:
1,2 kg Kartoffeln
200 g Zwiebeln, gehackt
1 L Fleischbrühe
Lorbeerblätter
1 EL Schmalz
Pfeffer aus der Mühle
Salz

Zubereitung:

Die Fleischbrühe und die Lorbeerblätter in einem Topf erhitzen, die Kartoffeln in Stücke schneiden und weich kochen. Das Schmalz in einer Pfanne erhitzen und die Zwiebeln darin goldgelb anbraten. Die gekochten Kartoffeln zerstampfen, mit Pfeffer und Salz abschmecken und so viel von der Fleischbrühe unterrühren, bis der Brei eine sämige Konsistenz hat. Etwas Butter in einer Pfanne erhitzen und die Boudin noir bei sehr schwacher Hitze darin anbraten. Nicht zu schnell erhitzen, da die Boudin sonst platzt. Den Kartoffelbrei auf den Tellern verteilen. Die gebratenen Zwiebeln darübergeben und die Boudin noir daneben anrichten.

Boudin-Carpaccio

Eine Vorspeise und eine der besten Arten der „kalten“ Zubereitung der Boudin noir.

Zutaten für 4 Portionen:
300 g Boudin noir
1 Zwiebel, in Scheiben geschnitten
5 EL Öl
1 TL Melfort (Essig)
2 TL Senf
Pfeffer aus der Mühle
Salz

Zubereitung:
Die Boudin noir in dünne Scheiben schneiden und nebeneinander auf 4 Teller legen. In einer kleinen Schüssel das Öl, den Melfort, den Senf, Pfeffer und Salz verrühren und über die Wurstscheiben geben. Mit den Zwiebelringen belegen. Dazu Baguette reichen.

Saarländische Maultaschen

Maultaschen mit Boudin-Füllung

Zutaten für 4 Portionen:

Teig:
600 g Kartoffeln
2 Eigelbe
100 g Speisestärke
25 g Butter
1 Msp. Muskatnuss
Salz

Füllung:
150 g Boudin noir
1 Eigelb
1 EL Majoran, gerebelt
30 g Walnüsse, gemahlen
etwas Mehl
2 EL Öl
Pfeffer aus der Mühle
Salz

Specksauce:
250 g Dürrfleisch, mager
1 Apfel, säuerlich
1–2 Zwiebeln, gehackt
1–2 EL Öl

Zubereitung:

Die Kartoffeln mit der Schale in einem Topf mit leicht gesalzenem Wasser etwa 20 Minuten gar kochen. Das Wasser abgießen, die Kartoffeln ausdämpfen lassen, pellen und noch warm durch die Kartoffelpresse in eine Schüssel drücken. Die Eigelbe unterrühren und nach und nach die Speisestärke einarbeiten, bis ein glatter Teig entsteht. Die Butter in einer kleinen Pfanne schmelzen, unterrühren und den Teig mit Muskat und Salz abschmecken. Für die Boudin-Füllung die Blutwurst häuten und grob würfeln. Mit dem Majoran und dem Öl in einer Schüssel mit dem Pürierstab grob zerkleinern. Die gemahlenen Walnüsse unterrühren und die Masse mit Pfeffer und Salz abschmecken. Etwas Mehl untermengen, wenn die Mischung zu flüssig ist. Den Maultaschenteig auf einer bemehlten Arbeitsfläche 2 mm dick ausrollen und mit einem Glas Kreise von etwa 8 cm Durchmesser ausstechen. Mit einem Löffel etwas Boudin-Füllung auf die Teigkreise setzen. Das Eigelb verquirlen und die Teigränder damit bestreichen. Dann die Teigkreise zusammenklappen und die Ränder mit einer Gabel andrücken. Die Maultaschen in einem großen Topf mit siedendem, gesalzenem Wasser 10 Minuten gar ziehen lassen. Für die Specksauce das Dürrfleisch in kleine Würfel schneiden. Das Öl in einer Pfanne erhitzen und das Dürrfleisch darin auslassen. Die Zwiebeln hinzugeben und unter Rühren anbraten. Den Apfel entkernen, schälen, fein würfeln, in die Pfanne geben und einmal durchschwenken. Die Maultaschen in einem Sieb abgießen und abtropfen lassen, in der Specksauce servieren.

„Lewerwurscht" & andere Wurstgerichte

Schweinskäs´

Saarländischer Schweinskäse

„Schweinskäs" ist eine Art Bauernwurst, für die man früher auch den Schweinekopf, die Schnauze und die Ohren verarbeitete. Es ist mit Bratkartoffeln ein typisches Gericht zu Silvester.

Zutaten für 8 Portionen:
2 Schweinsfüße, gesalzen
1 Hintereisbein, gesalzen
500 g Rind- oder Schweinefleisch (Beinstück)
500 g Schweinebauch (grün)
½ Bund Suppengrün, in Würfel geschnitten
1 Knoblauchzehe, gehackt
1 Lorbeerblatt
3 Nelken

Zubereitung:
Alle Zutaten in einem Topf 2 Stunden kochen. Das Fleisch herausnehmen, abkühlen lassen und vom Knochen lösen, dann durch die große Lochscheibe des Fleischwolfs drehen. Die Kochbrühe durch ein Sieb in eine Schüssel gießen, entfetten und gelieren lassen. Das Fleisch mit der gelierten Kochbrühe zu gleichen Teilen vermengen und in einem Topf kurz aufkochen lassen. Mit etwas Salz abschmecken und in kalt ausgespülte Gläser füllen. Abkühlen lassen. Zu Bratkartoffeln reichen oder auf Brot streichen und mit Senf, Meerrettich oder Gurken servieren.

Lewerwurschtsoos oder Zwiwwel-Lewerwurschtbrode

Zwiebel-Leberwurst-Braten/-Sauce

Zutaten für 4 Portionen:
1 Hausmacher Leberwurst
5–6 Zwiebeln
4 Pellkartoffeln
etwas Butter

Zubereitung:
Die Zwiebeln in dicke Ringe schneiden. Die Butter in einer Pfanne erhitzen, die Zwiebeln darin anbraten. Die Hitze reduzieren, den Deckel auf die Pfanne legen und die Zwiebeln gar werden lassen. Dann die Leberwurst aus der Pelle zu den Zwiebeln in die Pfanne drücken und erhitzen. Mit heißen Pellkartoffeln servieren.

Krombierwurscht

Kartoffelwurst

Zutaten für 6 Portionen:

500 g Schweinebauch
300 g Rindfleisch
300 g Dörrfleisch
2 kg Kartoffeln
500 g Zwiebeln, gehackt
etwas Muskat
Majoran
Bohnenkraut
Pfeffer aus der Mühle
Salz
Wurstdarm

Zubereitung:

Den Schweinebauch, das Rindfleisch und das Dörrfleisch in einem Topf mit etwas Salz kochen. Vom Herd nehmen und abkühlen lassen. Die rohen Kartoffeln in Stücke schneiden, mit den Zwiebeln und dem Fleisch durch den Fleischwolf drehen. Die Masse gut mischen, mit Pfeffer, Salz, Muskat, Majoran und Bohnenkraut würzen und durch den Fleischwolf mit Wurstspitze und Wurstdarm drehen. Die Kartoffelwurst in eine Eisenpfanne geben und im vorgeheizten bei 200 °C 2 Stunden garen. Dazu Sauerkraut reichen.

Krombierwurscht (Variante)

Kartoffelwurst (Variante)

Bei dieser Variante wird die Wurstmasse in einer Pfanne gebraten.

Zutaten für 6 Portionen:
1 kg Schweinebauch
1 kg Kartoffeln
4 Zwiebeln, gehackt
1 TL Thymian, gehackt
1 TL Majoran, gehackt
1 TL Liebstöckel, gehackt
Pfeffer aus der Mühle
Salz
2 EL Butterschmalz

Zubereitung:
Den Schweinebauch in gesalzenem Wasser 45 Minuten kochen, dann herausnehmen, abkühlen lassen und in Stücke schneiden. Die Kartoffeln ebenfalls in Stücke schneiden. Die Zwiebeln mit den Kartoffeln in einem Topf mit Wasser 25 Minuten sanft köcheln lassen. Abgießen und mit dem Fleisch, den Kräutern und den Gewürzen in einer Schüssel mischen. Diese Mischung durch den Fleischwolf drehen. Das Schmalz in einer Pfanne erhitzen und die Kartoffelwurstmasse darin 60 Minuten bei schwacher Hitze und unter gelegentlichem Rühren garen. Dazu Sauerkraut reichen.

Saarländer Currywurst

Diese Spezialität wird mit Merguez-Würstchen bereitet. Sie stammen aus Nordafrika und haben über Frankreich ins Saarland gefunden. Sie verdanken ihren Geschmack und die Farbe der Harissa, einer scharfen Chilipaste mit einem Hauch von Koriander, Kreuzkümmel und Knoblauch.

Zutaten für 4 Portionen:
8 Merguez, gebraten, klein geschnitten

Sauce:
250 ml Bratensauce
1 Zwiebel, in Scheiben geschnitten
½ Paprikaschote, in Würfel geschnitten
500 ml Fleischbrühe
400 ml Curry-Ketchup
150 ml Tomatenketchup
2 EL Currypulver
1 Prs. Cayennepfeffer
1 Prs. Pfeffer

Zubereitung:
Die Bratensauce und die Fleischbrühe in einen Topf gießen, die Zwiebelscheiben und die Paprikawürfel hinzugeben, zum Kochen bringen und 10 Minuten unter gelegentlichem Rühren kochen. Anschließend die Paprika und die Zwiebel mit einem Schaumlöffel herausnehmen. Die restlichen Zutaten für die Sauce hinzufügen und verrühren. Dann die Sauce in eine Pfanne umfüllen. Die Merguez in einer weiteren Pfanne anbraten. Herausnehmen, in Stücke schneiden und in die Pfanne mit der Currysauce geben. Bei milder Hitze 10 Minuten sanft köcheln lassen. Mit etwas Sauce heiß servieren und etwas Currypulver darüberstreuen. Dazu Baguette reichen.

GERICHTE MIT FISCH

Ingeleede Häringe

Eingelegte Heringe

Zutaten für 8 Portionen:
2 kg Heringsfilets
750 g Zwiebeln, halbiert, in Scheiben geschnitten
10 saure Gurken, in Scheiben geschnitten
3 Äpfel
1 L Sahne
etwas Zitronensaft
10 Wacholderbeeren
Pfeffer aus der Mühle
Salz

Zubereitung:
Die Heringsfilets in einer Schüssel mit kaltem Wasser 24 Stunden wässern. Während dieser Zeit das Wasser zweimal wechseln. Die Äpfel schälen, entkernen, achteln und in dünne Scheiben schneiden. In einer Schüssel die Sahne mit etwas Zitronensaft, den Wacholderbeeren, Salz und Pfeffer verrühren. Die Heringsfilets aus dem Wasser nehmen und gut abtropfen lassen, dann schichtweise in die Sahnesauce geben und jeweils eine Lage Apfelscheiben und Zwiebeln darauf verteilen, bevor man die nächste Schicht Heringsfilets daraufgibt. 2 Tage in der Sahnesauce marinieren lassen. Mit Pellkartoffeln servieren.

Fischragout im Blätterteigpastetchen

Zutaten für 4 Portionen:
4 Blätterteigpastetchen
600 g Fischfilet
100 g Dürrfleisch, gewürfelt
200 g Champignons, gewürfelt
2 Schalotten, fein gehackt
200 ml Elbling (Weißwein), trocken
250 ml Sahne
40 g Butterschmalz
1–2 TL Mehl
Pfeffer aus der Mühle
Salz

Zubereitung:
Das Butterschmalz in einer Pfanne erhitzen und die Schalotten, das Dürrfleisch und die Champignons darin anschwitzen. Das Mehl darüberstäuben und unter Rühren den Weißwein hinzugießen. 2 Minuten köcheln lassen, dann die Sahne angießen und einige Minuten köcheln lassen. Die Hitze reduzieren, so dass die Sauce nicht mehr kocht. Das Fischfilet in Stücke schneiden und in die Sauce legen. Einige Minuten gar ziehen lassen. Die Blätterteigpastetchen im Backofen erwärmen, auf Teller stellen und das Fischragout hineinfüllen.

Confierte Forelle mit Bouchot-Muschel-Ragout und Ravioli von Blattspinat

Ein Rezept von Josef Hubertus aus der „Hotellerie Hubertus" in Tholey.

Zutaten für 4 Portionen:
4 Forellenfilets, frisch
Fleur de sel
Limonenöl

Bouchot-Muschel-Ragout:
30 g Butter
1 EL Olivenöl
2 Zwiebeln
2 Champignons, gewürfelt
1 EL milde Pepperoni, gewürfelt
½ Knoblauchzehe
1 kg Bouchot-Muscheln
50 g Weißwein
200 g pürierte Schältomaten
12 Ofentomatenviertel
50 g Butter
1 EL glatte Petersilie, fein geschnitten
5 Basilikumblätter, fein geschnitten
½ EL Dill
Zitronensaft

Ravioliteig:	Blattspinat:
4 Eier	500 g Blattspinat
1 Prs. Salz	½ Zwiebel, in Würfel geschnitten
1 Prs. Pfeffer	1 Knoblauchzehe
250 g Mehl, Typ 00	Olivenöl
150 g Hartweizengrieß	1 Stich Butter
	2 Champignons
	2 confierte Tomaten
	1 EL Pinienkerne

Zubereitung:

Die Forellenfilets mit Fleur de sel und Limonenöl marinieren und bei 60 °C im Backofen ca. 15 Minuten (je nach Dicke) confieren.

Tipp: Die Haut des Filets erst nach dem Garen ablösen, da die zarten Filets so weniger beschädigt werden.

Für das Bouchot-Muschel-Ragout die Butter und das Öl im Topf erhitzen. Die Zwiebel-, Champignon- und Pepperoniwürfel sowie den Knoblauch geschnitten hinzugeben und kurz andünsten. Die Muscheln hinzufügen, mit Weißwein ablöschen und Topf mit dem Deckel verschließen. Nach etwa 2 Minuten die pürierten Tomaten angießen. Die Ofentomaten-Würfel hinzugeben und die Butter einrühren. Kurz aufkochen lassen, mit Zitronensaft abschmecken und die Kräuter einschwenken.

Für die Ravioli die Zutaten für den Teig in eine Schüssel geben. Erst mit einem Holzlöffel verrühren und anschließend kräftig durchkneten. Für die Farbe eine Messerspitze Curcuma hinzugeben. Abgedeckt im Kühlschrank ruhen lassen. Für die Füllung die Zwiebel und den Knoblauch in Olivenöl und Butter glasig dünsten. Den Blattspinat daraufgeben und mit etwas Wasser ablöschen. Mit Salz, Pfeffer und Muskat würzen und den Spinat garen. Dann den Spinat auf einem Sieb ausdrücken und die Hälfte abnehmen. Die klein gewürfelten Champignons in etwas Olivenöl angehen lassen und die getrockneten Tomaten in kleinen Würfeln hinzufügen. Die Hälfte des Blattspinats mit den Champignons und den Tomaten vermengen. Die gehackten Pinienkerne dazugeben und die Masse auskühlen lassen.

Den Nudelteig sehr dünn ausrollen und kleine Kreise ausstechen. Auf die Hälfte der ausgestochenen Teile jeweils in die Mitte etwas von der Spinatfüllung geben. Die Ränder mit Eiweiß bepinseln. Die übrigen Teigkreise darüberlegen und an den Rändern gut andrücken. Die Ravioli in Salzwasser kochen.

Anrichten:
Den Blattspinat in der Mitte der Teller anrichten und das Bouchot-Muschel-Ragout rundum verteilen. Pro Teller 3 Ravioli aufsetzen und das Filet auf dem Blattspinat drapieren.

Gebackene Forellen

Zutaten für 8 Portionen:
4 Forellen, küchenfertig
2 EL Schalotten
3 EL Petersilie, gehackt
2 EL Crème fraîche
40 g Butterflocken
40 g Butter für die Form
125 ml Elbling (Weißwein), trocken
4 EL Zitronensaft
1–2 TL Senf
Pfeffer aus der Mühle
Salz

Zubereitung:
Die Forellen waschen, mit Küchenkrepp trocken tupfen, außen und innen mit dem Zitronensaft, Pfeffer und Salz einreiben. Etwas Petersilie in die Forellen geben. Die Butter in einer Pfanne erhitzen und die Hälfte der Schalotten und der Petersilie darin kurz andünsten. Die Forellen hineinlegen und in der heißen Butter wenden. Die restlichen Schalotten, die verbliebene Petersilie und die Butterflocken darüberstreuen. Den Weißwein angießen, die Pfanne mit Aluminiumfolie abdecken und im auf 180 °C vorgeheizten Backofen etwa 15 Minuten braten. Die Aluminiumfolie entfernen, die Forellen mit dem ausgetretenen Bratensaft übergießen und weitere 10 bis 15 Minuten braten. Dann die Pfanne aus dem Ofen nehmen und die Forellen auf einer Platte im Ofen warm stellen. Die Crème fraîche in den Bratensaft einrühren und mit Senf, Pfeffer und Salz abschmecken. Die Sauce separat zu den Forellen servieren und dazu Salzkartoffeln und Salat reichen.

Forelle mit Dürrfleisch

Ein Leckerbissen, der sich nicht nur in der Pfanne, sondern auch auf dem Schwenker zubereiten lässt (siehe unten).

Zutaten für 4 Portionen:
4 Forellen, küchenfertig
25 g Mehl,
75 g Dürrfleisch, in dünne Scheiben geschnitten
50 g Butter
1 El Öl
½ Zitrone, Saft davon
Pfeffer aus der Mühle
Salz

Zubereitung:
Die Forellen waschen und mit Küchenkrepp trocken tupfen. Das Mehl, den Pfeffer und das Salz in einer flachen Schüssel mischen. Die Forellen darin wälzen und anschließend die Dürrfleischscheiben fest um die Forellen wickeln. Mit etwas Küchengarn fixieren. Die Butter und das Öl in einer Pfanne erhitzen und die Forellen darin auf jeder Seite 5 Minuten braten. Den Zitronensaft darüberträufeln und servieren. Dazu Salz- oder Petersilienkartoffeln und Salat reichen.

Forelle mit Dürrfleisch vom Schwenker

Zutaten für 4 Portionen:
4 Forellen, küchenfertig
75 g Dürrfleisch, in dünne Scheiben geschnitten
25 g Mehl
Pfeffer aus der Mühle
Salz

Zubereitung:
Die Forellen waschen und mit Küchenkrepp trocken tupfen. Das Mehl, den Pfeffer und das Salz in einer flachen Schüssel mischen. Die Forellen darin wälzen und anschließend die Dürrfleischscheiben fest um die Forellen wickeln. Mit etwas Küchengarn fixieren oder in Drahtformen zum Grillen von Fisch geben. Auf jeder Seite 5 Minuten schwenken. Dazu Salat oder Kartoffelsalat servieren.

Forelle mit Sahnekraut

Zutaten für 4 Portionen:
4 Forellen, küchenfertig
800 g Sauerkraut
125 g Butter
4–6 Wacholderbeeren, im Mörser zerstoßen
2 Lorbeerblätter
125 ml Weißwein, trocken
125 ml Geflügelbrühe
150 ml Sahne
1 EL Honig
Mehl
Öl
Pfeffer aus der Mühle
Salz

Zubereitung:
Das Sauerkraut in einem Sieb gründlich mit kaltem Wasser abspülen und anschließend gut abtropfen lassen. Die Butter in einem Topf erhitzen und das Sauerkraut hineingeben. Die Wacholderbeeren und die Lorbeerblätter hinzufügen, den Wein und die Geflügelbrühe angießen und bei mittlerer Hitze 30 Minuten köcheln lassen. Während dieser Zeit mehrmals umrühren. Dann die Sahne und den Honig dazugeben. Die Lorbeerblätter entfernen und das Kraut mit Pfeffer und Salz abschmecken. Bis zum Servieren bei schwacher Hitze warm halten. Die Forellen waschen und mit Küchenkrepp trocken tupfen. Mehl in eine flache Schüssel geben, die Forellen darin wenden und abklopfen. Das Öl in einer Pfanne erhitzen und die Forellen auf jeder Seite etwa 5 Minuten anbraten. Das Sahnekraut auf Tellern anrichten und die Forellen darüberlegen. Als Beilage Kartoffelstampf (Kartoffelbrei) reichen.

Flusskrebsravioli

Ein Rezept mit heimischen Flusskrebsen von Koch Dieter Thoni aus dem „Restaurant Trampert“ im „Alten Pfarrhaus Beaumarais“.

Zutaten für 4 Portionen:

Teig:
100 g Mehl
20 g Grieß
1 Ei + 2 Eigelb
1 EL Öl
Salz

Farce:
200 g Flusskrebsschwänze, gegart
50 g Lachsfilet
50 g Crème fraîche
1 Eigelb
½ Zitrone, abgerieben, Schale davon
Pfeffer aus der Mühle
Salz

Sauce:
400 g Lauch, in Ringe geschnitten
150 ml Sahne
1 EL Ricard (Anisschnaps)
etwas Butter

weiter:
2 Eigelb, verquirlt, zum Bestreichen des Teigs
8 ganze Flusskrebse für die Garnitur

Zubereitung:

Für den Teig die Zutaten in einer Schüssel gut verkneten. Zu einer Kugel formen, mit Frischhaltefolie umwickeln und im Kühlschrank 2 Stunden ruhen lassen. Für die Farce (Raviolifüllung) das gekühlte Lachsfilet in kleine Würfel schneiden. Dann 1 Stunde im Eisfach an-

frieren lassen und anschließend mit dem Eigelb im Küchenmixer fein pürieren. Die Farce in eine Schüssel geben und die Crème fraîche unterrühren. Die Flusskrebsschwänze fein hacken, zusammen mit der abgeriebenen Zitronenschale unter die Farce rühren und mit Pfeffer und Salz abschmecken. Den Teig aus dem Kühlschrank nehmen und 1 bis 2 mm dick ausrollen, dann halbieren und eine Hälfte mit dem verquirlten Eigelb einpinseln. Mit einem Teelöffel die Farce mit etwas Abstand voneinander – entsprechend der Größe der Ravioli – auf den Teig geben. Die zweite Teigplatte noch etwas ausrollen und über den Teig mit den „Farce-Häufchen" legen. Anschließend die Teigkreise mit einem Ausstecher oder einem Glas ausstechen und die Teigränder etwas andrücken. Die Flusskrebsravioli in einem Topf mit leicht gesalzenem Wasser etwa 3 Minuten kochen. Für die Sauce etwas Butter in einer Pfanne erhitzen und den Lauch darin anbraten. Dann mit dem Ricard ablöschen, die Sahne hinzugießen und die Sauce etwas einreduzieren lassen. Die Flusskrebse für die Garnitur kurz in heißem Wasser erwärmen. Die Flusskrebsravioli auf Tellern anrichten, mit der Sauce übergießen und die Flusskrebse daraufsetzen.

Gebackene Saarfische

Zutaten für 4 Portionen:

16–20 kleine Saarfische (Rotaugen etc.)
Mehl
Fett zum Backen
Bauernbrot
Viez (Apfelwein)
Pfeffer aus der Mühle
Salz

Zubereitung:

Die Fische putzen, ausnehmen, mit Pfeffer und Salz einreiben und in Mehl wenden. Das Fett in einer Pfanne erhitzen und die Fische auf beiden Seiten braun ausbacken. Dazu Bauernbrot mit Viez servieren.

Verheiradede mit Flussfischen

Kartoffeln und Mehlknödel mit Flussfischen

Zutaten für 4 Portionen:
800 g Flussfischfilets (Saibling, Wels oder Zander)
150 g Dürrfleisch, in Würfel geschnitten
200 ml Sahne
etwas Zitronensaft
Mehl
Salz
Butter zum Braten

Verheiradede:
750 g Kartoffeln, längs geschnitten
150 g Dürrfleisch, gewürfelt
500 g Mehl
250 ml Wasser
125 ml Milch
2 Eier
1 TL Salz

Zubereitung:
Für die Verheiradeden Mehl, Wasser und Eier in einer Schüssel zu einem zähflüssigen Teig rühren. Die Kartoffeln mit etwas Salz etwa 20 Minuten kochen. In einem weiteren Topf 2 Liter Wasser mit etwas Salz zum Kochen bringen. Den Teig esslöffelweise in das kochende Wasser geben und darin 5 Minuten ziehen lassen. Das Dürrfleisch in einer kleinen Pfanne anbraten, mit der Sahne ablöschen und etwas einkochen lassen. Die Fischfilets jeweils in 4 Stücke schneiden, mit Zitronensaft und Salz einreiben. Etwas Mehl auf einen Teller streuen und die Fischfilets darin wenden. Die Butter in einer Pfanne erhitzen und die Fischstücke darin anbraten. Die Verheiradeden mit einer Schaumkelle aus dem Kochwasser nehmen und auf die Teller legen. Die gebratenen Fischfilets daraufgeben und mit der Specksauce übergießen.

Wels aus dem Ofen

Der Angelsport ist im Saarland weit verbreitet. Zahlreiche Seen und Flüsse beheimaten einige der schönsten und ergiebigsten Anglerreviere Deutschlands. Besonders erwähnenswert sind dabei die Stellen hinter den Staustufen der Saar bei Dillingen, Saarbrücken und Saarlouis. Dort wurden bereits einige Welse von über 1,60 Meter Länge gefangen.

Zutaten für 4 Portionen:
600 g Welsfilet
400 g Kartoffeln, festkochend
400 g Paprikaschoten
2 Bund Frühlingszwiebeln
4 EL glatte Petersilie, gehackt
6 EL Weißwein, trocken
7 EL Öl
2 EL Rosmarin, gehackt
1 TL schwarze Pfefferkörner
½ TL Salz

Zubereitung:
Die Welsfilets mit kaltem Wasser waschen, die Gräten entfernen, mit Küchenkrepp trocken tupfen. Die Pfefferkörner und den Rosmarin in einem Mörser fein zerstoßen. Die Mischung in eine Glasschüssel geben und 4 Esslöffel Öl und Salz unterrühren. Die Welsfilets längs halbieren und in 3 cm große Würfel schneiden, zur Marinade geben und durchmischen. Abgedeckt im Kühlschrank 3 Stunden marinieren. Die Frühlingszwiebeln in 1 cm breite Ringe schneiden. Die Paprikaschoten entkernen und in mundgerechte Stücke schneiden, die Kartoffeln in kleine Würfel schneiden. Das restliche Olivenöl in einer Pfanne erhitzen und die Frühlingszwiebeln, die Paprikastücke und die Kartoffelwürfel 3 Minuten bei mittlerer Hitze anbraten. Vom Herd nehmen, die Petersilie hinzugeben, mit Salz würzen. Wenn das Gemüse

abgekühlt ist, die Welsstücke aus der Marinade nehmen, hinzufügen und vermischen. Dann in einer großen Auflaufform verteilen. Die verbliebene Marinade mit dem Wein mischen und über den Fisch und das Gemüse träufeln. Die Auflaufform mit Aluminiumfolie abdecken. Im auf 180 °C vorgeheizten Ofen 30 Minuten garen, die Folie entfernen und weitere 20 Minuten garen. Die Welsstücke mit dem Gemüse auf vorgewärmten Tellern servieren.

Luxemburger Hecht

Ein Rezept aus der Region Merzig-Wadern, die an Luxemburg angrenzt.

Zutaten für 4 Portionen:
1 Hecht (2 kg), küchenfertig
300 g Champignons, in Scheiben geschnitten
1 L Weißwein, trocken
250 ml Sahne
1 EL Butter
Pfeffer aus der Mühle
Salz

Zubereitung:
Den Hecht waschen und mit Küchenkrepp trocken tupfen. Den Fisch innen und außen mit Pfeffer und Salz einreiben. Eine mit Butter ausgestrichene Pfanne mit den Pilzscheiben auslegen und mit Pfeffer und Salz würzen. Darauf den Hecht legen und Butterstückchen auf ihm verteilen. Im auf 180 °C vorgeheizten Backofen etwa 35 Minunten garen und während dieser Zeit regelmäßig mit dem Wein begießen. Den Hecht auf einer Fischplatte anrichten und warm stellen. Den Garsud mit den Pilzen in eine Kasserolle geben, die Sahne hinzugießen und etwas reduzieren lassen. Dann mit kalten Butterflöckchen andicken und diese Sauce zum Hecht servieren. Dazu Salzkartoffeln reichen.

Zanderfilet, auf der Haut gebraten, mit gerösteter Blutwurst und Löwenzahncreme

Ein Rezept von Olaf Bank aus dem Restaurant „Zum Blauen Fuchs“ in Oberthal (Steinberg-Deckenhardt).

Zutaten für 4 Portionen:

Löwenzahncreme:
100 g grüner Löwenzahn, geputzt
3 ELI Olivenöl
2 EL Sonneblumenöl
200 ml Fischfond
50 ml Sahne
1 kleine Kartoffel, gekocht und klein geschnitten
Meersalz

Zanderfilet :
600 g Zanderfilet, mit Haut, ohne Gräten
Mehl
Olivenöl zum Braten
ein wenig Meersalz

Blutwurst :
200 g Blutwurst, ohne Speck und Haut

Zubereitung:

Für die Löwenzahncreme den Fischfond mit Sahne, Meersalz und der Kartoffel aufkochen. Das Olivenöl, das Sonnenblumenöl und den

Löwenzahn im Mixer der heißen Flüssigkeit und der Kartoffel bis zur Creme mixen. Mit Salz, Pfeffer und evtl. Knoblauch würzen.

Für das Zanderfilet die Fischfilets in 4 gleich große Schnitten schneiden und auf der Hautseite mehlieren. In heißem Öl auf der Hautseite braten, bis der Fisch schön glasig ist. Die Hautseite vor dem Servieren mit etwas Meersalz bestreuen.

Die Blutwurst in Scheiben schneiden und in einer beschichteten Pfanne ohne Öl kross braten.

Zum Anrichten die warme Löwenzahncreme in einen tiefen Teller füllen. Den Zander mit der Hautseite nach oben auf den Teller geben. Die krosse Blutwurst auf den Zander legen und mit frischem Kerbel oder Majoran dekorieren.

Karpfen in Bier gegart

Karpfen erreichen in der Saar wahre Rekordgrößen. Einige sollen über 50 Pfund auf die Waage bringen. Für den Kochtopf eignen sich die jüngeren und kleineren Exemplare jedoch besser.

Zutaten für 4 Portionen:
1 Karpfen, küchenfertig
etwas Speckschwarte
1 Bund Suppengrün, in Würfel geschnitten
250 ml Bier (Karlsberg, Beckers o.ä.)
1 Scheibe Zwieback
6 EL Essig
2 TL Honig
2 TL Zucker
3 EL Butter
1 EL Speisestärke
1 Msp. Thymian
1 Lorbeerblatt
1 Msp. Muskatnuss
Pfeffer aus der Mühle
Salz

Zubereitung:
Den Karpfen in einem Topf mit Essigwasser bei schwacher Hitze 1 Stunde ziehen lassen, aus dem Sud nehmen und abtropfen lassen. Die Speckschwarte, das Suppengrün, etwas Thymian und das Lorbeerblatt in einen Topf geben, den Karpfen darauflegen und mit Bier und so viel Wasser übergießen, bis er bedeckt ist. Mit Zucker, Muskat, Pfeffer und Salz würzen. Die Flüssigkeit zum Kochen bringen. Dann die Hitze reduzieren und den Karpfen bei schwacher Hitze 30 Minuten ziehen lassen. Anschließend den Fisch vorsichtig herausnehmen, auf eine Platte legen und warm stellen. Die Speckschwarte und das Lorbeerblatt aus dem Sud entfernen. Den Zwieback zerbröseln: Das geht am einfachsten, indem man ihn in einen Gefrierbeutel gibt und

mit einem Nudelholz zerdrückt. Die Brösel mit dem Honig in den Sud geben, dann diesen durch ein Sieb in eine Kasserolle gießen. Die Speisestärke mit etwas Wasser anrühren, in den Garsud einrühren und die Sauce unter Rühren aufkochen lassen. Kalte Butterflöckchen hineinrühren. Die Sauce über den Karpfen geben, mit Salzkartoffeln servieren.

MARINADEN
& SAUCEN

Schwenkbratenmarinaden & -saucen

Im Saarland werden die Rezepte der Schwenkbratenmarinaden wie Staatsgeheimnisse gehütet, nur in der Familie weiter „vererbt“ und nicht an Nachbarn oder gar Fremde verraten.

Schwenkbratenmarinade

Marinade für 2 kg Fleisch:
10 Zwiebeln, in Ringe geschnitten
3–4 Knoblauchzehen, zerdrückt
125 ml Öl
1 EL Senf
10 Wacholderbeeren, mit Salz zerdrückt
1 TL Thymian, gerebelt
1 TL Oregano, gerebelt
1 TL Paprikapulver
2 Msp. Cayennepfeffer
Pfeffer aus der Mühle

Zubereitung:
Alle Zutaten in einer Schüssel gut vermischen. Das Fleisch damit einstreichen, in eine Schüssel legen und mit den Zwiebeln vermengen. Zugedeckt im Kühlschrank 12 bis 24 Stunden marinieren lassen. Das Fleisch kann auch mehrere Tage mariniert werden, dann sollte es täglich einmal durchgemischt werden. Das Fleisch spätestens 2 Stunden vor dem Grillen aus dem Kühlschrank nehmen, damit es nicht zu kalt ist, sonst könnte es zäh werden.

Schwenkbratenmarinade mit Rotwein

Marinade für 1 kg Fleisch:
4 Zwiebeln, fein gehackt
1 Knoblauchzehe, fein gehackt
200 ml Rotwein, trocken
50 ml Öl
1 Lorbeerblatt
4 Wacholderbeeren, zerdrückt
1 TL Thymian, gerebelt
1 TL Majoran, gerebelt
1 TL Pfeffer, frisch gemahlen

Zubereitung:
Die Zutaten für die Marinade in einer Schüssel verrühren. Das Fleisch damit einstreichen, in der Schüssel zugedeckt im Kühlschrank 12 bis 24 Stunden marinieren lassen. Das Fleisch kann auch mehrere Tage mariniert werden, dann sollte es täglich einmal durchgemischt werden. Das Fleisch spätestens 2 Stunden vor dem Grillen aus dem Kühlschrank nehmen, damit es nicht zu kalt ist, sonst könnte es zäh werden.

Schwenkbratenmarinade mit Bier

Marinade für 1 kg Fleisch:
1 Zwiebel
250 ml Bier
4 EL Öl
1 EL Senf
7 Wacholderbeeren
2 Lorbeerblätter
10 Pfefferkörner

Zubereitung:
Die Zwiebel in dünne Ringe schneiden. Die restlichen Zutaten in einer Schüssel verrühren. Das Fleisch damit einstreichen, in die Schüssel geben und mit den Zwiebeln mischen. Zugedeckt im Kühlschrank 12 bis 24 Stunden marinieren lassen. Das Fleisch kann auch mehrere Tage mariniert werden, dann sollte es täglich einmal durchgemischt werden. Das Fleisch spätestens 2 Stunden vor dem Grillen aus dem Kühlschrank nehmen, damit es nicht zu kalt ist, sonst könnte es zäh werden.

Schwenkbratenmarinade mit Maggi

Marinade für 2 kg Fleisch:
4 Zwiebeln
3–4 Knoblauchzehen, zerdrückt
500 ml Weißwein, trocken
100 ml Öl
2 EL Maggi
2 TL Senf
1 TL Paprikapulver
1 TL Thymian, gerebelt
Pfeffer aus der Mühle
Salz

Zubereitung:
Die Zwiebeln in dünne Ringe schneiden. Die restlichen Zutaten in einer Schüssel verrühren. Das Fleisch damit einstreichen, in die Schüssel geben und mit den Zwiebeln mischen. Zugedeckt im Kühlschrank 12 bis 24 Stunden marinieren lassen. Das Fleisch kann auch mehrere Tage mariniert werden, dann sollte es täglich einmal durchgemischt werden. Das Fleisch spätestens 2 Stunden vor dem Grillen aus dem Kühlschrank nehmen, damit es nicht zu kalt ist, sonst könnte es zäh werden.

Moderne Schwenkbratenmarinade

Marinade für 1 kg Fleisch:
1 Zwiebel, gehackt
2 Knoblauchzehen, fein gehackt
½ Bund Petersilie, gehackt
4 EL Öl
3 EL Essig
2 EL Ketchup
1 TL Worcestersauce
3–4 Tropfen Tabascosauce
½ TL Oregano, gerebelt
1 Prs. Zucker
Pfeffer aus der Mühle

Zubereitung:
Die Zutaten in einer Schüssel verrühren. Das Fleisch damit einstreichen, in die Schüssel geben und mit den Zwiebeln mischen. Zugedeckt im Kühlschrank 12 bis 24 Stunden marinieren lassen, evtl. auch mehrere Tage. Dann sollte es täglich einmal durchgemischt werden. Das Fleisch spätestens 2 Stunden vor dem Grillen aus dem Kühlschrank nehmen, damit es nicht zu kalt ist, sonst könnte es zäh werden.

weitere Saucen

Schbecksooß

Specksauce

Sie wird über Klöße, Gemüse, Fleisch oder Fisch gegeben.

Zutaten für 4 Portionen:
250 g Dürrfleisch, mager
1–2 Zwiebeln, klein gehackt
1–2 EL Öl

Zubereitung:
Das Dürrfleisch in kleine Würfel schneiden, in einer Pfanne mit heißem Öl zerlassen. Die Zwiebel hinzugeben und unter Rühren anbraten.

Specksauce mit Sahne

Zutaten für 4 Portionen:
100 g Dürrfleisch, mager
250 ml Sahne
1 Prs. Muskatnuss
Pfeffer aus der Mühle
Salz

Zubereitung:
Das Dürrfleisch in kleine Würfel schneiden und in einer Pfanne unter Rühren auslassen. Dann die Sahne angießen und mit Muskat, Pfeffer und Salz würzen.

Specksauce mit Sahne und Röstzwiebeln

Zutaten für 4 Portionen:
150 g Dürrfleisch, in Würfel geschnitten
2 Zwiebeln, gehackt
4 EL Röstzwiebeln
250 ml Sahne
1 Schuss Maggi
1 Prs. Muskatnuss
Pfeffer aus der Mühle

Zubereitung:
Das Dürrfleisch mit den Zwiebeln in einer Pfanne andünsten, bis die Zwiebeln glasig sind. Mit der Sahne ablöschen, mit Pfeffer, Maggi und Muskatnuss abschmecken und etwas einkochen lassen. Die Röstzwiebeln unterrühren und die Sauce über die Speisen geben oder separat servieren.

Specksauce mit Apfelstücken

Zutaten für 4 Portionen:
300 g Dürrfleisch, in Würfel geschnitten
1 L Bratensauce
½ Zwiebel, gehackt
1 Apfel
Pfeffer aus der Mühle

Zubereitung:
Den Apfel schälen, das Kerngehäuse entfernen und die Frucht in kleine Würfel schneiden. Das Dürrfleisch, die Zwiebel und den Apfel in einer Pfanne anbraten. Mit der Bratensauce ablöschen, kurz aufkochen lassen und mit Pfeffer abschmecken.

Saarländische Béchamelsauce

Zutaten für 4 Portionen:
30 g Butter
30 g Saucenbinder
500 ml Milch
1 EL Petersilie, gehackt
etwas Salz

Zubereitung:
Die Butter in einer Kasserolle erhitzen, den Saucenbinder unterrühren und unter weiterem Rühren die Milch hinzugießen. Unter Rühren 10 Minuten köcheln lassen und die Petersilie einstreuen.

Eiersauce

Zutaten für 2 Portionen:
4 Eier
1 TL Butter
50 ml Wasser
100 ml Sahne
1 TL Senf
1 Bnd. Schnittlauch
1 EL Mehl
Salz

Zubereitung:
Die Eier hart kochen, mit kaltem Wasser abschrecken, pellen und grob hacken. Den Schnittlauch in Röllchen schneiden. Die Butter in einem Topf zerlassen, das Mehl mit einem Schneebesen einrühren, das Wasser hinzugießen und unter Kochen zu einer Sauce verrühren. Die Sahne und Senf unterrühren und bei schwacher Hitze einige Minuten köcheln lassen. Die Eier und den Schnittlauch vorsichtig unterheben und die Sauce mit Salz abschmecken. Zu Kartoffeln oder grünem Salat servieren.

Zwiwweltonkes

Zwiebelsauce

Mit Pellkartoffeln ein einfaches und nahrhaftes Gericht, das bis heute im Saarland bei Bauern und Bergleute auf den Tisch kommt.

Zutaten für 4 Portionen:
1 EL Fett
6 Zwiebeln, in Ringe geschnitten
1 EL Mehl
200 ml Fleischbrühe
1 EL Petersilie, gehackt
1 EL Schnittlauch, gehackt
Pfeffer aus der Mühle
Salz

Zubereitung:
Etwas Fett in einer Pfanne erhitzen und die Zwiebeln darin hell anbraten. Etwas Mehl darüberstäuben und unter Rühren anschwitzen. Die Brühe angießen und so weit einkochen, bis eine sämige Tunke entsteht. Mit Pfeffer und Salz würzen und die Kräuter unterrühren. Statt der Pellkartoffeln schmeckt auch Baguette dazu.

Donkel Brodensooß

Dunkle Bratensauce

Sie wird zu Gefillde und Wasserspatzen serviert.

Zutaten für 4 Portionen:
20 g Bratenfett
25 g Weizenmehl
250 ml Fleischbrühe
Salz

Zubereitung:
Das Fett in einer Kasserolle erhitzen, das Mehl hinzugeben und unter Rühren erhitzen, bis es dunkelbraun ist. Unter Rühren mit dem Schneebesen nach und nach die Fleischbrühe angießen. Die Sauce zum Kochen bringen, dann bei schwacher Hitze 10 Minuten ziehen lassen und mit Salz abschmecken.

Saarländische Salatsauce

Ein Dressing mit Fleischbrühe, Melfort und Maggi

Zutaten für 4 Portionen:
2 Kartoffeln
1 Zwiebel
250 ml Fleischbrühe
3 EL Melfort (Essig)
4 EL Sonnenblumenöl
1 Spritzer Maggi
1 EL Petersilie, gehackt
Pfeffer aus der Mühle
Salz

Zubereitung:
Die Kartoffeln schälen, waschen und in der Fleischbrühe kochen. Dann herausnehmen und durch ein Sieb streichen. Die Brühe aufheben. Die Zwiebel schälen, fein würfeln und unter das Kartoffelmus mischen. Melfort und Öl darunterrühren und mit Salz, Pfeffer und Maggi abschmecken. Eventuell etwas Fleischbrühe angießen, sollte das Dressing zu dickflüssig sein. Die Petersilie hinzugeben und verrühren.

Mettlacher Salatsauce

Der Saucenklassiker aus dem Gasthaus Friedrich in Mettlach.

Zutaten für 4 Portionen:

½ Bund Petersilie, gehackt
1 Knoblauchzehe
250 ml Gemüsebrühe
250 ml Öl
100 ml Essig
Maggi
etwas Honig
Pfeffer aus der Mühle
Salz

Zubereitung:

Den Knoblauch zerdrücken und mit den restlichen Zutaten in einer Schüssel gut verrühren.

Weiße Salatsauce

Ideal zu Salaten wie Radicchio, Endivien oder Feldsalat

Zutaten für 4 Portionen:
1 ½ TL Senf
2 EL Melfort (Essig)
3–4 EL Öl
1 Knoblauchzehe, fein gehackt
3 EL Sahne
1 TL Dill, fein gehackt

Zubereitung:
Die Zutaten in einer Schüssel mit dem Schneebesen zu einer sämigen Sauce verrühren.

Süße Salatsauce

Zu Kopfsalat und anderen Blattsalaten.
Dieses alte Rezept verwendet Kondensmilch;
wer sie nicht mag, kann Sahne verwenden.

Zutaten für 4 Portionen:
1 kleine Dose Kondensmilch
1 Schalotte, fein gehackt
2 EL Essig (Melfort)
etwas Milch
4 TL Zucker
Pfeffer aus der Mühle
½ TL Salz

Zubereitung:
Die Kondensmilch in einer Schüssel mit Salz, Pfeffer und Zucker mischen. Die Schalotte und den Melfort untermischen. Wenn nötig, die Salatsauce mit Milch verdünnen.

Apfelmus

Zutaten für 4 Gläser:
1 kg Äpfel
½ Zitrone, Saft und abgeriebene Schale davon
1 EL Essig
Wasser
200 g Zucker

Zubereitung:
Die Äpfel vierteln und die Kerngehäuse herausschneiden. Sofort in eine Schüssel mit kaltem Essigwasser legen. 200 ml Wasser mit dem Zucker in einem Topf aufkochen lassen. Die Zitronenschale und den Zitronensaft dazugeben. Die Apfelstücke aus dem Essigwasser nehmen, abtropfen lassen und in den Topf mit dem kochenden Wasser geben. Die Äpfel unter ständigem Rühren weich kochen, anschließend durch ein Sieb passieren und in Weckgläser füllen, 30 Minuten im Wasserbad bei 90 °C einkochen. Die Gläser verschließen und abkühlen lassen.

Apfelkompott

Ein idealer Begleiter zu Boudin noir.

Zutaten für 4 Gläser:
500 g Äpfel, säuerlich
150 ml Wasser
2–3 EL Zucker
1 EL Rosinen
100 ml Apfelsaft
1 EL Zitronensaft
½ Zimtstange

Zubereitung:
Die Rosinen 2 Stunden in einer kleinen Schüssel in dem Apfelsaft einweichen. Die Äpfel schälen, achteln und das Kerngehäuse entfernen. Die Apfelstücke in grobe Würfel schneiden. Die Rosinen durch ein Sieb abgießen. Die restlichen Zutaten und die Rosinen bei mittlerer Hitze etwa 8 Minuten weich kochen. Die Zimtstange entfernen und das Kompott abkühlen lassen.

Apfelmus mit Karamell

Eine köstliche Variante zu Reibekuchen, Verheirateten oder Boudin noir.

Zutaten für 4 Gläser:
1 kg Äpfel
½ Zitrone, Saft und abgeriebene Schale davon
1 EL Essig
Wasser
200 g Zucker

Karamell:
100 g Zucker
50 ml Wasser, kalt
50 ml Wasser, kochend

Zubereitung:
Die Äpfel vierteln und die Kerngehäuse herausschneiden. Sofort in eine Schüssel mit kaltem Essigwasser legen. 200 ml Wasser mit dem Zucker in einem Topf aufkochen lassen. Die Zitronenschale und den Zitronensaft dazugeben. Die Apfelstücke aus dem Essigwasser nehmen, abtropfen lassen und in den Topf mit dem kochenden Wasser geben. Die Äpfel unter ständigem Rühren weich kochen, anschließend durch ein Sieb passieren. Für den Karamell den Zucker mit dem kalten Wasser in einem kleinen Topf aufkochen lassen. Bei starker Hitze so lange kochen, bis der Karamell gebräunt ist. Den Topf vom Herd nehmen, das kochende Wasser zugeben und umrühren. Auf Zimmertemperatur abkühlen lassen und dann unter das Apfelmus mengen. Das Mus in Weckgläser füllen, 30 Minuten im Wasserbad bei 90 °C einkochen. Die Gläser verschließen und abkühlen lassen.

Butterbrösel

Sehr beliebt über Wasserspatzen, Schneebälljer etc.

Zutaten für 4 Portionen:
4 EL Semmelbrösel
2 EL Butter

Zubereitung:
Die Butter in einer Pfanne erhitzen und die Semmelbrösel darin unter Rühren goldbraun anbraten.

BEILAGEN & GEMÜSEGERICHTE

Überbackener Chicorée

Chicorée ist die „Erfindung“ eines belgischen Gärtners im 19. Jahrhundert. Das Gemüse hat von dort schnell den Weg ins nahe Saarland gefunden.

Zutaten für 2 Portionen:
3 Chicorée
100 g gekochter Schinken, in Würfel geschnitten
2 Eier
100 Sahne
4 EL Käse, gerieben
1 Prs. Muskatnuss
Pfeffer aus der Mühle
Salz

Zubereitung:
Die Chicorée-Strünke kegelförmig herausschneiden und die äußeren Blätter entfernen, da sie die meisten Bitterstoffe enthalten. 30 Minuten in einer Schüssel mit kaltem Wasser weitere Bitterstoffe herausziehen lassen. Anschließend in eine Auflaufform legen. Die Eier mit der Milch verquirlen und mit Salz, Pfeffer und Muskat würzen. Die Schinkenwürfel über den Chicorée streuen und anschließend mit der Eiermilch übergießen. Mit dem Käse bestreuen und im auf 200 °C vorgeheizten Ofen 30 Minuten überbacken.

Chicorée im Schinkenmantel auf einfache Art

Zutaten für 4 Portionen:
4 Chicorée
500 ml Wasser
½ Zitrone, Saft davon
8 Scheiben gekochter Schinken
150 g Emmentaler
Salz

Zubereitung:
Den Chicorée putzen und den bitteren Kern am Wurzelende keilförmig herausschneiden. Das Wasser mit Salz, Zucker und 1 Teelöffel Zitronensaft zum Kochen bringen. Den Chicorée hineingeben und 20 Minuten kochen lassen, dann aus dem Wasser nehmen, abtropfen lassen, halbieren und mit dem restlichen Zitronensaft beträufeln. Eine Auflaufform mit Butter ausstreichen. Jeweils einen halben Chicorée in 1 Scheibe Schinken wickeln und die Päckchen nebeneinander in die Auflaufform legen. Mit dem Käse bestreuen und im auf 220 °C vorgeheizten Ofen 15 Minuten überbacken.

Chicorée im Schinkenmantel

Zutaten für 4 Portionen:
4 große Chicorée
8 Scheiben Kochschinken
150 g Emmentaler, gerieben

Sauce:
2 EL Butter
200 ml Milch
150 ml Sahne
1 Schuss Maggi
1 EL Zitronensaft
30 g Edamer, gerieben
1 EL Zitronensaft
1 Msp. Muskatnuss
Pfeffer aus der Mühle
Salz

Zubereitung:
Den Chicorée in einem Topf mit Wasser 5 Minuten kochen lassen. Mit einer Schaumkelle herausnehmen und abtropfen lassen. Anschließend halbieren und die Strünke entfernen. Jede Chicoréehälfte mit 1 Scheibe Kochschinken umwickeln und nebeneinander in eine gebutterte Auflaufform legen. Für die Sauce die Butter in einer Kasserolle erhitzen, das Mehl einrühren, kurz anschwitzen und unter Rühren mit der Milch ablöschen. Dann die Sahne hinzugießen und die Sauce mit Muskat, Pfeffer, Salz, Maggi und Zitronensaft abschmecken. Die Hitze reduzieren und den Edamer in der Sauce schmelzen. Die Sauce über die Chicoréerollen gießen und mit dem Emmentaler bestreuen. Im auf 200 °C vorgeheizten Backofen 20 bis 25 Minuten überbacken.

Chicorée mit Elbling

Zutaten für 4 Portionen:
6 Chicorée
250 ml Elbling (Weißwein), trocken
400 ml Gemüsebrühe
60 g Butter
2 Zwiebeln, in Achtel geschnitten
2 Knoblauchzehen, zerdrückt
½ Zitrone, in Scheiben geschnitten
2 Zweige Thymian
Pfeffer aus der Mühle
Salz

Zubereitung:
Den Weißwein und die Gemüsebrühe in einem Topf aufkochen lassen. Die Zwiebeln, den Knoblauch, die Zitronenscheiben, die Butter und den Thymian in die Brühe geben. Den Chicorée halbieren, die Strünke so herausschneiden, dass alle Blätter noch zusammenhalten. Die Chicoréehälften ebenfalls in die kochende Brühe geben und bei geschlossenem Deckel 10 Minuten kochen. Mit einem Schaumlöffel herausnehmen und als Beilage servieren.

Zwiwwelkuche

Zwiebelkuchen

Unverzichtbar im Herbst zu jungem Viez oder Federweißer.

Zutaten für 4 Portionen:
1 kg Zwiebeln, in Ringe geschnitten
150 g Champignons, in Scheiben geschnitten
4 Eier
400 g Mehl
200 g Schmand
100 g saure Sahne
250 ml Milch, lauwarm
150 g Dürrfleisch, in kleine Würfel geschnitten
¾ Würfel Hefe
1 EL Öl
½ TL Salz
1 Prs. Muskatnuss
etwas Kümmel
Pfeffer aus der Mühle
Salz

Zubereitung:
Die Hefe zerbröckeln und in einer kleinen Schüssel mit der Milch verrühren. Aus zwei Dritteln des Mehls und dem Milch-Hefe-Gemisch einen Vorteig herstellen und zugedeckt an einem warmen Ort 15 Minuten gehen lassen. Dann das restliche Mehl, das Öl sowie das Salz hinzugeben und den Teig gut verkneten. Zugedeckt weitere 15 Minuten gehen lassen. Das Dürrfleisch und die Zwiebelringe in einer Pfanne 15 Minuten andünsten. Beides mit den Champignons in einer Schüssel mit Salz, Pfeffer, Muskat und Kümmel würzen. Die Eier mit dem Schmand und der sauren Sahne verquirlen, zu der Zwiebelmasse hinzufügen und verrühren. Den Hefeteig ausrollen und auf ein gefettetes Backblech legen. Die Zwiebelmasse auf dem Teig verteilen, im auf 220 °C vorgeheizten Backofen 35 bis 40 Minuten backen.

Lauchkuchen

Zutaten für 1 Blech:

Teig:
500 g Mehl
250 ml Milch
40 g Hefe
2 Eier
5 EL Öl
1 Prs. Zucker
1 Prs. Salz

Belag:
1 kg Lauch, in Ringe geschnitten
100 g Dürrfleisch, in feine Scheiben geschnitten
500 ml saure Sahne
250 ml Milch
4 Eier
1 TL Kümmel
Pfeffer aus der Mühle
Salz

Zubereitung:

Die Zutaten für den Teig in einer Schüssel vermengen. Den Teig zu einer Kugel formen und in einer bemehlten Schüssel unter einem Tuch gehen lassen. Nach 2 Stunden einmal tüchtig durchwalken und nochmals 1 Stunde gehen lassen. Dann den Teig einen halben Zentimeter dünn ausrollen, auf einem gefetteten Blech ausbreiten, einen Rand formen und den Boden mit einer Gabel mehrmals einstechen. Den Lauch und die Speckstreifen auf dem Teig verteilen. Die saure Sahne, die Milch, die Eier, den Kümmel, Pfeffer und Salz verrühren und über den Lauch und den Speck gießen. Im auf 190 °C vorgeheizten Backofen 45 Minuten backen.

Blaukraut mit Viez

Zutaten für 4 Portionen:
1 kg Blaukraut
2 Äpfel, säuerlich
2 Zwiebeln, fein gehackt
50 g Rosinen
1 EL Schweineschmalz
350 ml Viez (Apfelwein)
3 EL Preiselbeeren
2 EL Zucker
Pfeffer aus der Mühle
Salz

Zubereitung:

Das geputzte Blaukraut hauchdünn raspeln. Die geschälten Äpfel achteln und die Kerngehäuse herausschneiden. Die Apfelspalten, das Blaukraut, die Zwiebeln, die Rosinen, die Preiselbeeren, den Zucker, Pfeffer und Salz in einer Schüssel mischen. Dann in eine Auflaufform geben, den Viez darübergießen und im auf 180 °C vorgeheizten Backofen 50 Minuten garen. Das Schmalz untermischen und mit Pfeffer und Salz abschmecken.

Sahnekraut

Sahne-Sauerkraut oder Rahmsauerkraut

Sauerkraut spielte in den Küchen des Saarlandes schon immer eine wichtige Rolle als Beilage. Je nach Geschmack der Hausfrau wurde das Kraut auch noch mit Lorbeer, Nelken oder Wacholderbeeren aromatisiert.

Zutaten für 4 Portionen:
500 g Sauerkraut
½ Zwiebel, halbiert und in Streifen geschnitten
50 g Dürrfleisch oder Speck, in Würfel geschnitten
125 ml Weißwein, trocken
500 ml Sahne
1 EL Schweineschmalz
Zucker
Pfeffer aus der Mühle
Salz

Zubereitung:
Das Schmalz in einem Topf erhitzen. Unter Rühren den Speck und die Zwiebel darin glasig dünsten. Dann mit dem Weißwein ablöschen, das Sauerkraut dazugeben, die Sahne angießen und mit Pfeffer, Salz und Zucker abschmecken. Unter gelegentlichem Rühren das Kraut 20 Minuten köcheln lassen.

Würziges Sahnekraut

Zutaten für 8 Portionen:
1 kg Sauerkraut
125 g Butter
4–6 Wacholderbeeren, im Mörser zerstoßen
2 Lorbeerblätter
125 ml Weißwein, trocken
125 ml Geflügelbrühe
150 ml Sahne
1 EL Honig
Pfeffer aus der Mühle
Salz

Zubereitung:

Das Sauerkraut in einem Sieb gut mit kaltem Wasser abspülen. Anschließend gut abtropfen lassen und leicht ausdrücken. Die Butter in einem Topf erhitzen und das Sauerkraut hineingeben. Die Wacholderbeeren und die Lorbeerblätter hinzufügen, den Wein und die Geflügelbrühe angießen und bei mittlerer Hitze 30 Minuten köcheln lassen. Während dieser Zeit mehrmals umrühren. Dann die Sahne und den Honig hinzugeben. Die Lorbeerblätter entfernen und das Kraut mit Pfeffer und Salz abschmecken. Bis zum Servieren bei schwacher Hitze warm halten.

Kappes und Grumbeere

Weißkraut und Kartoffeln

Zutaten für 4 Portionen:

4 Schweinebacken, geräuchert
4 Bratwürste, grob
1 kg Weißkohl, gehobelt
500 g Kartoffeln, in Würfel geschnitten
250 g Dürrfleisch, in Würfel geschnitten
2 Zwiebeln, gehackt
4 Knoblauchzehen, zerdrückt
2 EL Schweineschmalz
500 ml Fleischbrühe, heiß
2 EL Crème fraîche
etwas Kümmel
Pfeffer aus der Mühle
Salz

Zubereitung:

Das Schmalz in einem großen Topf erhitzen und das Dürrfleisch darin anbraten. Dann die Zwiebeln mit dem Knoblauch dazugeben und glasig dünsten. Den Weißkohl in den Topf geben und unter Rühren einige Minuten andünsten. Anschließend die Kartoffeln hinzufügen und die heiße Fleischbrühe angießen. Mit Kümmel, Pfeffer und Salz würzen. Die Schweinebacken und die Würste darauflegen und 40 Minuten bei mittlerer Hitze kochen. Nach Ende der Garzeit die Crème fraîche unterrühren und servieren.

Grüne Bohnen süß-sauer

Zutaten für 4 Portionen:
1 kg grüne Bohnen
50 g Dürrfleisch, gewürfelt
2 Zwiebeln, gewürfelt
250 ml Fleischbrühe
1 Apfel
1 Zweig Bohnenkraut, fein gehackt
1 EL Melfort (Essig)
2 EL saure Sahne
1 TL Zucker
Pfeffer aus der Mühle
Salz

Zubereitung:
Die Bohnen in kleine Stücke schneiden. Das Dürrfleisch mit den Zwiebeln in einem Topf andünsten. Dann die Bohnen hinzugeben und kurz anschmoren. Mit der Fleischbrühe ablöschen. Den Apfel schälen, entkernen und in kleine Würfel schneiden. Die Apfelwürfel zu den Bohnen geben und 10 bis 15 Minuten köcheln lassen. Mit dem Bohnenkraut, Essig, Sahne, Zucker, Pfeffer und Salz abschmecken.

Lauchgemüse

Zutaten für 2 Portionen:
3 Lauchstangen
200 g Dürrfleisch, gewürfelt
Wasser
2 ½ EL Mehl
2 EL Butter
250 ml Fleischbrühe
1 Schuss Maggi
Pfeffer aus der Mühle
Salz

Zubereitung:
Den Lauch in 4 cm lange Stücke schneiden. In einen Topf geben und mit Wasser bedecken. Mit Pfeffer und Salz würzen und etwa 10 Minuten weich kochen. Anschließend durch ein Sieb abgießen und die Flüssigkeit auffangen. Die Butter in einem Topf erhitzen, das Mehl darüberstäuben und unter Rühren hell anschwitzen. Unter weiterem Rühren die Fleischbrühe hinzugießen. Das Dürrfleisch hineingeben und das Ganze mit Pfeffer, Salz und Maggi abschmecken. Dazu Pellkartoffeln servieren.

Süßsauer eingelegte Gurken

Zutaten für 4 Portionen:
1 Salatgurke
100 g Joghurt
250 ml Wasser
50 g Zucker
4 EL Melfort (Essig)
1 Dillstängel
2 Lorbeerblätter
2 TL Senfkörner
Pfeffer aus der Mühle
Salz

Zubereitung:
Die Gurke schälen, längs halbieren und die Kerne mit einem Kaffeelöffel herausschaben. Die Gurkenhälften in dünne Scheiben schneiden. Das Wasser in einem Topf mit Zucker, dem Melfort, dem Dill, den Lorbeerblättern und Senfkörnern aufkochen. Die Gurkenscheiben in das kochende Wasser geben, erneut aufkochen und abkühlen lassen. Dann vom Herd nehmen, den Deckel auf den Topf legen und bei Zimmertemperatur 1 Tag ziehen lassen. Anschließend die Gurken durch ein Sieb gießen. Die Dillstiele, die Lorbeerblätter und die Senfkörner entfernen. Das Dillkraut fein hacken und mit dem Joghurt, ½ Esslöffel Gurkensud und etwas Melfort verrühren. Die Gurken untermischen und mit Salz und Pfeffer abschmecken.

KARTOFFELGERICHTE, KLÖSSE & PFANNKUCHEN

Verheiradede oder Geheiratete

Kartoffeln und Mehlknödel

Ein Schuss kohlensäurehaltiges Mineralwasser lässt die Knödel noch zarter werden.

Zutaten für 4 Portionen:
750 g Kartoffeln, geschält und längs geschnitten
150 g Dürrfleisch, gewürfelt
500 g Mehl
250 ml Wasser
125 ml Milch
2 Eier
1 TL Salz

Zubereitung:
Das Mehl, das Wasser und die Eier zu einem zähflüssigen Teig verrühren. Die Kartoffeln in einem Topf mit Wasser und etwas Salz etwa 20 Minuten kochen. In einem weiteren Topf 2 Liter Wasser mit etwas Salz zum Kochen bringen. Den Teig esslöffelweise hineingeben und 5 Minuten ziehen lassen. Die Dürrfleischwürfel in einer Pfanne bei schwacher Hitze langsam ausbraten und die Milch hinzugießen. In einer vorgewärmten Schüssel im Wechsel Kartoffeln und Mehlknödel eingeschichten und mit der Speck-Milch-Sauce übergießen. Dazu Kopf- oder Endiviensalat servieren.

Geheiratete nach Saarlouiser Art

Zutaten für 6 Portionen:

10 Kartoffeln
100 g Dürrfleisch, in Würfel geschnitten
700 g Mehl
3 Eier
1 Schuss Milch
250 g Sahne
400 ml Mineralwasser (mit Kohlensäure)
etwas Maggi
1 EL gekörnte Fleischbrühe
Öl
Salz

Zubereitung:

Das Wasser mit etwas Salz, Maggi und der gekörnten Brühe in einem großen Topf erhitzen. Die geschälten Kartoffeln in Stücke schneiden, in das heiße Wasser geben und etwa 20 Minuten weich kochen. Dann herausnehmen und warm halten. Das Mehl in einer Schüssel mit Salz verrühren. Das Mineralwasser, die Eier und einen Schuss Milch hinzufügen und kräftig zu einem schaumigen Teig verrühren. Mit einem Esslöffel aus dem Teig die Mehlknödel abstechen, mit einem zweiten Esslöffel oder der Hand formen und in das kochende Wasser gleiten lassen. Den Löffel zum Abstechen immer wieder in die Brühe tauchen, damit der Teig nicht klebt. Wenn die Knödel aufsteigen, ohne Deckel 10 bis 15 Minuten köcheln lassen. Mit einem Schaumlöffel aus dem Kochsud nehmen und zu den Kartoffeln geben und warm halten. Das Öl in einer Pfanne erhitzen und das Dürrfleisch darin anbraten und über die Klöße und die Kartoffeln gießen. Dann die Sahne in der Pfanne kurz aufkochen lassen, über die Knödel gießen und servieren. Dazu Salat reichen.

Verheiratete mit sautierten Kalbsleberwürfeln, Äpfeln und geschmorten Balsamicoschalotten

Ein Rezept von Wolfgang Quack aus dem „Restaurant Quack" in der Villa Weismüller (Saarbrücken).

Zutaten für 4 Portionen:

4 Eier
¼ L Sahne
4 EL Mineralwasser
200 g Kartoffeln (Binsch), geschält
8 Schalotten
1 Apfel
125 ml dunkler Balsamico
100 g Butter
3 EL Puderzucker
400 g Kalbsleber
Salbei, frisch
Salz
Muskatnuss, gemahlen

Zubereitung:

Aus Eiern, Mehl, Mineralwasser, Salz und Muskat einen Teig rühren. Dann den Teig ruhen lassen. Die Kartoffeln vierteln, etwas zurechtschneiden und in Salzwasser kochen. Bevor sie gar sind, den Teig löffelweise zu den Kartoffeln geben und 2 bis 3 Minuten leicht köcheln lassen. Anschließend abgießen, mit etwas Sahne in der Pfanne erwärmen und abschmecken.

Die Leber putzen, in nicht zu kleine Würfel schneiden und in der Teflonpfanne rosa braten. Die Butter und den Salbei hinzugeben. Die Schalotten abschälen, in einem Topf mit Puderzucker und Butter karamellisieren und mit Balsamico ablöschen. Etwa 20 Minuten sanft köcheln lassen. Die Äpfel mit einem Perlausstecher ausstechen und in Butter andünsten. Alles zusammen in einem großem Suppenteller anrichten.

Verheiradede mit Apfelmus

Zutaten für 2 Portionen:

400 g Kartoffeln
250 g Mehl
125 ml Wasser
1 Ei
100 g Butter
4 EL Semmelbrösel
1 Prs. Salz
1 Glas Apfelmus (siehe Rezept)

Zubereitung:

Die geschälten Kartoffeln in längliche Stücke schneiden und in einem Topf mit Salzwasser etwa 20 Minuten weich kochen. Das Mehl, das Wasser und das Ei in einer Schüssel zu einem zähflüssigen Teig verrühren. 2 Liter Wasser mit etwas Salz in einem Topf aufkochen lassen und den Teig esslöffelweise in das Wasser laufen lassen. So lange ziehen lassen, bis die länglichen Mehlklöße wieder aufsteigen, dann mit einem Schaumlöffel herausnehmen. Die Butter in einer kleinen Pfanne erhitzen und die Semmelbrösel darin rösten. Die Kartoffeln und die Mehlklöße in eine Schüssel schichten und die Butter-Semmelbrösel-Sauce darübergießen. Dazu das Apfelmus reichen.

Hoorische

„Haarige"

Diese Klöße aus rohen und gekochten Kartoffeln haben ihren Namen von dem „haarigen" Aussehen, da sich die Fasern der roh geriebenen Kartoffeln an der Oberfläche durch das Kochen leicht aufrichten.

Zutaten für 4 Portionen:

1 ½ kg Kartoffeln, roh
1 kg Kartoffeln, gekocht
1 Lauchstange, fein gehackt
2 Eier
Kalbsleberwurst
1 Msp. Muskatnuss
1 Schuss Maggi
Salz

Zubereitung:

Die geschälten rohen Kartoffeln in Stücke schneiden und fein reiben. Die Masse portionsweise in ein Küchentuch füllen und fest auspressen. Die gekochten Kartoffeln durch einen Fleischwolf drehen. Die gekochten und die rohen Kartoffeln mit dem Lauch in einer Schüssel vermengen. Dann die Eier unterrühren, mit Salz, Maggi und Muskat würzen und, wenn nötig, noch etwas Mehl hinzugeben, um den Teig zu binden. Die Masse zu Klößen formen und mit einem walnussgroßen Stück Kalbsleberwurst füllen. Wasser mit etwas Salz in einem Topf bei schwacher Hitze zum Sieden bringen und die Klöße darin 20 bis 25 Minuten ziehen lassen. Die Kartoffeln und die Mehlklöße in eine Schüssel schichten. Dazu Sauerkraut und eine Specksauce reichen.

Hoorische (Variante)

Zutaten für 4 Portionen:

1 kg Kartoffeln
1 kg Pellkartoffel
3 Eier
etwas Mehl
Pfeffer aus der Mühle
Salz
Specksauce (siehe Rezept)

Zubereitung:

Die geschälten rohen Kartoffeln fein reiben, durch ein Sieb abtropfen lassen und in einem Küchentuch gut ausdrücken. Die kalten Pellkartoffeln pellen und reiben. Beides in einer Schüssel mit den Eiern, Pfeffer und Salz mischen. Dann den Teig kneten und so viel Mehl hinzugeben, bis er nicht mehr an der Schüssel und an den Fingern kleben bleibt. Mit feuchten Händen oder 2 Suppenlöffeln längliche Klöße formen und in einem großen Topf mit sanft köchelndem Wasser garen. Wenn die Klöße an die Oberfläche kommen, noch 3 Minuten gar ziehen lassen. Die Specksauce zubereiten, über die Hoorischen gießen und diese mit einer Gabel etwas zerdrücken. Dazu Sauerkraut servieren.

Gefillde

Gefüllte Klöße

Ein saarländischer „Gudd-gess“-Küchenklassiker.

Zutaten für 4 Portionen:

Kloßteig:
750 g Kartoffeln, roh
250 g Kartoffeln, gekocht
½ Ei
½ Zwiebel, fein gehackt
½ trockenes Brötchen
1 EL Mehl
Pfeffer aus der Mühle
Salz

Füllung:
200 g Hackfleisch, gemischt
30 g Lauch, fein gehackt
Pfeffer aus der Mühle
Salz

Specksauce:
150 g Dürrfleisch, in Würfel geschnitten
½ Zwiebel
100 ml Sahne
2 EL Petersilie, gehackt
Pfeffer aus der Mühle

Zubereitung:

Die geschälten rohen Kartoffeln in eine Schüssel reiben, den Brei in einem Sieb abtropfen lassen. Die gekochten Kartoffeln pellen und reiben oder durch den Fleischwolf drehen. Beide Kartoffelmassen mit dem Ei vermengen und mit Pfeffer und Salz würzen. Das Brötchen 10 Minuten in einer Schüssel mit Wasser einweichen, ausdrücken, zerpflücken und mit der Zwiebel unter den Kartoffelteig kneten. Dabei so viel Mehl hinzugeben, bis sich der Teig von der Schüssel löst. Für die Füllung das Hackfleisch in einer Pfanne leicht anbraten, den Lauch hinzufügen und mit Salz und Pfeffer abschmecken. Dann 4 Knödel formen, eine Mulde in den Teig drücken und diese mit etwa je 50 g Hackfleisch füllen. Mit Teig verschließen und in einem großen Topf mit gesalzenem, siedendem Wasser garen, bis sie an die Oberfläche schwimmen. Dann weitere 2 bis 3 Minuten im Wasser ziehen lassen und mit einer Schaumkelle herausnehmen. Für die Specksauce das Dürrfleisch in einer Pfanne anbraten. Die Zwiebel hinzugeben, glasig dünsten und die Sahne angießen. Etwas einkochen lassen, die Petersilie hinzufügen und die Sauce mit etwas Pfeffer abschmecken. Die „Gefillde" mit Sauerkraut auf Tellern anrichten und mit der Sauce übergießen.

Gefüllte Saarbrücker Klöße

Zutaten für 4 Portionen:
Teig:
1 kg Kartoffeln
1 kg Pellkartoffel
3 Eier
etwas Mehl
Pfeffer aus der Mühle
Salz
Specksauce (siehe Rezept)

Füllung:
250 g Schweinehackfleisch
250 g Hausmacher Leberwurst
½ Lauchstange, in feine Streifen geschnitten
Fett zum Braten
etwas Majoran, gerebelt
Pfeffer aus der Mühle
Salz

Zubereitung:
Die geschälten rohen Kartoffeln fein reiben, durch ein Sieb abtropfen lassen und in einem Küchentuch gut ausdrücken. Die kalten Pellkartoffeln pellen und reiben. Die rohe und die Pellkartoffelmasse mit den Eiern, Pfeffer und Salz mischen. Dann den Teig kneten und soviel Mehl hinzugeben, bis er nicht mehr an der Schüssel und an den Fingern kleben bleibt. Für die Füllung das Fett in einer Pfanne erhitzen und das Hackfleisch darin anbraten. Den Lauch und die Leberwurst zufügen und kurz mitbraten. Mit Majoran, Pfeffer und Salz abschmecken, die Pfanne vom Herd nehmen und abkühlen lassen. Aus dem Teig Knödel formen und flach drücken, ein wenig von der Füllung in die Mitte geben und wieder verschließen. Die gefüllten Klöße in einem Topf mit leicht gesalzenem Wasser bei schwacher Hitze gar ziehen lassen. Wenn sie oben schwimmen, noch 1 bis 2 Minuten ziehen lassen. Dann mit einem Schaumlöffel herausnehmen und mit Sauerkraut und Specksauce servieren.

Gefillde auf schnelle Art

Eine moderne Art der Zubereitung mit fertigem Knödel- oder Kloßteig.

Zutaten für 8 Portionen:
4 Pkg. Kartoffelknödel-Teig, halb und halb

Füllung:
1 kg Hackfleisch, gemischt
1 Ei
2 Zwiebeln, sehr fein gehackt
1 Stange Lauch, sehr fein gehackt
1 Bund Petersilie, sehr fein gehackt
1 Brötchen
1 Knoblauchzehe, zerdrückt
Pfeffer aus der Mühle
Salz
Specksauce (siehe Rezept)

Zubereitung:
Das Brötchen in Stücke schneiden und in kaltem Wasser 10 Minuten einweichen. Das Wasser abgießen und das Brötchen gut ausdrücken. Die Brötchenmasse mit den weiteren Zutaten für die Füllung in einer Schüssel vermischen. Den Knödelteig nach Packungsangabe zubereiten und quellen lassen. Aus dem Teig handtellergroße und fingerdicke Platten formen. Auf die Hälfte der Platten die Füllung streichen, jeweils eine zweite Platte darüberlegen, die Ränder fest andrücken und zu einem Kloß formen. Die Klöße in einen Topf mit kochendem, leicht gesalzenem Wasser geben, die Hitze reduzieren und die Klöße bei sehr schwacher Hitze 30 Minuten ziehen lassen. Die garen Klöße auf Tellern anrichten, halbieren und die Specksauce darübergießen, dazu Sauerkraut reichen.

Schaales oder Dippelappes

Kartoffelgericht mit Lauch und Dörrfleisch

Zutaten für 4 Portionen:
2 kg Kartoffeln
250 g Dürrfleisch, gewürfelt
2 Lauchstangen, fein gehackt
1 Ei
1 Schuss Maggi
1 Msp. Muskatnuss, gemahlen
Pfeffer aus der Mühle
Salz

Zubereitung:
Die Kartoffeln fein reiben. Die Masse in ein Küchentuch füllen und gut auspressen. Das Dürrfleisch in einem Bräter anbraten. Das Ei und den Lauch unter die Kartoffeln mischen und die Masse mit Salz, Pfeffer, Maggi und Muskat würzen. Die Kartoffelmasse in den Bräter zum Dürrfleisch geben und 30 bis 40 Minuten im auf 200 °C vorgeheizten Ofen knusprig braun braten. Während dieser Zeit ab und zu wenden. Dazu Apfelmus und/oder eine Specksauce reichen.

Gefillde Grumbeere ohne Fleisch

Gefüllte Kartoffeln auf vegetarische Art

Mit der fleischlosen Füllung stellt dieses Rezept eine weitere Art der Zubereitung von Gefillde vor.

Zutaten für 5 Portionen:
10 Kartoffeln, mit Schale
2 Becher Crème fraîche
1 Bund Schnittlauch, fein gehackt
1 Bund Petersilie, fein gehackt
etwas Butter, in Flöckchen
Pfeffer aus der Mühle
Salz

Zubereitung:
Die Kartoffeln waschen und abtropfen lassen, oben kreuzförmig einschneiden und einzeln in Aluminiumfolie wickeln. Im auf 200 °C vorgeheizten Backofen 1 Stunde lang backen. Anschließend aus dem Ofen nehmen, die Folie öffnen und einen kleinen Deckel von den Kartoffeln abschneiden. Mit einem Kaffeelöffel vorsichtig aushöhlen. Die herausgelösten Kartoffelstücke in einer Schüssel mit einem Kartoffelstampfer zerdrücken. Dann die Crème fraîche, die Petersilie und den Schnittlauch hinzufügen und kräftig mit Pfeffer und Salz würzen. Die Mischung in die ausgehöhlten Kartoffeln zurückgeben und andrücken. Darauf die Butterflöckchen setzen und erneut bei 200 °C 20 bis 30 Minuten backen. Heiß servieren und dazu Sauerkraut oder Salat reichen.

Gefillde Grumbeere

Gefüllte Kartoffeln

Zutaten für 4 Portionen:

800 g Kartoffeln
500 g Hackfleisch, gemischt
100 g Dürrfleisch, gewürfelt
½ Bund Petersilie
2 EL Schnittlauch, gehackt
1 Brötchen, altbacken
1 Zwiebel, gehackt
1 Ei
1 EL Senf
3 EL Öl
2 TL Gemüsebrühepulver
250 ml Weißwein, trocken
1 TL Pfeffer
1 TL Salz

Zubereitung:

Die geschälten Kartoffeln halbieren und mit einem Esslöffel aushöhlen. Das Brötchen in Stücke schneiden und in kaltem Wasser 10 Minuten einweichen. Abgießen und das Brötchen gut ausdrücken. Die Brötchenmasse mit dem Hackfleisch, dem Ei, der Zwiebel, dem Senf, der Petersilie, dem Schnittlauch, Salz und Pfeffer verkneten. Das Öl in einem Bräter stark erhitzen. Die Kartoffelhälften mit der Hackfleischmasse füllen und mit der Kartoffelseite in den Bräter setzen. Das Dürrfleisch dazugeben. Den Wein mit der Gemüsebrühe in einer kleinen Kasserolle verquirlen und erwärmen. Die Kartoffeln so lange braten, bis sie eine schöne braune Kruste ansetzen. Die warme Weinbrühe darübergießen. Den Bräter mit geschlossenem Deckel für 30 bis 40 Minuten in den auf 180 °C vorgeheizten Backofen stellen. Anschließend den Deckel abnehmen und die Gefillde weitere 5 Minuten garen.

Dibbelabbes-Ravioli

Ein modernes Gericht, das ideal für einen Abend mit Gästen ist, weil man es gut vorbereiten kann.

Zutaten für 10 Portionen:

Ravioliteig:
300 g Mehl
30 g Grieß
3 Eier
1 EL Öl
2 Prs. Salz

Sauerkraut:
500 g Sauerkraut
1 Zwiebel, gehackt
1 EL Schmalz
200 ml Gemüsebrühe
1 Lorbeerblatt
2 Prs. Kümmel
8 Wacholderbeeren
3 Nelken

Specksauce (siehe Rezept)
2 Eiweiß, verquirlt
1–2 EL Butter

Dibbelabbes-Füllung:
1 kg Kartoffeln
1 Lauchstange
200 g Dürrfleisch, in Würfel geschnitten
3 Eier
1 EL Petersilie, gehackt
1 Prs. Muskatnuss
Pfeffer aus der Mühle
Salz

Zubereitung:

Für den Ravioliteig das Mehl, den Grieß, die Eier, das Öl und etwas Salz in einer Schüssel zu einem festen Teig kneten. Den Teigkloß in Frischhaltefolie wickeln und im Kühlschrank 30 Minuten ruhen lassen. Das Sauerkraut in ein Sieb geben, gut abspülen und abtropfen lassen. Das Schmalz in einem Topf erhitzen und die Zwiebel darin anschwitzen. Das Sauerkraut und die Gewürze hinzufügen, die Brühe angießen und das Kraut 20 bis 30 Minuten bei mittlerer Hitze köcheln lassen. Die Specksauce nach Rezept vorbereiten. Für den Dibbelabbes die rohen geschälten Kartoffeln reiben und in einem Tuch ausdrücken.

Die Kartoffelmasse mit den restlichen Zutaten in einer Schüssel mischen. Etwas Öl in einem Bräter erhitzen und den Kartoffelteig unter ständigem Rühren goldbraun anbraten. Anschließend in einer Schüssel abkühlen lassen. Den Ravioliteig mit einer Nudelmaschine dünn ausrollen. Runde Plätzchen ausstechen, mit Eiweiß bestreichen und den Dibbelabbes draufgeben. Mit einem weiteren Teigplätzchen abdecken und die Ränder mit einer Gabel leicht andrücken. Die Ravioli in einem großen Topf mit sanft kochendem, leicht gesalzenem Wasser je nach Teigdicke 4 bis 6 Minuten kochen. Dann mit einem Schaumlöffel herausnehmen, mit kaltem Wasser abschrecken und abtropfen lassen. Die Ravioli kurz in einer Pfanne mit heißer Butter schwenken und Teller anrichten. Das Sauerkraut hinzufügen, die Specksauce erhitzen und über die Ravioli gießen.

Schneebälljer

Saarländische Schneebällchen

Diese Klöße aus gekochten Kartoffeln isst der Saarländer am liebsten zum „Sauerbroode“ (Sauerbraten).

Zutaten für 4 Portionen:
1 ½ kg Kartoffeln
2 Eigelbe
8 EL Mehl
½ Bund Petersilie, fein gehackt
1 Msp. Muskatnuss
Pfeffer aus der Mühle
Salz

Zubereitung:
Am Vortag die Kartoffeln mit der Schale in einem Topf mit Wasser kochen. Das Wasser abgießen und die Kartoffeln abkühlen lassen, dann pellen, durch den Fleischwolf drehen, mit Frischhaltefolie abdecken und in den Kühlschrank stellen. Am nächsten Tag die Eigelbe und die Gewürze mit der Kartoffelmasse verkneten. So viel Mehl unterkneten, bis der Teig nicht mehr klebt. Dann die Petersilie – Menge nach Geschmack – untermengen. Mit bemehlten Händen kleine Klöße formen und in einem Topf mit siedendem, leicht gesalzenem Wasser so lange garen, bis sie an der Wasseroberfläche schwimmen.

Herzdruckerte

Zutaten für 4 Portionen:
1 kg Kartoffeln
750 Pellkartoffeln
1 Zwiebel, fein gehackt
125 Grieß
1 Ei
2 Scheiben Weißbrot, gewürfelt
1 EL Butter
Salz

Zubereitung:
Die Butter in einer Pfanne erhitzen und die Weißbrotwürfel darin anrösten. Die Pellkartoffeln und die geschälten rohen Kartoffeln reiben. Die rohen Kartoffeln in einem Tuch ausdrücken. Beide Sorten in einer Schüssel mit der Zwiebel, dem Grieß, dem Ei und etwas Salz vermengen. Den Teig gut durchkneten, zu Klößen formen und mit den gerösteten Weißbrotwürfeln füllen. Die Klöße in einem Topf mit siedendem, leicht gesalzenem Wasser so lange garen, bis sie an der Wasseroberfläche schwimmen.

Hutzelknepp

Klöße aus altbackenen Brötchen

Zutaten für 4 Portionen:
500 g Dürrfleisch, gewürfelt
5 Kartoffeln
1 kg Karotten, in Streifen geschnitten
5 Brötchen, altbacken
2 Lauchstangen, fein gehackt
1–2 Zwiebeln, fein gehackt
2 Eier
½ EL Butter
1 Schalotte, gehackt
750 ml Wasser
etwas Majoran, gerebelt
Pfeffer aus der Mühle
Salz

Zubereitung:
Die Brötchen in Wasser 10 Minuten einweichen, herausnehmen und gut ausdrücken. Die Kartoffeln in eine Schüssel reiben, die Brötchen, die Zwiebeln, den Lauch und die Eier hinzufügen, mit Pfeffer, Salz und Majoran würzen und vermengen. Aus der Masse große Klöße formen. Die Butter in einem großen Topf erhitzen und die Schalotte darin goldgelb anbraten. Mit etwas Salz würzen, die Karotten hinzufügen und das Wasser angießen. Die Klöße hineingeben und bei schwacher Hitze etwa 20 Minuten kochen, dann mit einem Löffel herausnehmen und servieren.

Mehlknepp

Mehlklöße

Zutaten für 4 Portionen:
375 g Mehl
3 Eier
250 g Quark
150 ml Mineralwasser
1 Msp. Backpulver
Salz

Zubereitung:
Das Mehl in einer Schüssel mit dem Backpulver vermischen. Die Eier und den Quark hinzugeben, einen Schuss Mineralwasser dazugießen und den Teig rühren, bis er zäh vom Löffel fällt. In einem großen Topf etwas Salz und Wasser zum Kochen bringen. Klöße mit einem Löffel vom Teig abstechen und in das heiße Wasser geben. Bei schwacher Hitze etwa 10 Minuten ziehen lassen. Wenn die Klöße an die Oberfläche steigen, sind sie fertig. Die garen „Mehlknepp“ mit Salzkartoffeln mischen und in einer Pfanne mit Butter anbraten. Dazu geröstete Weißbrotwürfel und Apfelkompott reichen.

Mehlknepp (Variation)

Zutaten für 4 Portionen:
500 g Mehl
2 Eier
250 ml Wasser
2 TL Salz

Zubereitung:
Das Mehl, die Eier, das Salz und das Wasser in einer Schüssel zu einem glatten Teig verrühren. Mit einem Löffel kleine Klöße abstechen, in einem Topf mit leicht gesalzenem, sanft kochendem Wasser 20 Minuten ziehen lassen. Zu Gulasch oder mit Specksauce und Salat servieren.

Kneddeln

Saarländische Mehlklöße

Zutaten für 4 Portionen:
500 g Mehl
3 Eier
200–250 ml Milch
Salz
Specksauce (siehe Rezept)

Zubereitung:
Das Mehl, die Eier und die Milch zu einem Teig verrühren und mit Salz würzen. Klöße mit einem Esslöffel abstechen, in sanft kochendes Salzwasser geben und 15 bis 20 Minuten bei offenem Topf köcheln lassen. Mit dem Schaumlöffel herausnehmen, auf Teller geben und mit Specksauce servieren. Dazu können Bratkartoffeln gereicht werden.

Lewwerknepp

Saarländische Leberknödel

Leberklöße findet man in fast allen deutschen Regionalküchen. Die Art der Zubereitung ist überall ähnlich, doch im Saarland werden sie kleiner geformt und mit Specksauce serviert.

Zutaten für 4 Portionen:

125 g Schweinebauch
375 g Schweineleber
1 Zwiebel, fein gehackt
2 Eier
1 Scheibe Weißbrot
1 EL Mehl
3 L Wasser
2 EL Butter
3 Stängel Petersilie, gehackt
etwas Majoran, gerebelt
1 EL Schnittlauch, gehackt
1 Prs. Muskatnuss
Pfeffer aus der Mühle
Salz

Zubereitung:

Den Schweinebauch und die Leber in Stücke schneiden, durch den Fleischwolf drehen. Das Brot mit kaltem Wasser einige Minuten einweichen. Herausnehmen, gut ausdrücken und mit den Zwiebeln zum Fleisch geben. Die Eier, die Petersilie, den Majoran sowie den Muskat hinzufügen und die Masse gut vermengen. Das Wasser in einem Topf erhitzen und leicht salzen. Die Knödelmasse mit einem Esslöffel abstechen und in das Wasser gleiten lassen. Bei schwacher Hitze 20 Minuten ziehen lassen. Mit einem Schaumlöffel herausnehmen. Die Butter in einer kleinen Pfanne erhitzen, über die Knödel gießen und mit Schnittlauch bestreuen. Dazu Salzkartoffeln und Sauerkraut servieren.

Stubberte

Gebratene Klöße

Zutaten für 4 Portionen:
1 kg Kartoffeln
2 TL Salz
2 EL Mehl
20 g Butter
150 ml Milch

Zubereitung:
Die Kartoffeln mit der Schale in einem Topf mit leicht gesalzenem Wasser kochen. Abgießen, die Kartoffeln etwas abkühlen lassen und pellen. In eine Schüssel geben und mit dem Kartoffelstampfer stampfen. Dabei das Mehl und das Salz hinzufügen. Die Butter in einer großen Pfanne erhitzen. Den Kartoffelteig mit einem Esslöffel abstechen und in der Pfanne auf beiden Seiten braun braten. Die gebratenen Klöße auf Teller verteilen. Die Milch in die Pfanne gießen, etwas einkochen lassen und über die Klöße gießen. Dazu eingemachtes Obst oder Salat servieren.

Kindskäbb

Kindsköpfe

Diese Klöße werden im Saarland so groß wie der Kopf eines Neugeborenen geformt; daher stammt der Name „Kindskäbb“. Man wird von einem Kloß satt. Die Füllung kann man auch aus grober Leberwurst bereiten oder eine Mischung aus halb Hackfleisch und halb Leberwurst verwenden.

Zutaten für 4 Portionen:
1 ½ kg Kartoffeln
1 kg Pellkartoffeln, vom Vortag
Mehl
2 Eier
Salz

Füllung:
500 g Rinderhackfleisch
4 EL Milch
40 g Fett zum Braten
etwas Majoran, gerebelt
Pfeffer aus der Mühle
Salz
Specksauce mit Sahne (siehe Rezept)

Zubereitung:
Die rohen, geschälten Kartoffeln reiben und in einem Tuch fest ausdrücken. Die Pellkartoffeln pellen und durch eine Kartoffelpresse drücken. Beides in einer Schüssel mit den Eiern, dem Mehl und etwas Salz mischen. Für die Füllung das Fett in einer Pfanne erhitzen und das Hackfleisch darin anbraten. Die Milch hinzugießen, kurz aufkochen lassen und mit Pfeffer Salz und Majoran abschmecken. Vom Herd nehmen und abkühlen lassen. Aus dem Kartoffelteig große Klöße formen und die Füllung hineingeben. In einem Topf mit leicht gesalzenem Wasser 30 Minuten gar ziehen lassen. Die „Kindskäbb“ mit einer Schaumkelle aus dem Wasser nehmen und auf Tellern verteilen. Die Specksauce darübergießen und dazu Sauerkraut servieren.

Stracke

Längliche Kartoffelklöße

Zutaten für 4 Portionen:
1 ½ kg Kartoffeln
1 kg Pellkartoffeln vom Vortag
Mehl
2 Eier
Salz
Specksauce mit Sahne (siehe Rezept)

Zubereitung:
Die rohen, geschälten Kartoffeln reiben und in einem Tuch fest ausdrücken. Die Pellkartoffeln pellen und durch eine Kartoffelpresse drücken. Beides in einer Schüssel mit den Eiern, dem Mehl und etwas Salz mischen. Aus dem Teig längliche Klöße formen und in einem Topf mit leicht gesalzenem Wasser etwa 20 Minuten gar ziehen lassen. Die „Stracke" mit einer Schaumkelle aus dem Wasser nehmen und auf Tellern verteilen. Zu Braten servieren oder eine Specksauce darübergeben und mit Sauerkraut reichen.

Gewickelte Klöße

Für die Füllung kann man auch nur Leberwurst oder nur Hackfleisch verwenden.

Zutaten für 4 Portionen:

- 500 g Mehl
- 125 g Hausmacher Leberwurst
- 125 g Hackfleisch
- 2 Eier
- 500 ml Milch
- ½ Pkg. Backpulver
- 2 EL Butter
- Pfeffer aus der Mühle
- Salz

Zubereitung:

Die Eier und Milch in einer Schüssel mit dem Handrührer verrühren. Dann das Mehl, 1 Teelöffel Salz und das Backpulver hinzugeben und zu einem festen Nudelteig kneten. Den Teig auf einer bemehlten Fläche dünn ausrollen. Die Butter erhitzen und den Teig damit bestreichen. Das Hackfleisch mit der Leberwurst mischen und mit Pfeffer und Salz würzen. Den Teig in 5 x 30 cm lange Streifen schneiden, die Hackfleisch-Leberwurst-Mischungdaraufstreichen und von der schmalen Seite her aufrollen. Die Ränder fest andrücken und in einem Topf mit leicht gesalzenem Wasser 15 Minuten gar ziehen lassen.

Schüsselgeschüttelte

Zutaten für 4 Portionen:
16 Kartoffeln
2 EL Butter
200 g Sahne
Salz

Zubereitung:
Die Butter, die Sahne und etwas Salz in einer kleinen Pfanne erwärmen, so dass sich die Butter auflöst, die Sahne jedoch nicht kocht. Die Kartoffeln mit der Schale gar kochen, das Wasser abgießen, die Kartoffeln pellen und in kleine Stücke schneiden. Diese in einer Schüssel mit der Sahne übergießen. Dazu Baguette reichen, mit dem man die Sauce tunkt.

Kartoffel-Lauchauflauf mit Hackfleisch

Zutaten für 4 Portionen:
700 g Kartoffeln
4 Lauchstangen, in Ringe geschnitten
2 Zwiebeln, gehackt
2 Knoblauchzehen, zerdrückt
400 g Hackfleisch, gemischt
200 g saure Sahne
100 ml Sahne
100 g Emmentaler, gerieben
1 EL Butter
2 EL Öl
1 EL Petersilie, gehackt
Pfeffer aus der Mühle
Salz

Zubereitung:
Die Kartoffeln mit der Schale in leicht gesalzenem Wasser 20 Minuten kochen. Abgießen, die Kartoffeln pellen und in Scheiben schneiden. Die Butter in einer Pfanne erhitzen und die Zwiebel, den Lauch und den Knoblauch darin andünsten. In einer zweiten Pfanne das Hackfleisch anbraten und mit Pfeffer und Salz würzen. Die saure Sahne mit der Sahne in einer Schüssel verrühren, die Petersilie zufügen und mit Pfeffer und Salz würzen. Eine Auflaufform einfetten und die Hälfte der Kartoffelscheiben und die Hälfte der Lauchringe hineinfüllen. Mit Salz würzen, die Hälfte der Sahne und die Hackfleischmasse daraufgeben. Die restlichen Kartoffelscheiben und den restlichen Lauch darübergeben. Erneut mit Salz würzen und mit der restlichen Sahnemischung begießen. Mit dem Käse bestreuen und im auf 180 °C vorgeheizten Ofen etwa 30 Minuten goldbraun backen.

Speckwaffeln

Kartoffelwaffeln mit Speck

Die ideale Beilage zu Bibbelschesbohnesupp´.

Zutaten für 4 Portionen:
2 ½ kg Kartoffeln
2 Lauchstangen, fein gehackt
12–15 Scheiben Dürrfleisch, dünn geschnitten
5–6 EL Mehl
5 Eier
1 Pkg. Backhefe
Pfeffer aus der Mühle
Salz

Zubereitung:
Die rohen, geschälten Kartoffeln fein reiben und in einem Tuch ausdrücken. Das Mehl in einer Schüssel mit der Hefe, Pfeffer und Salz mischen. Dann den Lauch und die Kartoffelmasse hinzufügen und gut vermengen. Das Waffeleisen vorheizen und einfetten. Auf die untere Seite des Waffeleisens die Dürrfleischscheiben legen und je Waffel 1 großen Esslöffel Teig geben. Das Eisen schließen und die Waffeln knusprig braun backen.

Schinkenwaffeln

Kartoffelwaffeln mit Rinderschinken

Eine Variante der Speckwaffeln – ebenfalls eine ideale Beilage zur Bibbelschesbohnesupp´.

Zutaten für 4 Portionen:
2 ½ kg Kartoffeln
2 Lauchstangen, gehackt
12–15 Scheiben Rinderschinken, dünn geschnitten
5–6 EL Mehl
5 Eier
1 Pkg. Backhefe
Pfeffer aus der Mühle
Salz

Zubereitung:
Die rohen, geschälten Kartoffeln fein reiben und in einem Tuch ausdrücken. Das Mehl in einer Schüssel mit der Hefe, Pfeffer und Salz mischen. Dann den Lauch und die Kartoffelmasse hinzufügen und gut vermengen. Das Waffeleisen vorheizen und einfetten. Auf die untere Seite des Waffeleisens die Schinkenscheiben legen und je Waffel 1 großen Esslöffel Teig geben. Das Eisen schließen und die Waffeln knusprig braun backen.

Wasserspatzen

Zutaten für 4 Portionen:
Teig:
500 g Mehl
5 Eier
150 g Butter
etwas Mineralwasser

weiter:
3 Toastbrotscheiben
100 ml Milch
1 EL Butter

Zubereitung:
Für den Teig die Eier und die Butter in einer Schüssel schaumig rühren. Dann das Mehl und das Mineralwasser hinzugeben und untermischen. Den Teig mit einem Löffel abstechen und die Teigklößchen in siedendem Wasser 20 Minuten gar ziehen lassen. Mit einer Schaumkelle herausnehmen und in eine Schüssel geben. Die Toastbrotscheiben in kleine Würfel schneiden. Die Butter in einer Pfanne erhitzen, die Brotwürfel darin rösten und die „Krachelscher" über die Wasserspatzen geben. Die Milch in der Pfanne kurz aufkochen lassen und über die Wasserspatzen gießen.

Rahmkartoffeln mit saurer Milch

Dieses Gericht war früher ein „Arme-Leute-Essen“. Dazu wurde die Milch beim Bauern geholt und so lange stehen gelassen, bis sie sauer und dick war. Den Rahm, der sich oben auf der Milch absetzte, wurde abgeschöpft und mit Salzkartoffeln und Schnittlauch vermengt. Dazu aß man die saure Milch.

Zutaten für 4 Portionen:
1 ½ kg Kartoffeln
200 g saure Sahne
1 L Dickmilch (Sauermilch)
1 Bund Schnittlauch, gehackt

Zubereitung:
Die geschälten Kartoffeln in Stücke schneiden und in einem Topf mit leicht gesalzenem Wasser etwa 20 Minuten kochen. Abgießen und mit der sauren Sahne und dem Schnittlauch vermengen. Die Dickmilch in kleine Schüsseln geben und dazu servieren.

Scherenschleifer

Saure Kartoffeln

Dieses Gericht war ebenfalls ein „Arme-Leute-Essen“, das seinen Namen vom Beruf der Scherenschleifer erhielt, die damals kaum mit irdischen Gütern gesegnet waren. Das Gericht wurde früher von der ganzen Familie aus der Pfanne gelöffelt.

Zutaten für 4 Portionen:
1 kg Kartoffeln
4 EL Dürrfleisch, gewürfelt
2 Zwiebeln, gehackt
1 ½ L Wasser
3 EL Essig
1 EL Butterschmalz
5 EL Mehl
1 Lorbeerblatt
Salz

Zubereitung:
Das Butterschmalz in einer großen Pfanne erhitzen und die Zwiebeln mit dem Dürrfleisch darin anbraten. Das Mehl darüberstäuben, anschwitzen und mit dem Wasser ablöschen. Die geschälten Kartoffeln in kleine Würfel schneiden mit dem Essig und dem Lorbeerblatt in die Pfanne geben. Bei schwacher Hitze 15 bis 20 Minuten gar ziehen lassen und mit Salz abschmecken.

Pommes Frites

Zutaten für 4 Portionen:
750 g Kartoffeln, festkochend
Öl oder Fett für die Fritteuse
Salz

Zubereitung:
Die Kartoffeln, schälen und in 1 cm dicke Stäbchen schneiden. Die Kartoffelstäbchen waschen und mit einem Küchentuch gut abtrocknen. Das Öl oder Fett in einem hohen Topf oder in der Fritteuse auf 180 °C erhitzen. Die Kartoffelstäbchen in 4 Portionen etwa 2 Minuten frittieren, herausnehmen und auf Küchenpapier abtropfen lassen. Das Fett nochmals erhitzen und die Kartoffeln erneut pro Portion etwa 4 Minuten frittieren, bis sie knusprig sind. Auf Küchenpapier abtropfen lassen, salzen und servieren.

Abgeschmelzte

Als Beilage zu kurz gebratenem Fleisch oder Fisch.

Zutaten für 4 Portionen:
16 Kartoffeln
1 Bund Petersilie, gehackt
Bratfett aus der Pfanne

Zubereitung:
Die Kartoffeln schälen, längs vierteln und in leicht gesalzenem Wasser etwa 20 Minuten kochen. Das Kochwasser abgießen und 1 Minute ausdampfen lassen. Die Kartoffeln auf eine Platte geben mit dem Bratfett von Fisch oder Fleisch aus der Pfanne übergießen. Mit Petersilie bestreut servieren.

Krumberkichelcher

Kartoffelpfannkuchen

Eine Beilage zu Suppen und Eintöpfen oder ein Hauptgericht, zu dem Apfelmus oder Kompott serviert werden.

Zutaten für 4 Portionen:
1 kg Kartoffeln
1 kg Zwiebeln
2 EL Mehl
1 Prs. Muskatnuss
Öl, zum Braten
Pfeffer aus der Mühle
Salz

Zubereitung:
Die rohen, geschälten Kartoffeln und die Zwiebeln reiben. Die Flüssigkeit abschütten. Die Kartoffel- und die Zwiebelmasse in einer Schüssel mit dem Mehl, etwas Pfeffer und Salz sowie dem Muskat verrühren. Reichlich Öl in einer Pfanne erhitzen und die Pfannkuchen auf beiden Seiten goldgelb backen. Aus der Pfanne nehmen und das Öl abtropfen lassen.

Saarländische Kartoffelnudeln

*Eine klassische Beilage zu Fleischgerichten.
Man serviert sie aber auch als süßes
Gericht mit Apfelmus oder Vanillesauce.*

Zutaten für 4 Portionen:
1 kg Pellkartoffeln
1 Ei
70 g Mehl
Butter zum Braten
1 EL Petersilie, gehackt
1 Prs. Muskatnuss
Salz

Zubereitung:
Die Kartoffeln pellen und reiben. Mit dem Ei, dem Mehl, der Petersilie, Muskat, Pfeffer und Salz in einer Schüssel gut mischen. Aus dem Teig kleine Würstchen formen und einer Pfanne mit reichlich Butter goldgelb backen.

Piffareehr

Pfeifröhre

Zutaten für 4 Portionen:
250 Maccaroni
6–8 Kartoffeln
2 Becher Sahne
1 Scheibe Brot
1 EL Butter
1 Schuss Maggi
Pfeffer aus der Mühle
Salz

Zubereitung:
Für die Sauce das Brot in Würfel schneiden. Die Butter in einer Pfanne erhitzen und die Brotwürfel darin anbraten. Die Sahne hinzugießen, mit Pfeffer, Salz und Maggi würzen und die Sauce zu einer sämigen Konsistenz einkochen lassen. Die Kartoffeln in Stücke schneiden und in leicht gesalzenem Wasser 10 Minuten kochen. Die Maccaroni zweimal durchbrechen, zu den Kartoffeln geben und weich kochen. Das Wasser abgießen, die Kartoffel-Nudel-Mischung in eine Schüssel umfüllen und mit der Sauce übergießen. Dazu Salat oder eingekochte Früchte servieren.

Gebrodne

Bratkartoffel

Zutaten für 4 Portionen:
16 Kartoffeln
2 EL Butter
4 EL Öl
Salz

Zubereitung:
Die geschälten, rohen Kartoffeln in Scheiben oder mittelgroße Würfel schneiden. Die Butter und das Öl in einer Pfanne erhitzen, die Kartoffeln hinzugeben und mit Salz würzen. 20 Minuten bei starker Hitze braten, dabei mehrmals wenden, damit sie goldbraun und knusprig werden.

Gebrodne mit Lyoner

Bratkartoffeln mit Fleischwurst

Zutaten für 4 Portionen:
1 Ring Lyoner
700 g Kartoffeln
2 Zwiebeln, gehackt
200 g Crème fraîche
etwas Öl
Pfeffer aus der Mühle

Zubereitung:
Die Kartoffeln mit der Schale in einem Topf mit leicht gesalzenem Wasser etwa 20 Minuten kochen. Das Wasser abgießen, die Kartoffeln abkühlen lassen, pellen und in Scheiben schneiden. Die Lyoner ebenfalls in Scheiben schneiden. Das Öl in einer Pfanne erhitzen und die Lyonerscheiben mit den Kartoffelscheiben und den Zwiebeln goldbraun braten. Mit etwas Pfeffer würzen und vor dem Servieren auf jede Portion 1 Esslöffel Crème fraîche geben.

Gebrodne mit Dürrfleisch

Bratkartoffeln mit Dörrfleisch

Zutaten für 4 Portionen:
1 kg Kartoffeln, festkochend
2 Zwiebeln, gehackt
90 g Dürrfleisch, gewürfelt
120 g Butterschmalz
1 EL Petersilie, gehackt
50 g Butter
Pfeffer aus der Mühle
Salz

Zubereitung:
Die Butter in einem Topf bei schwacher Hitze so lange erhitzen, bis sie schäumt und goldbraun wird. Dann vom Herd nehmen und beiseitestellen. Die Kartoffeln mit der Schale in einem Topf mit Wasser und Salz 20 bis 30 Minuten bissfest garen. Abgießen, die Kartoffeln abkühlen lassen, pellen und in ½ cm dicke Scheiben schneiden. So viel Butterschmalz in einer Pfanne erhitzen, dass der Boden dünn bedeckt ist. Die Pfanne mit den Kartoffelscheiben auslegen, so dass der Pfannenboden bedeckt ist. Bei mittlerer Hitze goldbraun braten, dann die Scheiben wenden und von der anderen Seite ebenfalls goldbraun braten. Mit den restlichen Kartoffeln ebenso verfahren. Die Zwiebeln und das Dürrfleisch hinzugeben und unter gelegentlichem Wenden 4 Minuten mitbraten. Mit Salz und Pfeffer kräftig abschmecken, die braune Butter dazugeben und unterschwenken. Die Petersilie daruntermischen.

Gereeschde

Röstkartoffeln

Zutaten für 4 Portionen:
16 Kartoffeln
2 Zwiebeln, fein gehackt
Fett zum Braten
Pfeffer aus der Mühle
Salz

Zubereitung:
Die Kartoffeln mit der Schale in einen Topf geben, mit Wasser bedecken und 30 bis 40 Minuten garen. Abgießen, die Kartoffel etwas abkühlen lassen und pellen, in dünne Scheiben schneiden. Das Fett in einer Pfanne erhitzen, die Zwiebeln hinein- und die Kartoffelscheiben daraufgeben. 10 Minuten unter mehrmaligem Wenden knusprig braten. Mit Pfeffer und Salz würzen. Dazu Kässchmeer, Salat oder Spiegeleier servieren.

Owegeleehde

Auf der Ofenplatte gegarte Kartoffelscheiben

Ein Klassiker aus der Zeit, als man noch auf Holzöfen kochte. Bei modernen Induktionsherden sollte man eine Eisenplatte unterlegen.

Zutaten für 4 Portionen: 16 Kartoffeln

Zubereitung:
Die Kartoffeln mit der Schale in einen Topf geben, mit Wasser bedecken und 30 bis 40 Minuten kochen. Abgießen, die Kartoffeln abkühlen lassen und pellen. In fingerdicke Scheiben schneiden, auf die heiße Ofenplatte legen und auf beiden Seiten anbraten. Wenn sie ganz leicht angebrannt sind vom Herd nehmen und mit Kässchmeer servieren.

Iwwer die Platt Geschmelzte

Salzkartoffeln mit Dürrfleisch und Zwiebeln

Zutaten für 4 Portionen:
1 ½ kg Kartoffeln
100 g Dürrfleisch, in Würfel geschnitten
2 Zwiebeln, gehackt
2 EL Butter
Wasser
Salz

Zubereitung:
Die geschälten Kartoffeln in Stifte schneiden, in gesalzenem Wasser 12 bis 20 Minuten gar kochen und abgießen. Die Butter in einer Pfanne erhitzen und das Dürrfleisch mit den Zwiebeln darin goldbraun rösten. Die Kartoffeln in einer Schüssel mit dem Dürrfleisch-Zwiebelgemisch übergießen. Dazu Lyoner und Salat reichen.

Blechgrumbeere

Kartoffeln vom Backblech

Zutaten für 4 Portionen:
1 ½ kg Kartoffeln
350 g Dürrfleisch, in Würfel geschnitten
Pfeffer aus der Mühle
Salz

Zubereitung:
Die geschälten Kartoffeln in Stücke oder Würfel schneiden, auf ein gefettetes Backblech legen, mit den Dürrfleischwürfeln bestreuen und mit Pfeffer und Salz würzen. Im auf 220 °C vorgeheizten Backofen 20 bis 30 Minuten goldgelb backen. Dazu Salat reichen.

Grummbeerkiechelcher

Reibekuchen

Zutaten für 4 Portionen:
5 Kartoffeln
1–2 Eier
1–2 Zwiebeln
1 EL Mehl
Salz
Öl zum Backen

Zubereitung:
Die rohen Kartoffeln und die Zwiebeln reiben. Die Kartoffeln ausdrücken und die Flüssigkeit von den Zwiebeln abgießen. In einer Schüssel mit dem Mehl, den Eiern und etwas Salz mischen. Reichlich Öl in einer Pfanne erhitzen, die Kartoffelmasse mit einer Schöpfkelle hineingeben und auf beiden Seiten goldbraun backen. Dazu Apfelmus servieren oder etwas Fenner Harz darüberträufeln.

Grummbeerkiechelcher mit Kresse

Reibekuchen mit Kresse

Zutaten für 4 Portionen:
1 kg Kartoffeln
1 kg Zwiebeln
4 Kästchen Kresse
2 EL Mehl
Öl zum Backen
1 Prs. Muskatnuss
Pfeffer aus der Mühle
Salz

Zubereitung:
Die rohen Kartoffeln und die Zwiebeln reiben. Die Kartoffeln ausdrücken und die Flüssigkeit von den Zwiebeln abgießen. In einer Schüssel mit dem Mehl, den Eiern, Muskat und etwas Salz mischen. Die Kresse mit einer Schere abschneiden und unter den Teig mischen. Reichlich Öl in einer Pfanne erhitzen, die Kartoffelmasse mit einer Schöpfkelle hineingeben und auf beiden Seiten goldbraun backen.

Schusterpastete

Zutaten für 4 Portionen:
1 kg Kartoffeln
200 g Zwiebeln, gehackt
200 g roher Schinken
200 g Bratenreste
200 g Salzheringe, gewässert
250 ml Sahne
2 Eier
1 EL Mehl
Öl
Kapern
Pfeffer aus der Mühle
Salz

Zubereitung:
Die rohen Kartoffeln mit einer groben Reibe in eine Schüssel reiben und ausdrücken. Den Schinken in Stücke schneiden und mit den Zwiebeln unter die Kartoffelmasse rühren. Eine Auflaufform mit Öl ausstreichen, den Kartoffelteig hineinfüllen und im auf 220 °C vorgeheizten Ofen 25 Minuten überbacken. Die Bratenreste und die Heringe in Stücke schneiden, nach der Backzeit unter die Kartoffelmasse heben und diese glatt streichen. Die Sahne mit den Eiern, dem Mehl, Pfeffer und Salz verquirlen, dann die Kapern hinzugeben und über die Kartoffelmasse gießen. Bei 200 °C 1 Stunde garen.

Pfannkuchen mit Lyoner

Zutaten für 4 Portionen:
1 Ring Lyoner, in Würfel geschnitten
1 Lauchstange, in Ringe geschnitten

Teig:
250 g Mehl
4 Eier
300 ml Milch
100 ml Mineralwasser
50 g Butterschmalz
1 Prs. Salz

Zubereitung:
Für den Teig die Eier in einer Schüssel aufschlagen, die Hälfte der Milch hineingießen und mit einem Handmixer schaumig schlagen. Dann die restliche Milch und das Mineralwasser dazugießen. Unter weiterem Rühren nach und nach das Mehl zugeben und mit Salz würzen. Die Lyonerwürfel und den Lauch imit dem Pfannkuchenteig verrühren. So viel Butterschmalz in einer Pfanne erhitzen, dass der Pfannenboden dünn bedeckt ist. Den Teig mit einer Schöpfkelle hineingeben und etwas schwenken. Den Pfannkuchen bei geringer Hitze goldbraun braten, dann wenden und auf der anderen Seite ebenfalls goldbraun backen. Mit den nächsten Pfannkuchen ebenso verfahren. Die fertigen Pfannkuchen im Backofen warm halten. Dazu Salat servieren.

Speckpfannkuchen

Zutaten für 4 Portionen:
250 g Mehl
250 ml Milch
2–3 Eier, getrennt
1 Prs. Salz
einige Scheiben Speck, geräuchert, durchwachsen
Butterfett zum Braten

Zubereitung:
Das Mehl, die Milch, die Eigelbe und das Salz in einer Schüssel verrühren und 15 Minuten ruhen lassen. Das Eiweiß mit dem Handmixer steif schlagen und unter den Teig ziehen. Einige Scheiben Speck in der Pfanne glasig braten. Den Teig mit einer Schöpfkelle darübergießen und goldbraun braten. Wenn die Oberseite nicht mehr flüssig ist, den Pfannkuchen wenden und die andere Seite ebenfalls goldgelb backen. Mit den restlichen Pfannkuchen auf die gleiche Weise verfahren.

Apfelpfannkuchen

Zutaten für 4 Portionen:
3 Äpfel, säuerlich
2 EL Zimtzucker
Zucker zum Bestreuen

Teig:
250 g Mehl
4 Eier
300 ml Milch
100 ml Mineralwasser
50 g Butterschmalz
1 Prs. Salz

Zubereitung:
Die Äpfel schälen, das Kerngehäuse entfernen und die Äpfel in dünne Scheiben schneiden. Mit Zimtzucker bestreuen und einige Minuten stehen lassen. Für den Teig die Eier in einer Schüssel aufschlagen, die Hälfte der Milch hineingießen und mit einem Handmixer schaumig schlagen. Dann die restliche Milch und das Mineralwasser dazugießen. Unter weiterem Rühren nach und nach das Mehl zugeben und mit Salz würzen. Soviel Butterschmalz in einer Pfanne erhitzen, dass der Pfannenboden dünn bedeckt ist. Ein Viertel der Apfelscheiben in der Pfanne verteilen. Den Teig mit einer Schöpfkelle daraufgeben und etwas schwenken. Den Pfannkuchen bei geringer Hitze goldbraun braten, dann wenden und auf der anderen Seite ebenfalls goldbraun backen. Mit den nächsten Pfannkuchen ebenso verfahren. Die fertigen Pfannkuchen im Backofen warm halten. Auf Tellern servieren und mit Zucker bestreuen.

Saure Stambes

Pfannkuchen mit saurem Kartoffelbrei

Zutaten für 4 Portionen:

Teig:
500 ml Milch
250 g Mehl
2 Eier
Salz

Kartoffelpüree:
500 g Kartoffeln
100 ml Sahne
20 g Butter
1 Prs. Muskatnuss
Essig
Pfeffer aus der Mühle
Salz

Zubereitung:

Für das Kartoffelpüree die geschälten Kartoffeln in Stücke schneiden und in gesalzenem Wasser etwa 20 Minuten gar kochen. Abgießen und kurz ausdampfen lassen. Dann die Sahne, die Butter, Pfeffer, Salz und Muskat hinzugeben und mit dem Kartoffelstampfer kräftig stampfen. Wenn das Püree zu fest scheint, noch etwas Butter unterrühren. Mit Salz und Essig pikant abschmecken. Für den Pfannkuchenteig das Mehl, die Eier, die Milch und etwas Salz in einer Schüssel verrühren und 30 Minuten quellen lassen. Etwas Fett in einer Pfanne erhitzen, pro Pfannkuchen 1 Schöpfkelle Teig hineingeben, die Pfannkuchen auf beiden Seiten goldgelb backen und warm halten. Mit dem Kartoffelpüree füllen und aufrollen.

Warmer Grumbeersalat

Warmer Kartoffelsalat

Eine beliebte Beilage zu Schwenkbraten, „Roschdworscht“ oder heißer Lyoner

Zutaten für 4 Portionen:
1 ½ kg Kartoffeln
150 g Dürrfleisch, in Würfel geschnitten
1 Zwiebel, gehackt
125 ml Fleischbrühe
6 EL Essig
2 TL Senf
2 EL Öl
Pfeffer aus der Mühle
Salz

Zubereitung:
Die Kartoffeln mit der Schale in gesalzenem Wasser 20 bis 30 Minuten gar kochen, abgießen und noch heiß pellen. Das Öl in einer Pfanne erhitzen und die Dürrfleischwürfel darin knusprig braten. Die Zwiebel hinzufügen und goldgelb anbraten. Dann mit der Fleischbrühe ablöschen und den Essig, den Senf, Pfeffer und etwas Salz unterrühren. Die Kartoffeln in Scheiben schneiden, in eine Schüssel geben, die Sauce darübergießen und durchheben. Den Kartoffelsalat warm servieren.

Fleischklöße in Specksauce

Zutaten für 4 Portionen:
Specksauce mit Sahne (siehe Rezept)
250 g Hackfleisch
125 g Dürrfleisch, fein gewürfelt
3 Zwiebeln, fein gehackt
1 Brötchen
1 Knoblauchzehe
1 Ei
etwas Majoran, gerebelt
Pfeffer aus der Mühle
Salz

Zubereitung:

Das Brötchen („Weck“) in kaltem Wasser 10 Minuten einweichen. Dann herausnehmen und ausdrücken. Das Brötchen, das Hackfleisch, das Ei, den Knoblauch, den Majoran, Pfeffer und Salz in einer Schüssel vermengen. Das Dürrfleisch und die Zwiebeln in einer Pfanne goldgelb anbraten, zum Hackfleisch geben und untermischen. Aus dem Hackfleisch nicht zu große Klöße formen und 20 Minuten in einem Topf mit gesalzenem Wasser bei schwacher Hitze gar ziehen lassen. Die Specksauce nach Rezept zubereiten. Die Klöße in einer Schüssel mit der Sauce übergießen. Dazu Baguette oder Klöße reichen.

Saumaasgrumbeere

Saumagen-Kartoffeln

Dieses Gericht schmeckt ähnlich wie der „Saumagen“, wird aber in einer Auflaufform gebacken. Es lässt sich gut vorbereiten und schmeckt aufgewärmt noch besser als frisch. Man serviert es als Hauptspeise oder zu Braten mit Sauce.

Zutaten für 4–6 Portionen:

3 kg Kartoffeln
500 g Schweinebauch, mager
1 Lauchstange
1–2 Zwiebeln, in Ringe geschnitten
etwas Petersilie, gehackt
1 EL Majoran
1 EL Bohnenkraut
Pfeffer aus der Mühle
Salz

Zubereitung:

Die Kartoffeln mit der Schale in gesalzenem Wasser 20 bis 30 Minuten gar kochen, abgießen, noch heiß pellen und in einer Schüssel mit einer Gabel zerdrücken. Den Schweinebauch mit den Zwiebeln in einem Topf mit etwas Wasser 15 Minuten kochen. Anschließend mit den Zwiebeln und dem Lauch durch den Fleischwolf drehen. Die Masse mit der Petersilie zu den Kartoffeln geben und mischen. 2 bis 3 Esslöffel der Schweinebauchbrühe unterrühren. In eine mit Butter ausgestrichene Auflaufform geben und im auf 160 °C vorgeheizten Ofen 1 bis 1 ½ Stunden goldbraun backen.

Stampes Knepp

Kleine Kartoffelbrei-Klöße

Zutaten für 4 Portionen:
1 kg Kartoffeln
1–2 Zwiebeln, gehackt
750 ml Fleischbrühe
Mehl

Sauce:
1 Zwiebel, gehackt
200 g Sahne
50 g Butter
Maggi

Zubereitung:
Die geschälten Kartoffeln in Scheiben schneiden. Die Fleischbrühe in einem Topf zum Kochen bringen und die Kartoffeln und die Zwiebel darin etwa 20 Minuten kochen. Anschließend mit der Brühe stampfen, unter Rühren weiterkochen und so viel Mehl hinzugeben, bis eine steife Masse entsteht. Für die Sauce die Butter in einer Pfanne erhitzen und die Zwiebel darin hellbraun anbraten. Dann die Sahne hinzugießen, aufkochen lassen und kräftig mit Maggi abschmecken. Von der Masse mit einem in Wasser getauchten Löffel Klöße („Knepp“) abstechen, auf eine vorgewärmte Platte legen und mit der Sauce übergießen. Dazu Salat oder eingemachtes Obst reichen.

Kartoffelstampf oder Stampes

Kartoffelpüree

Der Name des Pürees stammt von der Art der Zubereitung mit einem hölzernen Kartoffelstampfer, dem „Stamper". Mit ihm werden die Kartoffeln zerquetscht. Das Püree wird etwas gröber als mit dem Pürierstab.

Zutaten für 4 Portionen:
500 g Kartoffeln
100 ml Sahne
20 g Butter
1 Prs. Muskatnuss
Pfeffer aus der Mühle
Salz

Zubereitung:
Die geschälten Kartoffeln in Stücke schneiden und in gesalzenem Wasser etwa 20 Minuten gar kochen. Abgießen und die Kartoffeln kurz ausdampfen lassen. Dann die Sahne, die Butter, Pfeffer, Salz und Muskat hinzugeben und mit dem Kartoffelstampfer kräftig stampfen. Wenn das Püree zu fest scheint, noch etwas Butter unterrühren. Mit Salz abschmecken und servieren.

Stampfkartoffeln mit verlorenen Eiern und Specksauce

Zutaten für 4 Portionen:
500 g Kartoffeln
80 g Speck, in Würfel geschnitten
8 Eier
100 ml Sahne
2–3 EL Melfort (Essig)
20 g Butter
2 EL Öl
2 EL Mehl
2 Lorbeerblätter
1 Prs. Muskatnuss
1 EL Zucker
Pfeffer aus der Mühle
Salz

Zubereitung:
Für die Sauce das Öl in einer Pfanne erhitzen und die Speckwürfel ausbraten. Das Mehl einrühren und goldbraun anrösten. Unter Rühren so viel Wasser hinzugießen, bis eine sämige Sauce entsteht. Mit Essig, Zucker, Pfeffer und Salz pikant abschmecken. Die geschälten Kartoffeln in Stücke schneiden und in gesalzenem Wasser mit den Lorbeerblättern etwa 20 Minuten gar kochen. Abgießen und die Kartoffeln kurz ausdampfen lassen. Dann die Sahne, die Butter, Pfeffer, Salz und Muskat hinzugeben und mit dem Kartoffelstampfer kräftig stampfen. Wenn das Püree zu fest scheint, noch etwas Butter unterrühren. Mit Salz abschmecken. Für die Eier Wasser mit einem Schuss Essig in einem Topf zum Kochen bringen. Die Eier einzeln in eine Tasse aufschlagen und nacheinander vorsichtig in das leicht siedende Wasser gleiten lassen. Dabei das Eiweiß mit dem Löffel um das Eigelb hüllen, bis es fest wird. 4 bis 5 Minuten im Wasser ziehen lassen. Zum Servieren je 2 pochierte Eier mit einer Schaumkelle herausheben, auf einen Teller legen und mit den Stampfkartoffeln und der Sauce servieren.

Stampes mit Kraut

Kartoffelbrei mit Sauerkraut

Zutaten für 4 Portionen:
1 kg Kartoffeln
500 g Sauerkraut
250 g Zwiebeln
300 g Dürrfleisch, in Würfel geschnitten
4 EL Butter
250 ml Weißwein
250 ml Milch
1 Prs. Muskatnuss
Pfeffer aus der Mühle
Salz

Zubereitung:
Die ungeschälten Kartoffeln in einem Topf mit Wasser gar kochen. Abgießen, abkühlen lassen und pellen. Die Hälfte der Butter in einer Pfanne erhitzen und das Sauerkraut darin andünsten. Mit dem Wein ablöschen und 30 Minuten köcheln lassen. Die Kartoffeln in einem Topf zerstampfen. Die Milch hinzugießen und das Püree mit Pfeffer, Salz und Muskatnuss abschmecken. Anschließend das Sauerkraut unter das Püree mischen. Die Zwiebeln in Ringe schneiden, die restliche Butter in der Pfanne erhitzen und die Zwiebelringe mit den Dürrfleischwürfeln anschmoren. Die Hälfte der Zwiebel-Dürrfleisch-Mischung in einer Auflaufform verteilen. Das Püree daraufgeben, glatt streichen und die restliche Zwiebel-Dürrfleisch-Mischung darauf verteilen. Mit Aluminiumfolie abdecken. Im auf 200 °C vorgeheizten Backofen 20 Minuten backen. Kurz vor Ende der Garzeit die Aluminiumfolie entfernen, um das Gericht zu bräunen.

Gebackener Stampes

Gebackener Kartoffelbrei

Zutaten für 4 Portionen:
1 kg Kartoffeln
250 g Zwiebeln, gehackt
500 g Sauerkraut
380 g Dürrfleisch, in Scheiben geschnitten
4 EL Butter
250 ml Weißwein, trocken
250 ml Milch, heiß
1 Prs. Muskatnuss
Pfeffer aus der Mühle
Salz

Zubereitung:

Das Sauerkraut in ein Sieb geben, mit kaltem Wasser abspülen und gut abtropfen lassen. Die Butter in einer Pfanne erhitzen und das Sauerkraut darin andünsten. Dann den Weißwein – vorzugsweise aus dem Saarland – hinzugießen und das Kraut bei schwacher Hitze 30 Minuten köcheln. Die geschälten Kartoffeln in Stücke schneiden und mit Wasser und Salz etwa 20 Minuten gar kochen. Abgießen, die Kartoffeln zerstampfen und mit der heißen Milch zu einem Püree verrühren. Mit Muskat, Pfeffer und Salz abschmecken und mit dem Kraut mischen. Die Zwiebeln mit dem Dürrfleisch in einer Pfanne goldgelb braten. Eine Auflaufform mit der Hälfte der Dürrfleischscheiben auslegen und die Zwiebeln darauf verteilen. Den Stampes (Kartoffelbrei mit Sauerkraut) darauf geben, glatt streichen und mit den restlichen Dürrfleischscheiben bedecken. Mit Aluminiumfolie verschließen und im auf 200 °C vorgeheizten Ofen 20 Minuten backen. Dann die Folie entfernen und die Oberfläche braun werden lassen. Heiß servieren.

Geleriwemutsch

Kartoffel-Karottenpüree

Zutaten für 4 Portionen:
500 g Karotten
500 g Kartoffeln
100 ml Milch
50 g Butter
1 Msp. Muskatnuss
Salz

Zubereitung:
Die Kartoffeln in Stücke schneiden und in gesalzenem Wasser gar kochen. Die Karotten längs in Stücke schneiden, das Mark herausschneiden und in Salzwasser weich kochen. Anschließend die Kartoffeln und die Karotten durch eine Gemüsepresse in einen Topf drücken. Die Butter, die Milch, die Muskatnuss und das Salz hinzugeben. Bei schwacher Hitze unter ständigem Rühren erhitzen und servieren.

Eingedämpte

Eingedämpfte Kartoffeln

Ein würziger Kartoffelbrei mit Zwiebeln.

Zutaten für 4 Portionen:
1,2 kg Kartoffeln
200 g Zwiebeln, gehackt
1 L Fleischbrühe
2 Lorbeerblätter
1 EL Butterschmalz
Pfeffer aus der Mühle
Salz

Zubereitung:
Die Fleischbrühe mit den Lorbeerblättern in einem Topf erhitzen, die Kartoffeln in Stücke schneiden und darin weich kochen. Das Schmalz in einer Pfanne erhitzen und die Zwiebeln goldgelb anbraten. Die gekochten Kartoffeln zerstampfen, mit Pfeffer und Salz abschmecken und so viel von der Fleischbrühe unterrühren, bis der Brei eine sämige Konsistenz hat. Die gebratenen Zwiebeln darübergeben.

Majorangrumbeere

Majorankartoffeln

Zutaten für 4 Portionen:
1 kg Kartoffeln
125 g Dürrfleisch, fein gewürfelt
etwa 1 L Gemüsebrühe, kräftig
1 EL Majoran, gerebelt
1 EL Butter
Pfeffer aus der Mühle
Salz

Zubereitung:
Die Kartoffeln in Stücke schneiden und mit dem Dürrfleisch und dem Majoran in der Gemüsebrühe etwa 20 Minuten gar kochen. Während dieser Zeit mehrmals umrühren. Die Butter unterrühren und mit Pfeffer und Salz abschmecken.

Gequellte

Pellkartoffeln

Der Begriff leitet sich von „aufquellen“ ab. Pellkartoffeln sind die Beilage zu vielen Gerichten, werden aber auch gerne im Topf serviert und am Tisch gepellt. Oft gibt es dazu „Ingeleede Häringe“ oder „Kässchmeer“.

Zutaten für 4 Portionen:
1 kg Kartoffeln
Wasser
Salz

Zubereitung:
Die Kartoffeln waschen, mit der Schale in Wasser und etwas Salz zum Kochen bringen und 20 bis 25 Minuten gar kochen. Das Wasser abgießen und die Kartoffeln 10 Minuten im Topf mit geschlossenem Deckel stehen lassen, dann lassen sie sich leichter pellen.

Kerschdscher

Kartoffelwürfel mit Kruste

Die Kartoffeln werden gebraten, bis sie braune Krusten („Kerschdscher") haben.

Zutaten für 4 Portionen:

1 kg Kartoffeln
1 EL Butter
1 EL Öl
Salz

Zubereitung:

Die Kartoffeln in 1 cm große Würfel schneiden. Das Öl und die Butter in einer Pfanne erhitzen und die Kartoffelwürfel darin unter ständigem Wenden kräftig braten, bis sie braune Krusten haben. Mit Pfeffer würzen, die Hitze reduzieren und bei geschlossenem Deckel 10 Minuten dämpfen. Als Beilage zu Lyoner, kurz gebratenem Fleisch oder mit Spiegeleiern servieren.

Saarländische Panneküchelche

Biskuitpfannkuchen

Zutaten für 2 Portionen:
2 Eier, getrennt
100 g Mehl
Vanillearoma
Zucker-Zimt-Mischung
Butterschmalz
50 g Zucker
1 Prs. Salz

Zubereitung:
Die Eiweiße mit dem Zucker in einer Schüssel mit dem Handmixer steif schlagen. Die Eigelbe mit dem Zucker und dem Vanillearoma in einer weiteren Schüssel aufschlagen und anschließend den Eischnee unterziehen. Das Mehl in eine Schüssel sieben, das Salz untermischen und vorsichtig unter die Schaummasse heben. Butterschmalz in einer Pfanne erhitzen, etwas Teig mit einer Schöpfkelle hineingeben und kleine Pfannkuchen in Krapfengröße auf beiden Seiten goldbraun backen. Mit Apfelmus servieren.

SÜSSE GERICHTE & NACHSPEISEN

Saarbrücker Kärscheplotzer

Zutaten für 4 Portionen:
750 g schwarze Kirschen
6 Milchbrötchen
500 ml Milch
4 Eier, getrennt
Zucker
Zimt
1 Prs. Salz

Zubereitung:
Die Milchbrötchen in Stücke schneiden, in einer Schüssel mit der Milch übergießen und mehrere Minuten einweichen. Ausdrücken und mit etwas Salz und den Eigelben mit dem Handmixer verrühren. Die Eiweiße steif schlagen und etwas Zucker und Zimt hinzugeben, zusammen mit den Kirschen unter die Brötchenmasse ziehen. Die Masse in eine mit Butter ausgestrichene Form geben und im auf 200 °C vorgeheizten Backofen 35 bis 40 Minuten backen. Heiß oder kalt servieren und dazu Vanillesauce reichen.

Kärscheplotzer

Kirschenauflauf

Der Begriff „Plotzer" stammt von geplatzten Kirschen.

Zutaten für 4 Portionen:
750 g Kirschen
4 Milchbrötchen
350 ml Milch
3 Eier
50 g Butter
50 g Zucker
20 g Mandeln, gehackt
1 Zitrone, abgeriebene Schale davon
Zimt

Zubereitung:
Die Milch in einem Topf erwärmen. Die Rinde der Brötchen abreiben. Die Brötchen in Scheiben schneiden und in einer Schüssel mit der Milch übergießen. Die Eier trennen. Die Butter, den Zucker und die Eigelbe schaumig schlagen, mit der Zitronenschale, den Mandeln, den Kirschen und den eingeweichten Brötchen vermengen. Das Eiweiß mit dem Handmixer steif schlagen, mit den Mandeln und den Kirschen unter die Masse ziehen. Eine Auflaufform mit Butter ausstreichen, die Kirschmasse einfüllen und im auf 200 °C vorgeheizten Backofen 35 bis 40 Minuten backen. Mit Zucker und Zimt bestreut servieren und dazu Vanillesauce reichen.

Droschelkichelcher

Kleine Stachelbeerkuchen

Zutaten für 4 Portionen:

Himbeersauce:
400 g Himbeeren, TK
2 EL Zucker

Teig:
250 g Butter, weich
200 g Zucker
1 Pkg. Vanillezucker
1 Prs. Salz
4 Eier
400 g Mehl
1 Pkg. Backpulver

500 g Stachelbeeren
Puderzucker

Zubereitung:

Für die Himbeersauce die Himbeeren mit dem Zucker pürieren und durch ein Sieb in eine Schüssel passieren. Für den Teig die Butter, den Zucker, den Vanillezucker und das Salz cremig rühren. Dann die Eier nach und nach hinzufügen. Das Mehl mit dem Backpulver mischen und unter Rühren zu den Eiern geben. Anschließend die Stachelbeeren unterheben. Ein Backblech mit Backpapier auslegen. Darauf Häufchen aus je 3 Esslöffeln Teig setzen, dabei ca. 6 cm Abstand zwischen den Teighäufchen lassen. Im auf 200 °C vorgeheizten Ofen 15 bis 20 Minuten backen. Aus dem Ofen nehmen, etwas abkühlen lassen und mit Puderzucker bestäuben. Die Küchlein mit der Himbeersauce auf Tellern anrichten.

Merziger Viez-Charlotte

Zutaten für 4 Portionen:

Fruchtspiegel:
125 g Erdbeeren
50 g Himbeeren
10 g Zucker
½ Zitrone, Saft davon

Teig:
6 Eier
175 g Zucker
150 g Mehl
90 g Butter, flüssig
100 g Johannisbeergelee
100 g Aprikosengelee

Füllung:
500 g Äpfel, säuerlich
150 g Zucker
200 ml Apfelwein („Viez")
1 Zimtstange
2 Sternanis
6 Nelken
½ TL Kardamomkapseln
6 Blatt Gelatine
4 ml Apfelschnaps
500 ml Sahne

Zubereitung:

Für den Fruchtspiegel das Obst, den Zucker und den Zitronensaft in einer Schüssel pürieren. Durch ein Sieb streichen und bis zum Servieren kühl stellen. Für die Viez-Charlotte die Eier trennen und die Eiweiße steif schlagen: Ebenso die Eigelbe mit 175 g Zucker schaumig schlagen, dann unter Rühren mit dem Handmixer das Mehl und die flüssige Butter hinzugeben. Den Eischnee unterheben. Im auf 170 °C vorgeheizten Backofen 15 bis 20 Minuten einen runden und einen rechteckigen Boden hell backen. Beide aus dem Ofen nehmen. Den eckigen Boden noch warm mit dem Johannisbeergelee bestreichen und zu einer „Roulade" zusammenrollen. Die Rolle in ein Küchenhandtuch einschlagen und gut auskühlen lassen. Anschließend in dünne Scheiben schneiden und damit eine bauchige Schüssel auslegen. Die Äpfel schälen. Die Schalen mit dem Apfelwein, 150 g Zucker, dem Zimt, dem Sternanis und den Nelken auskochen. Dann durch ein Sieb in einen Topf passieren. Die Äpfel in Scheibchen schneiden, in den Sud geben, kurz aufkochen und vom Herd nehmen. Die Gelatine ausdrücken, zu den Äpfeln geben, darin auflösen und abkühlen lassen. Die Sahne mit dem Handmixer steif schlagen und unter die kalte Apfelmasse ziehen. Die Apfel-Sahne-Mischung in die mit den Teigrollen ausgelegte Schüssel füllen. Mit dem runden Teigboden abdecken und 8 Stunden kalt stellen. Dann die Charlotte auf eine Platte stürzen und mit dem Aprikosengelee bestreichen. Zum Servieren mit der Fruchtsauce einen Spiegel auf den Tellern bereiten und eine Stück Viez-Charlotte darauf setzen.

Quarkschaum

Zutaten für 4 Portionen:
160 g Quark
125 ml Milch
4 Eiweiße
2 Eigelbe
100 g Puderzucker
1 Vanillestange
Eiswasser

Zubereitung:
Die Vanillestange der Länge nach aufschlitzen und das Mark auskratzen. Das Mark und die Schale mit der Milch in einen Topf geben und aufkochen lassen. Vom Herd nehmen und 30 Minuten stehen lassen. Anschließend durch ein Sieb in einen Schlagkessel geben. Die Eigelbe und 40 g Puderzucker hinzufügen und im heißen Wasserbad mit dem Schneebesen zu einer dicklichen Creme aufschlagen. Den Schlagkessel aus dem Wasserbad nehmen, den Quark hinzugeben und glatt rühren. Den Schlagkessel in eine Schüssel mit Eiswasser stellen und die Crème bis zum Erkalten weiterschlagen. Die Eiweiße mit dem Handmixer steif schlagen. Den restlichen Puderzucker hinzugeben und den Schnee unter den Quark heben. Den Quarkschaum in Dessertschüsseln verteilen und im auf 250 °C vorgeheizten Ofen goldbraun überbacken.

Bettelmann

Zutaten für 4 Portionen:
500 g Äpfel, säuerlich
1 Zitrone
250 g Vollkornbrot, gerieben
75 g Korinthen oder Rosinen
75 g Haselnüsse, gehackt
5 EL Rum
150 g Zucker
110 g Butter
2 TL Zimt, gemahlen

Zubereitung:
Die Korinthen in einer Schüssel mit heißem Wasser überbrühen. Das Wasser abschütten, die Korinthen abtropfen lassen, den Rum hinzugießen und 30 Minuten ziehen lassen. 75 g Butter in einer kleinen Pfanne zerlassen. Das Brot, 100 g Zucker, die Nüsse und die zerlassene Butter in einer Schüssel mischen. Von der Zitronenschale Zesten abschneiden und mit 1 Teelöffel Zimt unter die Brotmasse kneten. Die Äpfel schälen, halbieren und das Kerngehäuse herausschneiden. Die Apfelhälften mit dem restlichen Zucker bestreuen und einreiben. Eine Auflaufform mit Butter einfetten und ein Drittel der Brotmasse, die Hälfte der Apfelmasse, ein Drittel der Brotmasse, die restliche Apfelmasse und die restliche Brotmasse hineinschichten und glatt streichen. Die restliche Butter in kleinen Flocken aufsetzen und im auf 180 °C vorgeheizten Ofen 30 bis 40 Minuten backen. Aus dem Ofen nehmen und mit Zucker und Zimt bestreut servieren.

Eselsohren

Karthäuserklöße

Zutaten für 4 Portionen:
8 Brötchen, altbacken
500 ml Milch
2 Eier
3 EL Zucker
125 g Butterschmalz
Zimt-Zucker
1 Prs. Salz

Zubereitung:
Die Brötchenrinde abreiben, die Brösel aufheben. Die Brötchen vierteln und in eine Schüssel geben. Die Milch, die Eier, 1 Esslöffel Zucker und das Salz in einer Schüssel verquirlen und über die Brötchen gießen. 15 Minuten ziehen lassen und mehrmals wenden. Die Brösel in einen Suppenteller geben und die Brötchenstücke darin panieren. Das Butterschmalz in einer Pfanne erhitzen und die Brötchenstücke darin backen. Danach mit Zucker und Zimt bestreuen und mit Vanillesauce oder zu gedünstetem Obst servieren.

Grießauflauf mit Früchten

Zutaten für 4 Portionen:
250 g Früchte (Erdbeeren, Äpfel, Birnen, Pflaumen, Brombeeren)
750 ml Milch
100 g Grieß
2 Eier
20 g Butter
1 Pkg. Vanillezucker
2 EL Zucker
1 Prs. Salz

Zubereitung:
Die Früchte in Stücke schneiden, in einer Schüssel mit 1 Esslöffel Zucker mischen und 10 Minuten ziehen lassen. Die Milch, den restlichen Zucker, den Vanillezucker und das Salz in einem Topf zum Kochen bringen. Den Grieß unter Rühren hinzugeben und aufkochen. Den Herd abschalten und den Grieß quellen und abkühlen lassen. Die Eier trennen und die Eigelbe unter den Grießbrei mischen. Die Eiweiße in einer Schüssel mit dem Handmixer steif schlagen und ebenfalls unter den Grießbrei heben. Eine Auflaufform mit Butter ausstreichen, die Hälfte des Grießbreis hineinfüllen und glatt streichen. Die Früchte mit der Flüssigkeit darauf verteilen. Den restlichen Grießbrei darübergeben und wieder glatt streichen. Die Butter in kleinen Flöckchen daraufsetzen und im auf 200 °C vorgeheizten Ofen 30 Minuten backen. Heiß oder kalt servieren.

Rhabarberkompott mit Vanillesauce

Vor ca. 250 Jahren hat man in England entdeckt, dass die Stiele des Rhabarber essbar sind. Sie werden zwischen April und Juni geerntet und als Kompott oder als Kuchen verarbeitet.

Zutaten für 6 Portionen:

1 kg Rhabarber
750 ml Wasser
500 ml Milch
1 TL Zitronensaft
½ TL Zimt
6 TL Speisestärke
½ Pkg. Vanillepuddingpulver
150 g + 2 EL Zucker
8 g Vanillezucker

Zubereitung:

Die Rhabarberstängel vom Blatt und vom Stielansatz befreien und die Schale abziehen. Die Stangen in 2 cm lange Stücke schneiden. Das Wasser, 150 g Zucker, Vanillezucker und Zitronensaft in einem Topf aufkochen lassen. Die Hitze reduzieren, die Rhabarberstücke hineingeben und 10 Minuten köcheln lassen. Die Speisestärke mit dem Zimt in etwas kaltem Wasser anrühren und unter Rühren in das Wasser gießen. Das Rhabarberkompott in eine Schüssel füllen und abkühlen lassen. Die Milch, das Vanillepuddingpulver sowie 2 Esslöffel Zucker in einer Kasserolle aufkochen und ebenfalls abkühlen lassen. Das Kompott in Dessertschüsseln servieren und mit etwas Vanillesauce übergießen.

Plattkepp

Dampfnudeln

Die im Saarland als Nachspeise beliebten warmen Hefekugeln fangen im Topf an zu knistern, wenn sie fertig sind. Sie haben dann eine Kruste aus Karamell. Erst dann darf der Topfdeckel geöffnet werden. Ansonsten fallen die Dampfnudeln zusammen.

Zutaten für 4 Portionen:

Teig:
500 g Mehl
100 g Butter
1 Ei
250 ml Milch
1 Prs. Salz
1 EL Zucker
1 Pkg. Vanillezucker
20 g Hefe
1 Zitrone, abgeriebene Schale davon

zum Dämpfen:
200 ml Milch
30 g Butter
1 EL Zucker
1 Pkg. Vanillezucker
1 Prs. Salz

Zubereitung:

Das Mehl in eine Schüssel geben, in die Mitte eine Vertiefung drücken und 4 Esslöffel lauwarme Milch, 1 Esslöffel Zucker sowie die zerbröckelte Hefe hineingeben und einen Vorteig anrühren. Die Butter in Stücke schneiden und in der erwärmten Milch schmelzen. Wenn der Vorteig Blasen wirft, das Ei, die Milch-Butter, den Vanillezucker, das Salz und die Zitronenschale hinzufügen und den Teig so lange kneten, bis er sich von der Schüssel und den Händen löst. Abgedeckt an einem warmen Ort 30 Minuten gehen lassen. Anschließend erneut durchkneten und Bällchen von Tischtennisballgröße formen. Mit Abstand auf ein mit Mehl bestäubtes Backblech legen, mit einem Tuch abdecken und nochmals 30 Minuten an einem warmen Ort gehen lassen. Zum „Dampfen“ die Milch in einer Kasserolle mit der Butter, dem Zucker und dem Salz kurz aufkochen lassen. Die Teigbälle mit etwas Abstand hineinsetzen und bei geschlossenem Deckel 3 Minuten garen, dann die Hitze reduzieren und auf kleinster Stufe 15 bis 20 Minuten dämpfen. Warten, bis die Dampfnudeln „knistern". Dazu gekochtes Obst, Butterbrösel oder Vanillesauce servieren.

Appelklotz

Gefüllter Apfel im Mürbeteig

Die Streuobstwiesen im Bliesgau sind berühmt für ihre köstlichen Äpfel. Am Brotbacktag gab es früher den Appelklotz als besondere Köstlichkeit zum Kaffee.

Zutaten für 4 Portionen:

Mürbeteig:
250 g Mehl
150 g kalte Butter, in Stücke geschnitten
1 Ei
70 g Zucker
1 Prs. Salz
4 Äpfel, säuerlich

Füllung:
100 g Butter
etwas Zucker
etwas Nüsse, gemahlen
etwas Zimt

Zubereitung:

Die Zutaten für den Mürbeteig in einer Schüssel mit den Händen schnell zu einem glatten Teig kneten. Wenn man ihn zu lange knetet, wird die Butter zu warm und der Mürbeteig brüchig. Den Teig zu einer Kugel formen, in Frischhaltefolie wickeln und 1 Stunde im Kühlschrank ruhen lassen. Für die Füllung die Butter, den Zucker, etwas Zimt und die Nüsse in einer Schüssel verkneten. Die Äpfel ausstechen und die Füllung hineingeben. Den Mürbeteig dünn ausrollen und die Äpfel darin einwickeln. Im auf 180 °C vorgeheizten Backofen 30 bis 40 Minuten backen.

Quark auf Holundersauce

Zutaten für 4 Portionen:
250 g Quark
3 Eiweiße
150 g Sahne
½ Zitrone, Saft und Schale davon
3 EL Zucker
1 Pkg. Vanillezucker

Sauce:
250 ml Holundersaft
1 Zimtstange
2 EL Zucker
1 TL Speisestärke

Zubereitung:
Die Eiweiße mit dem Handrührer steif schlagen, die Sahne ebenfalls. Den Quark, Zucker, Vanillezucker und Zitronenschale in einer Schüssel vermischen. Den Eischnee und die Sahne unter den Quark ziehen. In ein mit einem Mulltuch ausgelegtes Sieb füllen und im Kühlschrank 4 Stunden abtropfen lassen. Für die Holundersauce die Speisestärke mit etwas Wasser anrühren. Den Holundersaft mit der Zimtstange, dem Zitronensaft und dem Zucker in eine Kasserolle geben, die Speisestärke hinzugeben und unter Rühren zum Kochen bringen. Die Sauce auf Teller gießen. Mit 2 Esslöffeln die Quarkmasse abstechen, zu Klößen formen und auf den Tellern anrichten.

Viezcreme

Apfelweincreme

Zutaten für 4 Portionen:
Creme:
250 ml Viez (Apfelwein), süß
1 L Sahne
20 Löffelbiskuits
5 Eiweiße
125 g Zucker
12 Blatt Gelatine, weiß

Sauce:
2 Äpfel, säuerlich
2 cl Apfelschnaps
150 ml Viez (Apfelwein), feinherb
2 EL Mandelblättchen
2 EL Zucker

Zubereitung:

Für die Creme die Sahne in einer Schüssel mit dem Handrührer steif schlagen. Die Gelatine in wenig Wasser 10 Minuten quellen lassen. Ausdrücken, mit 250 ml Viez und dem Zucker in einem Topf unter Rühren erwärmen. Wenn der Zucker und die Gelatine sich aufgelöst haben, die Flüssigkeit und die Sahne unterziehen. Die Eiweiße in einer Schüssel mit dem Handrührer steif schlagen und unter die Sahnemischung heben. Die Löffelbiskuits am Rand einer Glasschale entlang verteilen. Dann die Viezcreme einfüllen und 2 Stunden kühl stellen. Die Äpfel schälen, die Kerngehäuse ausstechen und die Äpfel in Ringe schneiden. Die Mandelblättchen in einer Pfanne anrösten, mit dem Zucker bestreuen und etwas karamellisieren lassen. Mit 150 ml Viez ablöschen und den Apfelschnaps hinzugießen. Die Apfelringe hineinlegen und kurz dünsten. Die Viezcreme aus der Schüssel stürzen, in Portionen schneiden und mit den Apfelringen, den Mandelblättchen und der Sauce anrichten.

Mehlknepp mit Birnen

Mehlklöße mit eingekochten Birnen

Ein schnelles Gericht, wenn man die Birnen im Vorratsschrank hat. Ansonsten die Birnen am Vortag einkochen.

Zutaten für 4 Portionen:
3 kg Birnen
etwa 700 g Einmachzucker
2 Zitronen, Saft davon
1 L Wasser
Einmachgläser

Mehlknepp:
375 g Mehl
3 Eier
250 g Quark
150 ml Mineralwasser
1 Msp. Backpulver
Salz

Butterbrösel:
4 EL Semmelbrösel
2 EL Butter

Zubereitung:
Das Wasser und den Zitronensaft in eine große Schüssel geben. Die Birnen schälen, halbieren oder vierteln und die Kerngehäuse herausschneiden. Kurz in das Zitronenwasser geben und dann in die Einmachgläser schichten. Die Birnenschalen darauf legen. Je Einmachglas 500 ml Wasser mit 350 g Einmachzucker zum Kochen bringen, den Zucker auflösen, dann etwas abkühlen lassen und über die Birnen gießen. Die Einmachgläser mit Gummiringen verschließen und im Backofen bei 200 °C 60 Minuten sterilisieren. Für die Mehlknepp das Mehl in einer Schüssel mit Backpulver vermischen, die Eier mit dem Quark hinzugeben und verrühren. Einen Schuss Mineralwasser dazugießen und den Teig rühren, bis er zäh vom Löffel fällt. In einem großen Topf etwas Salz und Wasser zum Kochen bringen. Den Teig mit einem Löffel abstechen und in das heiße Wasser geben. Bei schwacher Hitze etwa 10 Minuten ziehen lassen. Wenn die Klöße an

die Oberfläche steigen, sind sie fertig. Für die Butterbrösel die Butter in einer Pfanne erhitzen und die Semmelbrösel darin unter Rühren goldbraun anbraten und über die auf Tellern verteilten Mehlknepp geben. eingekochte Birnen mit etwas Sauce hinzugeben.

Roschdische Ritter

Arme Ritter

Zutaten für 4 Portionen:
6 Brötchen
125 ml Milch
1 EL Zucker
2 Eier
Weckmehl (Semmelbrösel)
Fett zum Braten
Zimt-Zucker

Zubereitung:
Die Brötchen vierteln und in eine Schüssel geben. Die Milch, den Zucker und 1 Ei verquirlen, über die Brötchen gießen und diese 15 Minuten unter mehrmaligem Wenden gut durchziehen lassen. Das andere Ei verquirlen und mit dem Weckmehl in eine weitere Schüssel geben. Die Brötchenviertel in Ei und Weckmehl wenden. Das Fett in einer Pfanne erhitzen und die Brötchen darin von beiden Seiten goldbraun braten. Mit Zimt-Zucker bestreuen und heiß servieren. Dazu eingemachtes oder geschmortes Obst reichen.

Apfelspalten mit Viezschaum gratiniert

Zutaten für 4 Portionen:
Viezschaum:
250 ml Viez (Apfelwein)
5 Eigelbe
3 EL Puderzucker
1 TL Speisestärke
500 g Äpfel, säuerlich
2 EL Zucker
500 ml Wasser

Zubereitung:
Für den Viezschaum den Viez, die Eigelbe und den Zucker in einem Schlagkessel verrühren und mit dem Schneebesen im Wasserbad aufschlagen, bis die Eigelbe zu stocken beginnen und die Masse dick wird. Die Äpfel schälen, in Stücke schneiden, die Kerngehäuse entfernen und die Apfelspalten in einem Topf mit Wasser und Zucker weich dünsten. Die Apfelspalten in eine mit Butter ausgestrichene Auflaufform geben, den Viezschaum darüber verteilen und im auf 180 °C vorgeheizten Ofen etwa 10 Minuten gratinieren.

Viezpudding

Apfelweinpudding

Zutaten für 4 Portionen:
500 ml Viez (Apfelwein)
125 ml Sahne
1 Pkg. Vanillepuddingpulver
1 Pkg. Vanillezucker
2 EL Zucker

Zubereitung:
Den Viez und den Zucker in einem Topf erhitzen. Das Puddingpulver mit etwas Viez anrühren, dann in die köchelnde Flüssigkeit rühren, bis diese stockt. Den Pudding in Dessertschalen füllen und abkühlen lassen. Die Sahne und den Vanillezucker mit dem Handrührer steif schlagen, über den Pudding geben und servieren.

Viez-Creme-brûlée

Apfelwein-Creme-brûlée

Zutaten für 4 Portionen:
300 ml Viez (Apfelwein)
100 ml Apfelsaft
200 g saure Sahne
100 ml Sahne
6 Eier
100 g Zucker
4 EL Zucker zum Bestreuen

Zubereitung:
Den Zucker in einen Schlagkessel geben, den Apfelwein und den Apfelsaft hinzugießen. Den Zucker unter Rühren auflösen. Dann die Eier, die Sahne sowie die saure Sahne hinzugeben und im kochenden Wasserbad mit dem Schneebesen kurz aufschlagen. Dann die Masse auf 4 Schüsseln verteilen und im auf 90 °C vorgeheizten Backofen 60 Minuten stocken lassen. Aus dem Ofen nehmen und abkühlen lassen. Vor dem Servieren etwa 1 Esslöffel Zucker auf der Creme verteilen und mit einem Brenner den Zucker karamellisieren. Sofort servieren.

Crème Brûlée aus Ziegenfrischkäse mit Basilikum-Limonen-Sorbet

Ein Rezept von Cliff Hämmerle aus „Hämmerle's Restaurant" in Blieskastel.

Zutaten für 4 Portionen:
125 ml Milch
50 g Zucker
375 ml Sahne
6 Eigelb
100 g Ziegenfrischkäse

Sorbet:
500 g Zucker
500 ml Wasser
6 Limonen
4 Zitronen
20 g Basilikum
20 g Minze

Zubereitung:
Die Milch und den Zucker in einem Topf aufkochen. Die Sahne mit dem Eigelb in einer Schüssel verrühren. Die Milch-Zucker-Masse langsam mit der Eigelb-Sahne verrühren und den Ziegenfrischkäse hineinbröseln. Alles vermischen und im Wasserbad bei 100 °C 1 Stunde im Ofen garen. Anschließend aus dem Ofen nehmen, auskühlen lassen und mit braunem Rohrzucker bestreuen. Mit dem Gas-Bunsenbrenner oder unter dem Backofengrill abflämmen.

Für das Sorbet den Zucker mit dem Wasser in einem Topf aufkochen. Die Limonen und die Zitronen auspressen, den Saft zu der Zuckerlösung hinzugeben. Das Basilikum und die Minze im Mixer zerkleinern, alles mischen und in der Eismaschine fertigstellen.

Kirmessahne

Die Kirmessahne ist eine Art lockeres, sahnig geschlagenes Eis. Man bekommt sie pur oder auf Eisbällchen. Das nachfolgende Rezept ist nicht das Originalrezept aus dem Jahr 1923 für die Sahne, die es nur auf der saarländischen Kirmes gibt, doch hilft es über die Zeit bis zur nächsten hinweg.

Zutaten für 1 ½ Liter:
1 L Sahne
5 Eigelb
250 g Zucker, fein

Zubereitung:
Die Eigelbe und den Zucker zu einer dicken, hellgelben Schaummasse schlagen. Die Sahne in einem Schlagkessel im Wasserbad erhitzen. 2 Esslöffel der heißen Sahne unter die Eiercreme rühren, dann die restliche Sahne nach und nach unter kräftigem Rühren hinzufügen. Die Mischung in den Schlagkessel gießen und im Wasserbad unter ständigem Rühren zu einer dicklichen Konsistenz einkochen, die leicht am Löffel haftet. Dann in einer Schüssel mit Eiswasser die Creme unter Rühren abkühlen lassen. Die Masse in eine Eismaschine geben oder in einem Gefäß gefrieren lassen. Während des Anfrierens regelmäßig mit dem Schneebesen durchrühren, da so mehr Luft in das Eis kommt und es sehr cremig wird.

Bergmanns Gutzjer

Lakritzbonbons

Zutaten für 500 g:
500 g Zucker
2 Esslöffel Wasser
40 g Lakritzpulver
(aus der Apotheke)
1 EL Kakaopulver

Zubereitung:
Das Lakritzpulver und den Kakao mischen. Den Zucker mit dem Wasser in einem Topf unter Rühren schmelzen, bis er hellbraun geworden ist. Dann den Topf vom Herd nehmen und die Lakritz-Kakao-Mischung kräftig unterrühren. Die Masse auf ein mit Backpapier ausgelegtes Blech gießen, glatt streichen, in Stücke schneiden und noch warm zu Kugeln rollen. Die abgekühlten Bonbons in einer luftdicht verschlossenen Dose aufbewahren.

Karamellen

Karamellbonbons

Zutaten für 800 g:
500 g Zucker
200 ml Wasser
1 EL Honig
100 ml Sahne
2 EL Butter

Zubereitung:
Den Zucker, das Wasser und den Honig in einem Topf bei mittlerer Hitze unter Rühren so lange kochen, bis das Wasser verdampft ist. Dann die Sahne einrühren und den Topf vom Herd nehmen. Die Butter in Stückchen hinzufügen und gut vermengen. In kleinen Portionen auf Backpapier geben und erkalten lassen. Die Bonbons in einer luftdicht verschlossenen Dose aufbewahren.

AUFS BROT

Schmäa, Schmeer & Schmier

„Schmäa“, „Schmeer“ oder „Schmier“ werden im Saarland alle Arten von Brotaufstrichen genannt.

Eierschmier

Brotaufstrich mit Speck

Zutaten für 4 Portionen:

- 50 g Dürrfleisch, gewürfelt
- 500 ml Milch
- 2 Eier
- 2 EL Mehl
- 1 Prs. Muskatnuss
- 1 Schuss Maggi
- Pfeffer aus der Mühle
- Salz

Zubereitung:

Das Dürrfleisch in einer Pfanne ausbraten. Die Milch hinzugießen und heiß werden lassen. Die Eier mit dem Mehl glatt rühren, in die heiße Speckmilch einlaufen und unter Rühren aufkochen lassen, bis sie sämig steif ist. Mit Pfeffer, Salz, Muskat und Maggi abschmecken. Die Konsistenz soll so fest sein, dass die Eierschmier nicht vom Brot läuft.

Zwiwwelschmeer

Brotaufstrich mit Zwiebeln

Zutaten für 4 Portionen:

2–3 Zwiebeln, gehackt
500 ml Milch
2 Eier
2 EL Mehl
Butter zum Braten
2 EL Petersilie, gehackt
1 Prs. Muskatnuss
1 Schuss Maggi
Pfeffer aus der Mühle
Salz

Zubereitung:

Die Butter in einer Pfanne erhitzen und die Zwiebeln darin glasig anbraten. Die Milch hinzugießen und heiß werden lassen. Die Eier mit dem Mehl glatt rühren, die Petersilie untermischen, in die heiße Zwiebel-Milch einlaufen lassen und unter Rühren aufkochen lassen, bis sie sämig steif ist. Mit Pfeffer, Salz, Muskat und Maggi abschmecken. Die Konsistenz soll so fest sein, dass die Zwiwwelschmeer nicht vom Brot läuft.

Ringerschmaus

Eine saarländische Spezialität.

Zutaten für 2 Portionen:
250 g gekochter Schinken
2 Becher Schmand
100 g Käse, gerieben
1 Bund Schnittlauch, gehackt
1 Becher Tatare (Käse)
1 Baguette

Zubereitung:
Den Schinken in kleine Würfel schneiden und mit den restlichen Zutaten vermengen. Etwa ½ cm dick auf Baguettescheiben streichen und im auf 180 °C vorgeheizten Backofen 10 bis 15 Minuten backen.

Gefillde Wegg

Gefüllte Brötchen

Zutaten für 6 Portionen:
6 Doppelweck
2 Eier
3 Bund Petersilie, gehackt
50 g + 1 TL Butter
4 EL Milch
Salzwasser
1 Prs. Muskatnuss
Pfeffer aus der Mühle
Salz

Zubereitung:
Die Doppelbrötchen auseinanderbrechen und von der weichen Seite her aushöhlen. Die Eier in einer Schüssel verrühren und die herausgenommene Brotmasse darin weichen lassen. Dann die Petersilie hinzugeben und mit Muskat, Pfeffer und Salz würzen. Die Butter in einer Pfanne erhitzen und die eingeweichte Füllung darin anbraten. Vom Herd nehmen, die Füllung abkühlen lassen und in die ausgehöhlten Brötchen zurückgeben. Dann diese zubinden, so dass die Füllung nicht herausfallen kann. Wasser und etwa Salz in einem Topf erhitzen und die Brötchen darin kurz quellen lassen, bis sie schwammig werden. Die Brötchen herausnehmen, etwas abtropfen lassen und in einer Schüssel warm stellen. 1 Teelöffel Butter und die Milch in der Pfanne erhitzen und über die gefüllten Brötchen gießen. Dazu Salat servieren.

Saar-Breedcher

Gefüllte Brötchen mit Lyoner

Zutaten für 4 Portionen:
2 Doppelweck
4 EL Emmentaler, gerieben

Füllung:
16 Scheiben Lyoner, in Würfel geschnitten
2 Zwiebeln, in Würfel geschnitten
2 Äpfel, in Würfel geschnitten
Öl, zum Braten
etwas Sahne
2 Eier
1 Schuss Maggi
Pfeffer aus der Mühle
Salz

Zubereitung:
Das Öl in einer Pfanne erhitzen und die Zwiebeln, die Lyoner und die Äpfel darin anbraten. Die Mischung in einer Schüssel abkühlen lassen. Dann die Sahne, die Eier, Pfeffer, Salz und einen guten Schuss Maggi hinzugeben und vermischen. Die Doppelweck auseinanderbrechen und von der weichen Seite her aushöhlen. Die Lyoner-Mischung hineinfüllen, die Brötchen auf ein Backblech setzen und mit dem geriebenen Käse bestreuen. Im auf 180 °C vorgeheizten Backofen 10 Minuten backen.

Katerschmier

Zutaten für 4 Portionen:
2 Limburger Käse, klein
4 EL Wasser
500 ml Milch
2 Eier
2 EL Mehl
1 Msp. Zucker
1 EL Senf
1 Prs. Muskatnuss
Pfeffer aus der Mühle
Salz

Zubereitung:
Die Eier verquirlen. Das Mehl mit etwas Wasser anrühren. Den Käse in Stücke schneiden, das Wasser in einen Topf geben und die Käsestücke darin kurz kochen. Dann die Milch hinzugießen und unter Rühren aufkochen lassen. Unter weiterem Rühren das Mehl und die verquirlten Eier hinzufügen. Sämig einkochen und mit Senf, Muskat, Zucker, Pfeffer und Salz würzen. Die Katerschmier heiß oder kalt auf Brot streichen.

Scharf Schmäa oder Scharfschmier

Kochkäse aus dem Saarland

Zutaten für 4 Portionen:
1 Limburger Käse
30 g Butter
3 Eier
500 ml Milch, kalt
2 EL Mehl
½–1 EL Kümmel
Salz

Zubereitung:
Den Käse waschen und klein schneiden. Mit der Milch und etwas Salz in einer Kasserolle unter Rühren erhitzen. Das Mehl mit etwas Milch verquirlen, in die Käse-Milch einrühren und aufkochen lassen. Mit Pfeffer und Muskat würzen. Den Topf vom Herd nehmen und die Butter mit den Eiern unterziehen. Jetzt den Kümmel hinzugeben und unter Rühren erneut erhitzen, jedoch nicht kochen lassen, damit das Eiweiß nicht gerinnt.

Saarbrücker Kochkäse

Zutaten für 4 Portionen:
1 Harzer Käse, reif
250 g Quark, Magerstufe
125 g Butter
½ Pkg. Sahne-Schmelzkäse
100 ml Sahne
1 Prs. Natron
etwas Kümmel

Zubereitung:
Den Harzer Käse in Stücke schneiden und mit der Butter und dem Schmelzkäse in einen Schlagkessel geben. Auf dem kochenden Wasserbad rühren, bis die Käsestücke geschmolzen sind. Dann den Kessel aus dem Wasserbad nehmen und den Quark, das Natron, etwas Kümmel und die Sahne unterrühren. Den Kochkäse abkühlen lassen und kalt mit Bauernbrot servieren.

Kässchmeer

Angemachter Quark

Köstlich zu Pellkartoffeln, „Gereeschde“ oder „Owegeleede“ sowie zu Baguette

Zutaten für 4 Portionen:
500 g Quark
etwas Schnittlauch, gehackt
etwas Petersilie, gehackt
Milch
Salz

Zubereitung:
Den Quark mit den Kräutern in einer Schüssel mit Salz würzen und so viel Milch hinzugießen, bis die Masse cremig wird.

Schwademaache mit Mussig

Schwartenmagen mit Musik

Die Musik ist eine Sauce aus Zwiebeln, Essig, Öl, Kümmel, Pfeffer und Salz. Der Begriff „Musik" spielt auf die Geräusche an, die durch die Zwiebeln bei den anschließenden Verdauungsprozessen entstehen können. Durch den Kümmel werden sie gemildert.

Zutaten für 4 Portionen:
500 g Schwartenmagen
2 Gewürzgurken, in Scheiben geschnitten

Musik:
500 g Zwiebeln
6 EL Essig
2 EL Wasser
4 EL Öl
etwas Kümmel
Pfeffer aus der Mühle
Salz

Zubereitung:
Die Zwiebeln halbieren und in Scheiben schneiden, den Schwartenmagen in fingerdicke Scheiben schneiden. Die Zwiebeln und den Schwartenmagen abwechselnd in eine nicht zu große Schüssel schichten. Essig, Salz, Wasser, Öl, Pfeffer und Salz sowie etwas Kümmel verrühren und über den Schwartenmagen gießen. Die Gewürzgurken daraufgeben und an einem kühlen Ort 15 Minuten marinieren. Mit frischem Baguette servieren.

Hackschnittchen

Zutaten für 4 Portionen:
500 g Tartar (Rinderhackfleisch)
1 Zwiebel, gehackt
1 Ei
1 Schuss Maggi
1 Prs. Muskatnuss
Pfeffer aus der Mühle
Salz

Zubereitung:
Das Tartar, das Ei, Muskat und Maggi in einer Schüssel gut vermischen. Mit Pfeffer und Salz würzen, auf Baguettescheiben oder Brötchenhälften verteilen und die Zwiebeln darüberstreuen.

Saarländisches Frühstücksei

Eine saarländische Besonderheit, für die ein Frühstücksei mit 1 bis 2 Tropfen Maggi gewürzt wird.

Zutaten für 1 Portion:
2–3 Scheiben Baguette
1 Ei
Maggi
Butter
1 TL Essig
Salz

Zubereitung:
Wasser mit dem Essig in einem kleinen Topf zum Kochen bringen. Der Essig verhindert, dass die Eierschale platzt. Außerdem sollte man zimmerwarme Eier nehmen, da sehr kalte Eier im kochenden Wasser schneller aufplatzen. Das Ei an der dicken Unterseite anstechen und mit einem Esslöffel in das kochende Wasser geben. Je nach Größe etwa 3 bis 5 Minuten kochen, dann aus dem Wasser nehmen und kurz mit kaltem Wasser abschrecken. Das Ei in einen Eierbecher setzen, köpfen und Maggi in das Eigelb geben. Das Baguette mit Butter bestreichen, mit Salz bestreuen und zum Ei essen.

Siessschmier

Siessschmier ist die saarländische Bezeichnung für alle Arten von Konfitüren, die hier traditionell weiterhin aber auch „Marmelade" genannt werden. (Mit Erlass der „Konfitürenverordnung" von 1982 dürfen eigentlich nur noch Zitrusprodukte „Marmelade" heißen.)

Droscheleschmier

Stachelbeermarmelade

Zutaten:
1 kg Stachelbeeren, weiß oder rot
400–500 g Gelierzucker (2:1)
½–1 Zitrone, Saft davon

Zubereitung:
Die Stachelbeeren nach dem Waschen im Sieb abtropfen lassen, dann mit dem Zucker und dem Zitronensaft in einem Topf mit einem Stampfer leicht zerdrücken. Diese Masse 30 Minuten ziehen lassen, bei starker Hitze aufkochen und den dabei aufsteigenden Schaum mehrmals mit einer Schöpfkelle abschöpfen. Nach 3 bis 4 Minuten testen, ob diese „Schmier" den Geliertest besteht. In heiß ausgespülte Gläser füllen, verschließen und abkühlen lassen.

Apfelgelee

Durch das Mitkochen der Kerne und der Kerngehäuse erhält das Apfelgelee mehr Geschmack.

Zutaten für 2 kg:	1 L Wasser
1 ½ kg Äpfel	340 g Gelierzucker (2:1)

Zubereitung:

Die Äpfel vierteln und mit der Schale und dem Kerngehäuse in einen großen Topf geben. Das Wasser hinzugießen und bei geschlossenem Deckel aufkochen. Die Hitze reduzieren und 15 Minuten köcheln lassen, bis die oberen Äpfel anfangen zu zerfallen. Während dieser Zeit nicht umrühren, da das Apfelgelee sonst eintrübt. Ein großes Sieb mit einem Mulltuch auslegen und auf einen Topf stellen. Die Äpfel hineinfüllen und gut abtropfen lassen, nicht ausdrücken, da das Gelee sonst eintrübt. Den Saft ohne Deckel 10 Minuten sprudelnd einkochen. Den Saft abwiegen, die entsprechende Menge Gelierzucker hinzugeben und weitere 4 Minuten sprudelnd kochen. Das Apfelgelee in heiß ausgespülte Gläser füllen, gut verschließen und für einige Minuten auf den Kopf stellen. Dann die Gläser wieder umdrehen und vollkommen abkühlen lassen.

Sauerkirschmarmelade

Zutaten für 1,7 kg:
1 kg Sauerkirschen
2 Pkg. Gelierzucker (3:1)
750 g Zucker
2 cl Schnaps
(Kirschbranntwein)
1 EL Zimt
1 EL Zitronensaft

Zubereitung:
Die Kirschen entsteinen und in einen großen Topf geben. Den Gelierzucker und 6 Esslöffel Zucker unter die Kirschen mischen. Unter Rühren bei mittlerer Hitze aufkochen. Den restlichen Zucker untermengen und 3 Minuten sprudelnd kochen lassen. Den Schnaps, den Zitronensaft und den Zimt hinzugeben und die Kirschen mit dem Pürierstab zerkleinern. Die Kirschmarmelade in heiß ausgespülte Gläser füllen, gut verschließen und für einige Minuten auf den Kopf stellen. Dann die Gläser wieder umdrehen und auskühlen lassen.

Erdbeer-Rhabarbermarmelade

Zutaten für 1 kg:
500 g Erdbeeren
350 g Gelierzucker (2:1)
200 g Rhabarber, geschält, in kleinen Stücken

Zubereitung:
Den Rhabarber und die Erdbeeren in einem Topf mit dem Pürierstab pürieren. Den Zucker hinzugeben und 8 bis 10 Minuten bei 100 °C kochen. Dann in heiß ausgespülte Gläser füllen, verschließen und abkühlen lassen.

Rhabarbermarmelade

Zutaten für etwa 1 ½ kg:
1 kg Rhabarber
700 g Gelierzucker (3:1)
3 EL Zitronensaft

Zubereitung:
Die Rhabarberstängel schälen, in Würfel schneiden, in einem Topf mit dem Gelierzucker und dem Zitronensaft aufkochen. Mit dem Pürierstab pürieren und 4 bis 5 Minuten kochen. Die Marmelade in Gläser füllen, gut verschließen und für einige Minuten auf den Kopf stellen. Dann die Gläser wieder umdrehen und auskühlen lassen.

Zwetschgenmus aus dem Ofen

Zutaten für etwa 2 kg:
3 kg Zwetschgen (Pflaumen)
500 g Zucker
1 Zimtstange

Zubereitung:
Die Zwetschgen entsteinen, in Stücke schneiden, mit dem Zucker und der Zimtstange in einer Schüssel mischen und 24 Stunden ziehen lassen. In die Fettpfanne des Backofens geben und bei 150 °C eindicken. Dabei die Backofentür einen Spalt offen lassen, damit der Dampf abziehen kann. Während dieser Zeit gelegentlich umrühren. Die Zimtstange herausnehmen, das Mus in Gläser füllen, gut verschließen und für einige Minuten auf den Kopf stellen. Dann die Gläser wieder umdrehen und auskühlen lassen.

Quetscheschmier, Lequäärich oder Lattwerg

Zwetschgenmus

„Lattwerg" wird im Saarland „Lattwersch" ausgesprochen. Früher wurde Quetscheschmier in den großen kupfernen Waschkesseln gekocht. Das folgende Rezept verzichtet auf die Zugabe von Zucker; etwas Zucker wird höchstens am Ende der Kochzeit hinzugegeben, um den Geschmack abzurunden.

Zutaten für etwa 3 kg:
6 kg Zwetschgen (Pflaumen), reif
etwas Wasser
1 Stange Zimt

Zubereitung:
Die Zwetschgen entkernen, hacken, in einem Topf mit etwas Wasser bei schwacher Hitze 2 bis 3 Stunden kochen, bis sie eingedickt sind. Während dieser Zeit auf keinen Fall umrühren, sonst brennt das Mus an. Anschließend den Zimt hinzugeben und 2 bis 3 Stunden bei schwacher Hitze rühren. In heiß ausgespülte Gläser füllen, gut verschließen und für einige Minuten auf den Kopf stellen. Dann die Gläser wieder umdrehen und abkühlen lassen.

Fenner Harz

Diese saarländische Spezialität wird zum Bestreichen von Butterschmeer, Waffeln oder Reibekuchen gereicht oder zum Süßen von Backwaren verwendet.

Zutaten:
Zuckerrüben
Wasser

Zubereitung:
Die Zuckerrüben gut waschen und bürsten. Dann in kleine Schnitze scheiden und in einem Topf mit Wasser bei geringer Hitze weich kochen. Anschließend im Kochwasser 2 Stunden ziehen lassen. Die Flüssigkeit durch ein feines Sieb in einen Topf gießen und unter Rühren so lange bei mäßiger Hitze kochen, bis sie eine dickliche Konsistenz erreicht. Den dabei entstehenden Schaum regelmäßig mit einer Schaumkelle abnehmen. Den Sirup abkühlen lassen und in Gläser füllen.

Hardsschmeer, Harzschmier oder Butterschmeer mit Fenner Harz

Butterbrot mit Zuckerrübenkraut

Fenne ist der kleinste Stadtteil der Mittelstadt Völklingen. Früher gehörte „Fenner Harz" zu jedem saarländischen Frühstück, wenn es keine selbstgemachte Marmelade gab.

Zutaten:

Fenner Harz (Zuckerrübensirup)
Brot
Butter

Zubereitung:

Ein Brot mit Butter bestreichen und dann das Fenner Harz daraufgeben.

BACKWAREN

Kuchen & Tartes

Rahmkuchen

Zutaten für 2 Kuchen:

Teig:
500 g Mehl
250 ml Milch, lauwarm
80 g Butter
80 g Zucker
1 Prs. Salz
40 g Hefe

Belag:
400 g Crème fraîche
(alternativ: Schmand)
4 Eier
4 EL Zucker
1 Pkg. Vanillezucker

Zubereitung:

Die Hefe in eine kleine Schüssel bröckeln. 1 Teelöffel Zucker darüberstreuen und mit 3 Esslöffeln lauwarmer Milch verrühren. An einem warmen Ort gehen lassen, bis sich das Volumen verdreifacht hat. Die restlichen Zutaten für den Teig mit dem Vorteig in einer Schüssel kneten und abgedeckt an einem warmen Ort 40 Minuten gehen lassen. Zwei Springformen oder ein Backblech mit Butter ausstreichen, den Teig hineingeben, einen Rand formen und die Teigfläche mehrmals mit einer Gabel einstechen. Die Zutaten für die Rahmsauce in einer Schüssel verrühren, auf den Teig gießen, glatt streichen und im auf 200 °C vorgeheizten Backofen 30 Minuten backen.

Gefüllter Rahmkuchen

Zutaten für 2 Kuchen:

Teig:
500 g Mehl
250 ml Milch, lauwarm
80 g Butter
80 g Zucker
1 Prs. Salz
40 g Hefe

Füllung:
250 ml Milch
2 EL Grieß
1 EL Zucker
1 Prs. Salz

Rahmsauce:
400 g Crème fraîche
(alternativ: Schmand)
4 Eier
4 EL Zucker
1 Pkg. Vanillezucker

Zubereitung:

Die Hefe in eine kleine Schüssel bröckeln. 1 Teelöffel Zucker darüberstreuen und mit 3 Esslöffeln lauwarmer Milch verrühren. An einem warmen Ort gehen lassen, bis sich das Volumen verdreifacht hat. Die restlichen Zutaten für den Teig mit dem Vorteig in einer Schüssel verkneten und abgedeckt an einem warmen Ort 40 Minuten gehen lassen. 2 Springformen oder ein Backblech mit Butter ausstreichen, den Teig hineingeben, Ränder formen und die Teigflächen mehrmals mit einer Gabel einstechen. Für die Füllung die Milch in einen Topf gießen, den Grieß, den Zucker und etwas Salz hinzufügen. Bei schwacher Hitze unter Rühren etwa 15 Minuten zu einem Brei kochen. Dann den Topf vom Herd nehmen und den Brei abkühlen lassen. Die Füllung auf den Teig streichen und gleichmäßig verteilen. Die Zutaten für die Rahmsauce in einer Schüssel verrühren. Die Sauce auf die Füllung gießen, glatt streichen und im auf 200 °C vorgeheizten Backofen 30 Minuten backen.

Abbeldatschkuche´ oder Datschkuche´

Apfelkompott-Kuchen

Zutaten für 1 Kuchen:
Hefeteig:
250 g Mehl
20 g Hefe
125 ml Milch, lauwarm
40 g Butter
40 g Zucker
1 Prs. Salz

Abbeldatsch:
1 ½ kg Äpfel
1 EL Wasser
1 Eigelb, verquirlt

Zubereitung:
Für den Teig zwei Drittel des Mehls in eine Schüssel geben, in der Mitte eine Mulde eindrücken und die Hefe hineinbröseln. Mit wenig Zucker und lauwarmer Milch zu einem Vorteig anrühren und aufgehen lassen. Die restlichen Zutaten für den Teig hinzugeben, kneten und an einem warmen Ort abgedeckt 30 Minuten gehen lassen. Für den Abbeldatsch die Äpfel schälen, vierteln, das Kerngehäuse entfernen und die Äpfel mit dem Wasser bei schwacher Hitze weich dünsten. Anschließend durch ein Sieb streichen. Eine Springform mit Butter ausstreichen, mit drei Vierteln des Teigs auslegen und einen Rand hochziehen. Den Abbeldatsch auf den Teig geben und glattstreichen. Den Rest des Teigs ausrollen, Streifen ausradeln und gitterförmig auf das Apfelmus legen, mit dem Eigelb am Rand befestigen. Die Teigstreifen mit Eigelb bestreichen und den Kuchen im auf 170 °C vorgeheizten Ofen 30 bis 40 Minuten backen. Aus dem Ofen nehmen und in der Form abkühlen lassen.

Omas Viezkuche´

Apfelweinkuchen nach Art der Großmutter

Zutaten für 1 Kuchen:

Boden:
125 g Butter
125 g Zucker
1 Ei
250 g Mehl
1 Pkg. Vanillezucker
1 Pkg. Backpulver

Belag:
850 g Äpfel, säuerlich
2 Pkg. Vanillepuddingpulver
750 ml Viez (Apfelwein)
250 g Zucker
1 Pkg. Vanillezucker
400 ml Sahne
1 EL Kakaopulver

Zubereitung:

Für den Teig das Mehl in einer Schüssel mit dem Backpulver mischen. Dann die restlichen Zutaten hinzufügen und verkneten. Den Teig in eine gefettete Springform geben und einen Rand formen. Für den Belag die Äpfel schälen, entkernen, in kleine Würfel schneiden und auf dem Teigboden verteilen. Das Puddingpulver, den Viez, den Zucker und den Vanillinzucker unter Rühren in einem Topf aufkochen lassen. Die heiße Masse über die Äpfel gießen und den Kuchen im auf 175 °C vorgeheizten Backofen etwa 90 Minuten backen. Aus dem Ofen nehmen und in der Form 12 Stunden abkühlen lassen. Aus der Form nehmen, die Sahne steif schlagen, auf dem Kuchen verteilen und den Kakao darüberstreuen.

Quetschekuche´

Zwetschgenkuchen

Zutaten für 1 Backblech:

Hefeteig:
300 g Mehl
125 ml Milch, lauwarm
20 g Hefe
40 g Zucker
50 g Butter
1 Ei
1 Prs. Salz

Belag:
1 ½ kg Zwetschgen
Zucker
Zimt

Zubereitung:

Die Hefe in eine kleine Schüssel bröckeln. 1 Teelöffel Zucker darüberstreuen und mit 3 Esslöffeln lauwarmer Milch verrühren. An einem warmen Ort gehen lassen, bis sich das Volumen verdreifacht hat. Die restlichen Zutaten für den Teig mit dem Vorteig in einer Schüssel verkneten. Den Teig abgedeckt an einem warmen Ort 40 Minuten gehen lassen. Die Zwetschgen entsteinen und seitlich einkerben. Den Hefeteig auf einer bemehlten Arbeitsfläche ausrollen und auf ein eingefettetes Backblech legen. Die Zwetschgen nebeneinander in Reihen auf den Teig legen, so dass jede Reihe die vorige halb bedeckt. Mit etwas Zucker und Zimt bestreuen und im auf 200 °C vorgeheizten Ofen etwa 30 Minuten backen. Mit Schlagsahne servieren.

Apfel-Käsekuchen

Zutaten für 1 Kuchen:

Mürbeteig:
400 g Mehl
350 g Butter, kalt
160 g Zucker
2 Eier
1 Prs. Salz

500 g Backerbsen

Belag:
150 g Butter
60 g Marzipan-Rohmasse
150 g Zucker
3 EL Sahnepuddingpulver
3 Eier
750 g Magerquark
1 Zitrone, Saft davon
750 g Äpfel, säuerlich
½ Pkg. Mandelnblättchen

Zubereitung:

Für den Mürbeteig das Mehl in eine Schüssel sieben und mit den restlichen Zutaten zügig zu einem Teig verkneten. Zu einer Kugel formen, in Frischhaltefolie einwickeln und im Kühlschrank 1 Stunde ruhen lassen. Anschließend zwei Drittel des Teigs auf einer bemehlten Arbeitsfläche ausrollen und auf ein gefettetes Tortenblech legen. Backpapier auf den Teigboden legen und 500 g Erbsen daraufstreuen. Im auf 175 °C vorgeheizten Ofen 10 Minuten backen. Aus dem Ofen nehmen, die Erbsen sowie das Backpapier entfernen und den Tortenboden abkühlen lassen. Für den Belag das Marzipan in Stücke brechen, mit der weichen Butter in einer Schüssel mit dem Handmixer schaumig rühren. Den Quark, die Eier, den Zucker, 1 Esslöffel Zitronensaft und das Puddingpulver unterrühren. Den restlichen Mürbeteig ausrollen und den Rand der Springform damit auslegen. Anschließend die Quarkmischung hineingießen, glatt streichen und bei 175 °C 25 Minuten backen. Den restlichen Zitronensaft in einen Topf mit Wasser gießen. Die Äpfel schälen und vierteln, das Kerngehäuse herausschneiden. Die Apfelschnitze mehrmals an der Außenseite einschneiden, in den Topf mit der Wasser-Zitronensaft-Mischung geben und 2 Esslöffel Zucker hineinstreuen. Kurz aufkochen lassen, dann den Deckel darauflegen, die Hitze abschalten und die Apfelstücke 10 Minuten ziehen lassen. Den Kuchen aus dem Ofen nehmen. Mit einem Messer zwischen Teigrand und Füllung entlangfahren, damit die Füllung gleichmäßig aufgeht. Das Wasser aus dem Topf mit den Äpfeln abgießen, die Apfelviertel gut abtropfen lassen, auf den Kuchen legen und die Mandelblättchen darüberstreuen. Im auf 175 °C vorgeheizten Ofen auf der oberen Schiene 20 Minuten backen.

Beereflare

Birnenmuskuchen

Mit den Vorbereitungen sollte man bereits am Vortag beginnen.

Zutaten für 1 Kuchen:

Hefeteig:
500 g Mehl
75 g Butter
1 Ei
250 ml Milch, lauwarm
40 g Hefe
1 Prs. Salz
4 EL Zucker
Butter für die Form

Belag:
400 g getrocknete Birnenschnitze
reichlich Zucker
1 Msp. Sternanis, gemahlen
etwas Zimt
etwa 400 ml Weißwein
2 cl Birnenschnaps

Zubereitung:

Für den Vorteig die Hefe zerbröckeln, in eine Schüssel geben, 1 Teelöffel Zucker darüberstreuen und die Milch hinzugießen. Zugedeckt an einem warmen Ort 10 Minuten gehen lassen. Die Butter in einer Pfanne schmelzen und mit dem Mehl, dem Zucker, dem Salz und dem Vorteig zu einem glatten Teig kneten. Zugedeckt an einem warmen Ort in 30 Minuten zur doppelten Größe aufgehen lassen. Erneut kneten, ausrollen, in eine gefettete Springform geben und einen Rand formen. Für den Belag die Birnenschnitze über Nacht in einer Schüssel mit kaltem Wasser einweichen. Am nächsten Tag die Birnenschnitze in der Brühe kochen und durch ein Sieb streichen. Diesen Vorgang mehrmals wiederholen. Zum Schluss den Zucker hinzufügen und so lange kochen, bis das Mus dunkelbraun wird und glänzt. Dann den Sternanis, den Zimt, den Wein und den Schnaps unterrühren und erneut einkochen lassen. Den Teig dick mit dem Birnenmus bestreichen und im auf 220 °C vorgeheizten Ofen goldbraun backen.

Knappkuchen

Der Knappkuchen war bereits im 16. Jahrhundert bekannt. Das Wort „Knapp“ bezeichnete harte, trockene Speisen, die man zu Getränken „knabberte“.

Zutaten für 1 Backblech:
250 g Butter
300 g Zucker
etwa 250 g Mehl
6 Eier
2 Pkg. Vanillezucker
1 Pkg. Backpulver

Zubereitung:
Die Butter, den Zucker und die Eier mit dem Vanillezucker in einer Schüssel mit dem Handrmixer schaumig schlagen. Das Mehl mit dem Backpulver mischen und unter die Butter-Ei-Masse rühren. So lange rühren, bis der Teig so trocken ist, dass man ihn auf ein gefettetes Backblech drücken kann. Im auf 200 °C vorgeheizten Ofen 10 bis 15 Minuten goldgelb backen und noch warm in kleine Stücke schneiden.

Knappkuchen nach alter Art

Zutaten für 1 Backblech:

- 1 ½ kg Mehl
- 7 Eier
- 375 g Butter
- 375 g Zucker
- 1 Pkg. Hirschhornsalz
- 5 Pkg. Vanillezucker
- etwas Butter, weich

Zubereitung:

Das Mehl mit dem Hirschhornsalz in einer Schüssel mischen. Dann die restlichen Zutaten hinzugeben und alles gut vermengen. 1 cm dick auf ein gefettetes Backblech streichen. Mit Butter bestreichen und mit Zucker bestreuen. Den Kuchen in Stücke schneiden und im auf 175 °C vorgeheizten Ofen 15 Minuten backen.

Knappkuchen mit Nüssen

Zutaten für 1 Backblech:
250 g Butter
300 g Zucker
etwa 250 g Mehl
4 EL Haselnüsse, gemahlen
6 Eier
2 Pkg. Vanillezucker
1 Pkg. Backpulver

Zubereitung:
Die Butter, den Zucker und die Eier mit dem Vanillezucker in einer Schüssel mit dem Handmixer schaumig rühren. Das Mehl mit dem Backpulver mischen und nach und nach unter die Butter-Ei-Masse rühren. Anschließend die Haselnüsse unterkneten. So lange rühren, bis der Teig so trocken ist, dass man ihn auf ein gefettetes Backblech drücken kann. Im auf 200 °C vorgeheizten Ofen 10 bis 15 Minuten goldgelb backen und noch warm in kleine Stücke schneiden.

Knappkuchen mit Viez

Eine Knappkuchen-Variation aus der Region Saar-Obermosel, bei der man Eischnee unterhebt und zum Kuchen ein Glas Viez trinkt.

Zutaten für 2 Backbleche:
250 g Butter
250 g Zucker
4 Eier, getrennt
250 g Mehl
½ Pkg. Backpulver
125 g Mandelstifte
3 EL Zucker
1 TL Zimt
1 L Viez (Apfelwein)

Zubereitung:
Die weiche Butter in einer Schüssel mit den Handmixer schaumig rühren. Nach und nach den Zucker, die Eigelbe, das Mehl und das Backpulver hinzugeben. Die Eiweiße steif schlagen und unter den Teig ziehen, diesen anschließend auf 2 gefettete Backbleche streichen und mit den Mandelstiften und etwas Zimt und Zucker bestreuen. Im auf 200 °C vorgeheizten Ofen 10 bis 15 Minuten goldgelb backen. Noch warm in Rauten schneiden und sofort servieren und dazu einen Krug Viez auf den Tisch stellen.

Kirschkuchen

Im Saarland hat man schon immer
„die Kirsche im Dorf gelasse“.

Zutaten für 1 Kuchen:
Butter für die Form
1,2 kg Sauerkirschen
250 g Mehl
3 TL Backpulver
1 Prs. Salz

Teig:
2 Eier
2 Eiweiß
125 g Butter
4 EL Zucker
100 g Mandeln, gemahlen

Streusel:
200 g Mehl
125 g Zucker
125 g Butter
½ TL Zimt, gemahlen

Zubereitung:

Für den Teig die Eier trennen. Die Eiweiße in einer Schüssel mit dem Handmixer steif schlagen und in den Kühlschrank stellen. Die Butter, den Zucker und die Eigelbe 4 bis 5 Minuten mit dem Handmixer schaumig rühren, dann die Mandeln dazu geben. Das Mehl mit dem Backpulver und dem Salz vermengen, unter die Eigelb-Mischung rühren, den Eischnee unterheben. Den Teig in eine gebutterte Springform füllen. Die Zutaten für die Streusel in einer Schüssel mit dem Knethaken vermischen. Die Sauerkirschen und die Streusel auf dem Teig verteilen und den Kuchen im auf 200 °C vorgeheizten Ofen 25 bis 30 Minuten backen.

Grummbeerekuche´

Kartoffelkuchen

Zutaten für 1 Kuchen:

Teig:
375 g Kartoffeln
125 g Haselnüsse, gemahlen
3 Eier
250 g Zucker
100 g Mehl
1 Zitrone, abgeriebene Schale davon
75 g Zitronat
2 EL Butter
2 EL Paniermehl
1 TL Backpulver
1 Prs. Nelken, gemahlen
1 TL Zimt

Lasur:
200 g Puderzucker
2 TL Zitronensaft
1 Eiweiß

Zubereitung:

Die ungeschälten Kartoffeln in einem Topf mit Wasser 20 bis 30 Minuten gar kochen, abgießen, abkühlen lassen und pellen. Durch eine Presse drücken. Die Eier trennen, die Eigelbe und den Zucker in einer Schüssel mit dem Handrührer 15 Minuten hellschaumig schlagen. Das Mehl, das Backpulver, die Nelken und den Zimt mischen, dann unter Rühren mit dem Handmixer über die Eischaum-Masse sieben. Die abgeriebene Zitronenschale unterrühren. Das Eiweiß sehr steif schlagen und mit den Kartoffeln, den Haselnüssen und dem Zitronat unter die Eischaum-Masse ziehen. Eine Springform mit Butter ausstreichen und mit Paniermehl ausstreuen. Den Kartoffelteig einfüllen und glatt streichen. Im auf 200 °C vorgeheizten Backofen 50 bis 60 Minuten backen. Anschließend aus dem Ofen nehmen, den Kuchen aus der Form lösen und abkühlen lassen. Für die Glasur den Puderzucker und das Eiweiß schaumig schlagen, den Zitronensaft unterrühren, die Glasur auf den Kuchen gießen und gleichmäßig verteilen.

Mirabellentarte

Mirabellentorte

Zutaten für 1 Tarte:
Mürbeteig:
400 g Mehl
350 g Butter, kalt
160 g Zucker
2 Eier
1 Prs. Salz
500 g Backerbsen

Belag:
70 g Mirabellen, entsteint
1 Ei, verquirlt

Sirup:
140 g Zucker
150 ml Wasser
1 EL Mirabellengeist

Zubereitung:
Für den Mürbeteig das Mehl in eine Schüssel sieben und mit den restlichen Zutaten zügig zu einem Teig verkneten. Anschließend zu einer Kugel formen, in Frischhaltefolie einwickeln und im Kühlschrank 1 Stunde ruhen lassen. Den Teig auf einer bemehlten Arbeitsfläche ausrollen und auf ein gefettetes Tortenblech legen. Den Rand hochdrücken. Backpapier auf den Teigboden legen und 500 g Backerbsen daraufstreuen. Im auf 175 °C vorgeheizten Ofen 10 Minuten backen. Aus dem Ofen nehmen, die Erbsen sowie das Backpapier entfernen und den Tortenboden abkühlen lassen. Für den Belag den Teigboden mit dem verquirlten Eigelb einpinseln, die Mirabellen darauflegen und im auf 180 °C vorgeheizten Ofen 30 Minuten backen. Für den Sirup den Zucker und das Wasser aufkochen lassen. Vom Herd nehmen und 20 Minuten abkühlen lassen. Anschließend den Mirabellengeist hineinrühren, die Tarte mit dem Sirup übergießen und lauwarm oder kalt servieren.

Saarländischer Rhabarberkuchen

Zutaten für 1 Tortenboden:

Mürbeteig:
400 g Mehl
350 g Butter, kalt
160 g Zucker
2 Eier
1 Prs. Salz
500 g Backerbsen

Belag:
1 kg Rhabarber
125 g Zucker
200 g saure Sahne
½ Zitrone, Saft davon
2 EL Mehl
2 EL Zucker
2 Eier

Zubereitung:

Für den Mürbeteig das Mehl in eine Schüssel sieben und mit den restlichen Zutaten zügig zu einem Teig verkneten. Zu einer Kugel formen, in Frischhaltefolie einwickeln und im Kühlschrank 1 Stunde ruhen lassen. Anschließend den Teig auf einer bemehlten Arbeitsfläche ausrollen und auf ein gefettetes Tortenblech geben. Den Rand hochdrücken. Backpapier auf den Teigboden legen und 500 g Backerbsen daraufstreuen. Im auf 175 °C vorgeheizten Ofen 10 Minuten backen. Aus dem Ofen nehmen, die Erbsen sowie das Backpapier entfernen und den Tortenboden abkühlen lassen. Den Rhabarber schälen, in 3 cm lange Stücke schneiden, in einer Schüssel mit 125 g Zucker vermischen. 30 Minuten ziehen lassen. Dann in einer Pfanne 2 bis 3 Minuten andünsten und in einem Sieb abtropfen lassen. Die Eier trennen. Die saure Sahne, den Zitronensaft, das Mehl, den Zucker und die Eigelbe in einer Schüssel gut verrühren. Die Eiweiße mit dem Handmixer steif schlagen. Den Eischnee unter den gedünsteten Rhabarber rühren. Die Rhabarbermischung auf dem Mürbeteig verteilen, die Sahnemischung darüberstreichen. Im auf 200 °C vorgeheizten Ofen 15 Minuten auf der unteren Schiene backen. Dann aus dem Ofen nehmen und in der Form auskühlen lassen.

Rhabarberkuchen mit Eierguss

Zutaten für 1 Tortenboden:

Mürbeteig:
400 g Mehl
350 g Butter, kalt
160 g Zucker
2 Eier
1 Prs. Salz
500 g Backerbsen

Belag:
500 g Rhabarber
150 g Sahne
2 Eier
2 EL Zucker
2 EL Vanillepuddingpulver

Zubereitung:

Für den Mürbeteig das Mehl in eine Schüssel sieben und mit den restlichen Zutaten zügig zu einem Teig verkneten. Zu einer Kugel formen, in Frischhaltefolie einwickeln und im Kühlschrank 1 Stunde ruhen lassen. Anschließend den Teig auf einer bemehlten Arbeitsfläche ausrollen und auf ein gefettetes Tortenblech legen. Den Rand hochdrücken. Backpapier auf den Teigboden legen und 500 g Backerbsen daraufstreuen. Im auf 175 °C vorgeheizten Ofen 10 Minuten backen. Aus dem Ofen nehmen, die Erbsen sowie das Backpapier entfernen und den Tortenboden abkühlen lassen. Für den Belag den Rhabarber schälen, in 3 cm lange Stücke schneiden und auf dem Tortenboden verteilen. Für den Eierguss die Eier, die Sahne, den Zucker und das Puddingpulver verrühren, über den Rhabarber gießen und im auf 200 °C vorgeheizten Ofen 25 bis 30 Minuten backen.

Riemelestarte mit Birnen

Birnentorte mit Teiggitter

Die Teigstreifen mit denen der Kuchen belegt wird „Rimeles“ genannt .

Zutaten für 1 Tortenboden:
Mürbeteig:
400 g Mehl
350 g Butter, kalt
160 g Zucker
2 Eier
1 Prs. Salz
500 g Backerbsen

Belag:
500 g Birnen
100 g Butter, zerlassen
1 Eigelb
50 g Mandelblättchen

Zubereitung:
Für den Mürbeteig das Mehl in eine Schüssel sieben und mit den restlichen Zutaten zügig zu einem Teig verkneten. Zu einer Kugel formen, in Frischhaltefolie einwickeln und im Kühlschrank 1 Stunde ruhen lassen. Anschließend den Teig auf einer bemehlten Arbeitsfläche ausrollen und auf ein gefettetes Tortenblech legen. Den Rand hochdrücken. Backpapier auf den Teigboden legen und 500 g Erbsen daraufstreuen. Im auf 175 °C vorgeheizten Ofen 10 Minuten backen. Aus dem Ofen nehmen, die Erbsen sowie das Backpapier entfernen und den Tortenboden abkühlen lassen. Für den Belag die Birnen schälen, vierteln, entkernen und in dünne Spalten schneiden. Den Tortenboden mit wenig zerlassener Butter bestreichen, die Birnenspalten darauflegen und mit der restlichen Butter beträufeln. Den restlichen Mürbeteig ausrollen und mit einem gezackten Teigrad in Streifen schneiden. Die Streifen über den Birnen zu einem Gitter flechten und dieses am Rand des Bodens andrücken. Mit dem Eigelb bestreichen und die Mandelblättchen darüberstreuen. Im auf 175 °C vorgeheizten Ofen 30 Minuten backen.

Saarbrücker Käsekuchen

Zutaten für 1 Kuchen:

Teig:
200 g Mehl
100 g Zucker
100 g Butter
1 Ei
1 Pkg. Vanillezucker
½ Pkg. Backpulver

Käsemasse:
750 g Quark, Magerstufe
250 ml Milch
150 g Zucker
4 Eier
1 Pkg. Vanillezucker
1 Pkg. Vanillepuddingpulver

Zubereitung:

Das Mehl und das Backpulver in einer Schüssel mischen. Die restlichen Zutaten hinzugeben und zu einem Teig verkneten. Auf einer bemehlten Arbeitsfläche ausrollen und eine mit Butter ausgestrichene Springform damit auslegen. Die Eier trennen und den Eischnee mit dem Handmixer steif schlagen und mit den Zutaten für die Käsemasse verrühren, auf den Teig geben, glatt streichen und im auf 180 °C vorgeheizten Ofen 60 Minuten backen.

Bauern-Käsekuchen

Zutaten für 1 Kuchen:

Mürbeteig:
400 g Mehl
350 g Butter, kalt
160 g Zucker
2 Eier
4 cl Rum
1 Prs. Salz

500 g Backerbsen

Belag:
500 g Quark (Magerstufe)
250 g Quark (40%)
125 g Zucker
1 Ei
2 Eigelb (Eiweiß aufheben für den Guss)
500 ml Milch
200 g Sahne
1 Pkg. Sahnepuddingpulver

Guss:
2 Eiweiß
2 EL Zucker
1 Prs. Salz

Zubereitung:

Für den Mürbeteig das Mehl in eine Schüssel sieben und mit den restlichen Zutaten zügig zu einem Teig verkneten. Zu einer Kugel formen, in Frischhaltefolie einwickeln und im Kühlschrank 1 Stunde ruhen lassen. Den Teig auf einer bemehlten Arbeitsfläche ausrollen und auf ein gefettetes Tortenblech geben. Den Rand hochdrücken. Backpapier auf den Teigboden legen und 500 g Backerbsen daraufstreuen. Im auf 175 °C vorgeheizten Ofen 10 Minuten backen. Dann aus dem Ofen nehmen, die Erbsen sowie das Backpapier entfernen und den Tortenboden abkühlen lassen. Die Zutaten für den Belag verrühren und auf den Mürbeteig geben. Im auf 140 °C vorgeheizten 1 Stunde backen. Für den Guss die Eiweiße mit dem Salz und dem Zucker in einer Schüssel mit den Handmixer sehr steif schlagen. Nach Ende der Backzeit den Guss auf dem Kuchen vorsichtig verteilen und eine weitere Stunde bei 130 °C hellbraun backen. Aus dem Ofen nehmen und in der Form auskühlen lassen.

Weinpuddingkuchen

Zutaten für 1 Kuchen:

Mürbeteig:
400 g Mehl
350 g Butter, kalt
160 g Zucker
2 Eier
1 Prs. Salz

Belag:
250 ml Weißwein von der Mosel
275 g Zucker
2 Pkg. Puddingpulver
1 Dose gemischte Früchte (Ananas, Apfel, Birnen, Stachelbeeren etc.)
1 ½ kg Rhabarber

Zubereitung:

Für den Mürbeteig das Mehl in eine Schüssel sieben und mit den restlichen Zutaten zügig zu einem Teig verkneten. Zu einer Kugel formen, in Frischhaltefolie einwickeln und im Kühlschrank 1 Stunde ruhen lassen. Den Teig auf einer bemehlten Arbeitsfläche ausrollen und auf ein gefettetes Tortenblech geben. Den Rand hochdrücken. Den Rhabarber schälen, in 3 cm lange Stücke schneiden, kurz in einem Topf mit Wasser aufbrühen und gut abtropfen lassen. Das Obst aus der Dose in ein Sieb geben und ebenfalls gut abtropfen lassen. Den Wein, das Puddingpulver und den Zucker zu einem steifen Pudding kochen. Das Obst untermischen und auf dem Mürbeteig verteilen. Im auf 200 °C vorgeheizten Ofen 1 Stunde backen. Aus dem Ofen nehmen und den Kuchen in der Form abkühlen lassen.

Johannisbeerkuchelche

Johannisbeerkuchen

Zutaten für 1 Kuchen:
Mürbeteig:
Mürbeteig:
400 g Mehl
350 g Butter, kalt
160 g Zucker
2 Eier
1 Prs. Salz

Belag:
500 g Johannisbeeren
3 Eier
100 g Zucker
125 g Mandeln, gerieben

2–3 EL Puderzucker

Zubereitung:
Für den Mürbeteig das Mehl in eine Schüssel sieben und mit den restlichen Zutaten zügig zu einem Teig verkneten. Zu einer Kugel formen, in Frischhaltefolie einwickeln und im Kühlschrank 1 Stunde ruhen lassen. Den Teig auf einer bemehlten Arbeitsfläche ausrollen und auf ein gefettetes Tortenblech geben. Den Rand hochdrücken. Für den Belag die Eier trennen. Die Eigelbe mit der Hälfte des Zuckers schaumig rühren und die Mandeln untermischen. Die Eiweiße mit dem restlichen Zucker steif schlagen, unter die Eigelb-Mandel-Masse heben. Dann die Johannisbeeren unter die Creme mischen und im auf 190 °C vorgeheizten Ofen 40 Minuten backen. Aus dem Ofen nehmen und nach dem Erkalten mit Puderzucker bestreuen.

Butterkuchen mit Schmand

Zutaten für 1 Backblech:

600 g Mehl
1 Würfel Hefe
200 ml Milch
2 EL Milch, lauwarm
400 g Crème fraîche (alternativ: Schmand)
140 g Zucker
½ TL Salz
250 g Butter, weich
2 Eier
1 Zitrone, unbehandelt
1 Pkg. Vanillezucker

Zubereitung:

Die Hefe in lauwarme Milch hineinbröckeln, darin auflösen und zum Mehl geben. 2 Esslöffel Schmand, 75 g Zucker, Salz, 100 g Butterflöckchen, die Eier und die abgeriebene Zitronenschale zum Mehl hinzufügen. Den Teig kneten und abgedeckt an einem warmen Ort 1 Stunde gehen lassen. Anschließend auf einer bemehlten Arbeitsfläche nochmal kräftig durchkneten, ausrollen und in das gefettete Backblech drücken. Abgedeckt 15 Minuten an einem warmen Ort gehen lassen, dann die restliche Butter in Flöckchen und den restlichen Zucker auf den Teig geben. Im auf 220 °C vorgeheizten Ofen 10 bis 15 Minuten backen. Den Kuchen aus dem Ofen nehmen. Den restlichen Schmand und den Vanillezucker verrühren und auf den heißen Kuchen streichen.

Grimmelkuchen

Streuselkuchen

Zutaten für 1 Kuchen:
½ Würfel Hefe
1 TL Zucker
250 ml Milch, lauwarm
60 g Butter
500 g Mehl
40 g Zucker
1 Prs. Salz

Streusel:
250 g Mehl
250 g Mandeln, gehackt
250 g Butter
150 g Zucker

Zubereitung:
Einen Vorteig bereiten, dafür die Hefe zerbröckeln, 1 Teelöffel Zucker darüberstreuen und die Milch hinzugießen. Zugedeckt an einem warmen Ort 10 Minuten gehen lassen. Die Butter schmelzen und mit dem Mehl, dem Zucker und dem Salz mit dem Vorteig in einer Schüssel zu einem glatten Teig kneten. Zugedeckt an einem warmen Ort 30 Minuten zur doppelten Größe aufgehen lassen. Noch einmal kneten und ausrollen und auf einem mit Backpapier ausgelegten Backblech auslegen. Erneut 30 Minuten an einem warmen Ort gehen lassen. Für die Streusel die Zutaten in einer Schüssel mit den Händen zu „Grimmeln“ (Streuseln) zusammendrücken. Auf dem Teig verteilen und im auf 180 °C vorgeheizten Ofen 30 Minuten backen.

Eiweißkuchen

Zutaten für 1 Kuchen:
100 g Butter
100 g Puderzucker
100 g Mandeln, gemahlen
75 g Mehl
1 EL Backpulver
5 EL Grand Marnier
4 Eiweiße
1 Prs. Salz

Zubereitung:
Die Butter in einer kleinen Pfanne bei schwacher Hitze schmelzen lassen. In einem Schlagkessel die Mandeln, den Puderzucker und das Mehl mischen. Ins heiße Wasserbad stellen, unter Rühren nach und nach die flüssige Butter hineingießen und 5 Minuten schlagen. Dann die Schüssel aus dem Wasserbad nehmen und das Backpulver sowie Rum unterrühren. Die Eiweiße in einer Schüssel mit dem Handmixer steif schlagen und das Salz hinzugeben. Den Teig zum Eischnee geben und unterziehen. Eine kleine Springform mit Butter auspinseln und mit Mehl ausstäuben. Den Teig hineinfüllen und im auf 180 °C vorgeheizten Ofen 30 bis 35 Minuten goldbraun backen. Aus dem Ofen nehmen, in der Form abkühlen lassen und anschließend mit Puderzucker bestäuben.

Kranzkuchen

Zutaten für 1 Kuchen:
400 g Mehl
150 g Butter
15 g Hefe
250 ml Milch
50 g Zucker
3 Eigelbe
1 Prs. Salz

weiter:
150 g Zucker
3 TL Zimt
Butter zum Bestreichen

Zubereitung:
Das Mehl, die Butter, die Hefe, die Milch, den Zucker, die Eigelbe und Salz mischen. Abgedeckt an einem warmen Ort 30 Minuten gehen lassen. Eine Kranzform (Backform) mit Butter ausstreichen. Den Zucker und den Zimt mischen. Von dem Teig Stücke mit 5 Zentimetern Durchmesser abreißen und gut im Zimt-Zucker wälzen. Nebeneinander und übereinander in die Form setzen, mit Butter bestreichen. Im auf 180 °C vorgeheizten Ofen 30 Minuten backen.

Kleine Backwaren

Hefezopf

Zutaten für 1 Kuchen:
600 g Mehl
2 EL Butter
100 g Zucker
2 Eier
500 ml Milch
40 g Hefe
1 Prs. Salz

Füllung:
2 EL Butter
2 Eier
5 EL Zucker
1 Pkg. Vanillezucker
1 EL Rum
100 g Haselnüsse, gemahlen

Zubereitung:
Die Zutaten für den Teig rechtzeitig aus dem Kühlschrank nehmen und auf Zimmertemperatur erwärmen lassen. Das Mehl in einer Schüssel mit dem Zucker und dem Salz mischen. Die Milch in eine Kasserolle gießen und leicht erwärmen. Dann die Hefe hineinbröckeln, darin auflösen und Butter darin schmelzen. Die Hefe-Milch und 1 Ei unter das Mehl kneten, so lange weiterkneten, bis sich der Teig vom Schüsselrand löst. Die Schüssel mit einem Tuch abdecken und den Teig an einem warmen Ort 30 Minuten gehen lassen. Nochmals auf einer bemehlten Arbeitsfläche durchkneten. Für die Füllung die Butter, den Zucker und die Eier mit dem Handmixer schaumig rühren. Dann den Vanillezucker, die Haselnüsse und den Rum hinzufügen. Den Teig ausrollen und die Füllung darauf verteilen. In 3 Teile schneiden, jedes der Länge nach zusammenrollen und einen Zopf flechten. Backpapier auf ein Backblech legen, den Hefezopf daraufsetzen, auf der mittleren Schiene im auf 200 °C vorgeheizten Ofen 15 Minuten backen. Dann die Temperatur auf 175 °C reduzieren, den Hefezopf mit Backpapier abdecken und 30 Minuten goldbraun backen. Den Zopf kurz vor dem Ende der Backzeit mit Butter bestreichen.

Quarksticksche

Quarktaschen

Quarksticksche sind ein altes saarländisches Gebäck. „Sticksche“ ist die Abkürzung von „Kaffeesticksche“, ein Gebäck-Teilchen.

Zutaten für 8–10 Stück:

Quarkteig:
1 kg Weizenmehl
1 kg Butter oder Butterschmalz
1 kg Quark

Füllung:
1 kg Äpfel
400 g Rosinen
Zimt, gemahlen
3 Zitronen, Saft davon

Glasur:
500 g Puderzucker
1 Zitrone, Saft davon

Zubereitung:

Für den Teig das Mehl, den kalten Quark und die kalte Butter mit dem Knethaken zu einem Teig kneten und anschließend in den Kühlschrank stellen. Für die Füllung die Äpfel schälen, das Kerngehäuse ausstechen und die Äpfel in 3 bis 5 mm dicke Spalten schneiden. Diese in einer Schüssel mit dem Zitronensaft übergießen, den Zimt darüberstreuen, die Rosinen hinzugeben und vorsichtig durchheben. Den Teig aus dem Kühlschrank nehmen, auf einer bemehlten Arbeitsfläche ausrollen und in 10 x 10 cm große Quadrate schneiden. In die Mitte der Teigstücke je 1 Esslöffel der Apfelfüllung geben und den Teig von den Ecken zur Mitte zusammenfalten. An den Kanten zusammendrücken, damit der Saft beim Backen nicht ausläuft. Die Quarksticksche auf ein mit Backpapier ausgelegtes Backblech geben und im auf 190 bis 200 °C vorgeheizten Ofen 15 bis 20 Minuten goldbraun backen. Für die Glasur den Puderzucker und den Zitronensaft in einer Schüssel zu einer zähflüssigen Sauce verrühren. Die Quarktaschen aus dem Ofen nehmen, auf ein Gitter zum Abkühlen stellen und mit je 1 Esslöffel Glasur bepinseln.

Weckmännchen aus Saarbrücken

Rund um den St. Johanner Markt in der Saarbrücker Altstadt kann man im Dezember das Christkindl treffen. Auch Knecht Ruprecht eilt durch die Gassen, um Weckmännchen an die Kinder zu verteilen.

Zutaten für 4 Stück:

Teig:
1 kg Mehl
2 Pkg. Trockenhefe
1 TL Salz
2 EL Zucker
1 Pkg. Vanillezucker
1 Zitrone, abgeriebene Schale davon
120 g Butter
500 ml + 50 ml Milch
2 Eier

Verzierung:
Rosinen
Mandeln, geschält + Mandelstifte
4 kleine Tonpfeifen

Zubereitung:

Das Mehl, die Hefe, den Zucker, den Vanillezucker, das Salz und die Zitronenschale in einer Schüssel mischen, in die Mitte eine Mulde drücken. Dann die Butter schmelzen und mit 500 ml Milch und 1 Ei hinzugeben. Zu einem glatten Teig verkneten und zugedeckt an einem warmen Ort 30 Minuten gehen lassen. Den Teig erneut auf einer bemehlten Arbeitsfläche durchkneten und in 4 Teile teilen. Von jedem Teil ein Drittel abnehmen und daraus Kopf und Arme formen. Die übrigen Teigstücke zur Rolle formen, diese für die Beine bis zur Mitte einschneiden und leicht auseinander biegen. Das restliche Ei trennen und Körper, Kopf und Arme der Weckmännchen an den Nahtstellen mit verquirltem Eiweiß bestreichen, anschließend zusammensetzen. Auf ein mit Backpapier ausgelegtes Backblech legen. Das Eigelb und 50 ml Milch verrühren und die Weckmänner damit bestreichen. Mit Rosinen, Mandeln und Pfeifen verzieren und im auf 200 °C vorgeheizten Backofen 20 Minuten backen.

Faasekiechelscher

Fastnachtskrapfen

„S´is Faasenacht, s´is Faasenacht, die Kiechelcha werre gebackt. Eraus demit, eraus demit, mir stecke se in der Sack.“

Zutaten für 8 Portionen:
1 kg Mehl
150 g Butter, weich
150 g Zucker
40 g Hefe
250 ml Milch
3 Eier
Salz
Puderzucker zum Bestäuben

Zubereitung:
Die Zutaten für den Teig rechtzeitig aus dem Kühlschrank nehmen und auf Zimmertemperatur erwärmen lassen. Das Mehl in einer Schüssel mit dem Zucker und dem Salz mischen. 4 Esslöffel Milch in einer Kasserolle leicht erwärmen. In eine kleine Schüssel gießen, die Hefe hineinbröckeln und darin auflösen. Die Butter in der Kasserolle schmelzen. Die Hefe-Milch, die restliche Milch, die Butter und die Eier unter das Mehl kneten und so lange weiter kneten, bis sich der Teig vom Schüsselrand löst. Die Schüssel mit einem Tuch abdecken und den Teig an einem warmen Ort 30 Minuten gehen lassen. Den Teig nochmals auf einer bemehlten Arbeitsfläche zu einem festen Teig kneten und wenn nötig noch etwas Mehl hinzugeben. Den Teig 1 bis 2 cm dick ausrollen und in kleine Rautenstücke schneiden. Nochmals 20 bis 30 Minuten an einem warmen Ort gehen lassen, dann in der Friteuse in heißem Fett ausbacken. Abtropfen lassen und mit Puderzucker bestäuben.

Faasekiechelscher (Variation)

Zutaten für 8 Portionen:

330 g Mehl
80 ml Milch, lauwarm
30 g Hefe
1 Ei
3 Eigelbe
2 g Salz
40 g Puderzucker
½ Pkg. Vanillezucker
1 Zitrone, abgeriebene Schale davon
20 ml Rum
80 g Butter, zerlassen
Fett zum Backen
Zimt-Zucker

Zubereitung:

Die Hefe in eine Schüssel bröckeln, 2 Esslöffel Milch hinzugießen und die Hefe darin auflösen. Dann mit wenig Mehl zu einem dickflüssigen Brei rühren. Diesen Vorteig mit Mehl bestreuen, mit einem Tuch abdecken und an einem warmen Ort 10 Minuten gehen lassen. Das Ei, die Eigelbe, das Salz, den Zucker, den Vanillezucker, die abgeriebene Zitronenschale, die restliche Milch und den Rum verrühren. Dann die Butter hinzugießen und unterrühren. Den Vorteig und das restliche Mehl hinzugeben und mit dem Knethaken zu einem glatten Teig verarbeiten. Zugedeckt an einem warmen Ort 1 Stunde gehen lassen. Aus dem Teig Krapfen formen, auf ein bemehltes Küchentuch legen und nochmals 20 Minuten an einem warmen Ort gehen lassen. Das Fett auf 160 °C erhitzen und die Krapfen darin schwimmend von beiden Seiten goldbraun backen. Herausnehmen, auf Küchenkrepp abtropfen lassen und in Zimt-Zucker wenden.

Homburger Brezeln

Zutaten:
750 g Mehl
375 g Butter
2 Eier
4 Eigelbe
ein wenig Zucker
etwas Zitronenschale, abgerieben
70 g Hefe
200 ml Milch, lauwarm
1 Prs. Salz
1 Ei zum Bestreichen

Zubereitung:
Das Mehl in eine Schüssel sieben, in die Mitte eine Mulde drücken und die Hefe hineinbröckeln. Etwas Zucker darüberstreuen, die lauwarme Milch darübergießen, und die Hefe darin unter Rühren auflösen. Den restlichen Zucker, das Salz, die Zitronenschale, die Butter in kleinen Stücken, die Eigelbe und die Eier auf dem Mehlrand verteilen. Alle Zutaten erst mit einem Löffel und dann von Hand von der Mitte aus zu einem glatten Teig verarbeiten. Den Teig zugedeckt an einem warmen Ort 40 Minuten gehen lassen, bis sich das Volumen verdoppelt hat. Nochmals kurz gut durchkneten. Der Teig darf nicht zu weich sein, damit man ihn mit Hilfe von Mehl zu kleinen, gut fingerlangen Brezeln formen kann, die man auf ein mit Butter ausgestrichenes Backblech legt. An einem warmen Ort nochmals aufgehen lassen, mit Ei bestreichen und im auf 200 °C vorgeheizten Ofen 15 bis 20 Minuten goldbraun backen. Nach dem Abkühlen mit Zucker bestreuen.

Croissants

Der Name leitet sich vom französischen „lune croissante" (zunehmender Mond) ab. Dieser feste Bestandteil jedes französischen Frühstücks hat vor vielen Jahren seinen kulinarischen Siegeszug, zunächst im Saarland und dann in ganz Deutschland angetreten. Besonders gut schmeckt es, wenn man das Croissant in den heißen Kaffee tunkt.

Zutaten für 12 Stück:
Hefeteig:
500 g Mehl
50 g Zucker
42 g Hefe (1 Würfel)
2 Eier
200 ml Milch, lauwarm
50 g Butter
1 Prs. Salz

250 g Butter
Mehl

Zubereitung:
Am Vortag aus etwas Milch, der Hefe und etwas Zucker einen Vorteig bereiten. Die restlichen Zutaten hinzugeben, den Teig kneten und zugedeckt im Kühlschrank über Nacht gehen lassen. Am nächsten Morgen aus dem Kühlschrank nehmen und auf einer Arbeitsfläche quadratisch ausrollen. Die Butter zwischen zwei Frischhaltefolien zur halben Größe des Quadrates ausrollen, mit Mehl bestäuben und auf den Hefeteig legen. Den Teig über die Butter legen, so dass von jeder Seite ein Dreieck über ihr liegt. Zu einem Rechteck ausrollen, dieses dreifach übereinanderschlagen und erneut ausrollen. Das Ganze zwei bis drei Mal wiederholen. Den Teig in 12 Dreiecke schneiden und diese von der breiten Seite zu Hörnchen aufwickeln. Je 6 Croissants auf ein gefettetes Backblech legen und im auf 220 °C vorgeheizten Backofen etwa 20 Minuten backen.

Nikolausbrot

Je länger das anfangs recht harte Brot liegt, desto mürber wird es. Es ist bis zu drei Wochen haltbar. Früher klebte man ein mit einem Nikolaus bedrucktes Papier mit etwas angerührtem Zucker auf.

Zutaten für 1 Backblech:
400 g Mandeln mit Haut
100 g Haselnüsse
5 Eier
500 g Puderzucker
1 Prs. Salz
1 TL Hirschhornsalz
1 TL Zimt
1 Msp. Nelken, gemahlen
1 Msp. Kardamom, gemahlen
1 Orange, abgeriebene Schale davon
1 Zitrone, abgeriebene Schale davon
700 g Mehl
1 EL Puderzucker

Zubereitung:
Die Eier, den Puderzucker und das Salz in einer Schüssel mit dem Handmixer 5 Minuten zu einer hellen Creme schlagen. Das Hirschhornsalz, die Gewürze, die Orangen- und die Zitronenschale unterrühren. Die Haselnüsse und die Mandeln grob hacken und unter die Crème heben. Das Mehl nach und nach hinzugeben und den Teig mit den Händen zu einem krümeligen Teig kneten. Diesen zu 2 Laiben von ca. 25 cm Länge formen. Ein Backblech mit Backpapier auslegen und die Brote daraufsetzen. Im auf 200 °C vorgeheizten Ofen 45 bis 50 Minuten backen. Wenn der Teig zu dunkel wird, die Brote gegen Ende der Backzeit mit Backpapier abdecken. Aus dem Ofen nehmen, abkühlen lassen und mit Puderzucker bestäuben. Zum Aufbewahren in Aluminiumfolie wickeln und kühl lagern.

Baguette

Zutaten für 6 Brote:	20 g Hefe
1 kg Mehl	10 g Zucker
600 ml Wasser	20 g Salz
10 g Butter	

Zubereitung:

Die Hefe in eine Schüssel bröckeln und mit etwas lauwarmem Wasser und wenig Zucker gehen lassen. Das Mehl, den Zucker und das Salz mischen. Die Hefe, das restliche Wasser, den restlichen Zucker und die Butter mit dem Mehl verkneten. Den Teig abgedeckt an einem warmen Ort 60 Minuten gehen lassen. In 6 Stücke teilen, nochmals abgedeckt an einem warmen Ort 10 Minuten ruhen lassen und dann länglich ausrollen. Auf ein mit Backpapier ausgelegtes Backblech legen und wieder abgedeckt 1 Stunde ruhen lassen. 300 ml Wasser in eine Pfanne auf den Boden des auf 220 °C vorgeheizten Ofens geben und die Brote 30 Minuten backen.

Waffeln & Plätzchen

Waffeln

Sie werden nicht nur zur Kirmes oder zum Kaffee gebacken, sondern auch zu Bohneneintopf gereicht.

Zutaten für 8 Portionen:
6 Eier
300 g Mehl
200 g Butter
etwa 300 ml Milch, lauwarm
100 g Zucker
2 TL Backpulver
1 Pkg. Vanillezucker
1 Prs. Salz

Zubereitung:
Die Butter in einer kleinen Pfanne erwärmen, bis sie beginnt, flüssig zu werden. Mit der lauwarmen Milch und den Eiern vermengen. Nach und nach die restlichen Zutaten hinzugeben und zu einem glatten Teig verrühren. Mit einer Schöpfkelle in ein gefettetes Waffeleisen geben und backen.

Zimtwaffeln (1)

Ein Rezept mit flüssigem Teig zum Backen im Zimtwaffeleisen.

Zutaten für 1 Waffeldose:
125 g Butter
250 g Zucker
200 g Mehl
4–5 Eier
2 TL Zimt, gemahlen
2 TL Rum
1 Prs. Salz

Zubereitung:
Die Butter und den Zucker in einer Schüssel mit dem Mixer schaumig schlagen. Die Eier hinzugeben und erneut schaumig rühren. Nach und nach das Mehl und die restlichen Zutaten unter Rühren mit dem Mixer hinzufügen. Den Teig mit einer Schöpfkelle in ein Zimtwaffeleisen geben und goldbraune Waffeln backen.

Zimtwaffeln (2)

Das Rezept für einen festen Teig, den man in Würfeln oder Kugeln auf das Zimtwaffeleisen gibt.

Zutaten für 1 Waffeldose:

350 g Zucker
250 g Butter
500 g Mehl
4 Eier
1 Prs. Nelkenpulver
40 g Zimt, gemahlen
½ Zitrone, abgeriebene Schale davon

Zubereitung:

Die Butter und den Zucker in einer Schüssel mit dem Mixer schaumig schlagen. Die Eier hinzugeben und erneut schaumig rühren. Nach und nach das Mehl und die restlichen Zutaten unter Rühren mit dem Mixer hinzufügen. Den Teig 1 Stunde kühl stellen, dann daraus kleine Würfel oder Kugeln formen, je 1 auf das Zimtwaffeleisen setzen und goldbraune Waffeln backen.

Zimtwaffeln (3)

Zutaten für 1 Waffeldose:
250 g Mehl
150 g Butter
125 g Zucker
2 Eier
3 TL Zimt, gemahlen

Zubereitung:
Die Butter und den Zucker in einer Schüssel mit dem Mixer schaumig schlagen. Die Eier hinzugeben und erneut schaumig rühren. Nach und nach das Mehl und den Zimt unter Rühren mit dem Mixer hinzufügen. Den Teig im Kühlschrank 3 Stunden stehen lassen, anschließend im Zimtwaffeleisen backen.

Saarländische Zimtsterne

Zutaten für 1 Backblech:
300 g Mandeln, gemahlen
3 Eiweiße, kalt
250 g Puderzucker
1 TL Zimt

Zubereitung:
Die Eiweiße und 1 Esslöffel Puderzucker in einer Schüssel mit dem Handrührer steif schlagen und die Hälfte davon beiseitestellen. Die Mandeln, das Mehl und den Zimt unter die verbliebene Hälfte des Schnees kneten, zwischen 2 Bögen Frischhaltefolie ½ cm dick ausrollen. Die Folie entfernen, kleine Sterne ausstechen und dick mit Zuckerguss aus dem restlichen Puderzucker und etwas Wasser bestreichen. Auf mit Backpapier ausgelegtes Blech legen und 2 bis 3 Stunden trocknen lassen. Anschließend im auf 160 °C vorgeheizten Ofen 20 bis 25 Minuten backen. Nicht zu lange im Ofen lassen, denn der Zuckerguss soll noch hell sein.

Butternüsschen

Buttergebäck mit Rum

Zutaten für 1 Backblech:
250 g Butter
350 g Mehl
1 Pkg. Vanillezucker
50 g Puderzucker
1 EL Rum
Puderzucker

Zubereitung:
Die Butter in einer Kasserolle schmelzen und leicht bräunen. Puder- und Vanillezucker hinzugeben und schaumig rühren. Die Kasserolle vom Herd nehmen und den Rum mit dem Mehl unterrühren. Den Teig 30 Minuten kalt stellen. Anschließend zu Kugeln formen und 10 Minuten im auf 180 bis 200 °C vorgeheizten Ofen backen. Noch heiß mit dem Puderzucker bestreuen.

Fenner-Harzplätzchen

Zutaten für 1 Backblech:
Teig:
250 g Fenner Harz
(alter-nativ: Rübenkraut)
50 g brauner Zucker
60 g Butter
1 TL Lebkuchengewürz
500 g Mehl
1 Pkg. Backpulver
1 Ei
Mehl für die Arbeitsfläche

Dekoration/Glasur:
100 g Puderzucker
2 EL Milch, lauwarm

Zubereitung:
Das Fenner Harz mit dem Zucker und der Butter unter Rühren in einem Topf erhitzen, bis sich der Zucker gelöst hat. Das Lebkuchengewürz unterrühren. Das Mehl mit dem Backpulver in einer Schüssel mischen. Den abgekühlten Sirup dazugießen und mit dem Ei zu einem glatten Teig verkneten. Den Teig in Klarsichtfolie wickeln und über Nacht in den Kühlschrank stellen. Anschließend auf einer bemehlten Arbeitsfläche dünn ausrollen. Mit Formen Figuren (Engel, Tannenbäume etc.) ausstechen und auf ein mit Backpapier ausgelegtes Backblech legen. Auf der mittleren Schiene des auf 175 °C vorgeheizten Backofens 8 bis 10 Minuten backen. Die Plätzchen mit dem Papier vom Blech ziehen und auskühlen lassen. Den Puderzucker in einer Schüssel mit der Milch verrühren. Die Glasur in einen kleinen Gefrierbeutel füllen, ein kleines Loch einstechen und die Konturen der Plätzchen mit Zuckerguss nachziehen.

Rahmplätzchen

Zutaten für 1 Backblech:
180 g Mehl
125 g Butter, weich
80 g saure Sahne
100 g Hagel- oder brauner Zucker zum Bestreuen

Zubereitung:
Das Mehl, die Butter und die saure Sahne in einer Schüssel zu einem Teig kneten, dann zu einer Rolle formen und 15 Minuten in den Kühlschrank legen. Anschließend ½ cm dick ausrollen, in Recht- oder Vierecke rädeln und mit dem Zucker bestreuen. Auf ein mit Backpapier ausgelegtes Backblech setzen und im auf 220 °C vorgeheizten Ofen 10 Minuten backen.

Walnussplätzchen

Zutaten für 1 Backblech:
200 g Butter
150 g Zucker
2 Pkg. Vanillezucker
½ TL Zimt, gemahlen
350 g Mehl
1 Pkg. Backpulver
etwa 8 EL Milch
150 g Walnüsse, gehackt
150 g Schokolade (halbbitter)
1 Prs. Salz

Dekoration:
Kuvertüre
Walnüsse, halbiert

Zubereitung:
Die Butter mit dem Zucker, dem Vanillezucker und dem Zimt in einer Schüssel mit dem Handmixer schaumig rühren. Das Mehl mit dem Backpulver und dem Salz mischen und nach und nach mit der Milch unter die Butter-Zucker-Mischung kneten. Dann die gehackten Walnüsse und die Schokolade einarbeiten. Den Teig mit den Händen kneten und zu 2 bis 3 Rollen mit einem Durchmesser von ca. 4 cm formen. 30 Minuten in den Kühlschrank stellen. Die Teigrollen in ½ cm dicke Scheiben schneiden, auf ein mit Backpapier ausgelegtes Blech legen und im auf 180 °C vorgeheizten Ofen 8 bis 10 Minuten backen. Abkühlen lassen. Die Kuvertüre schmelzen, die Plätzchen zur Hälfte eintauchen und mit den halbierten Walnüssen belegen.

GETRÄNKE

Bier, Wein, Apfelwein und Obstschnäpse haben im Saarland eine lange Tradition. Bekannte Brauereien sind u. a. Becker in St. Ingbert, Bruch in Saarbrücken, Donner in Saarlouis, Karlsberg in Homburg, Neufang in Saarbrücken und Saarfürst in Merzig. Die saarländischen Weine (besonders die Elblingrebe) werden seit mehr als 2.000 Jahren an der Obermosel angebaut, die auch als „Südliche Weinmosel" bezeichnet wird. Sie stammen aus den Orten Nennig, Sehndorf, Oberperl und der Gemeinde Perl, die im Dreiländereck Deutschland-Frankreich-Luxemburg liegt. Da dieses Anbaugebiet im Saarland liegt, wohingegen die „Saar-Weine" aus Rheinland-Pfalz stammen. Im Saargau und in der Region um Merzig wird Apfelwein gekeltert, den man „Viez" nennt. Obstschnäpse werden im ganzen Saarland gebrannt; meist sind dies Kirsch-, Apfel-, Birnen-, Mirabellen- Zwetschgen-, Mirabellen- oder Mispelbrand.

Zweibrücker Rosenbowle

Zutaten für 1 Bowle:
6–8 duftende Rosen
750 ml Rotwein
750 ml Weißwein
2 Flaschen Sekt
4 cl Cognac
125 g Würfelzucker

Zubereitung:
Die Blütenblätter von frisch erblühten Rosen in einer Schüssel mit dem Zucker bestreuen und den Cognac und den Rotwein darübergießen. Zugedeckt 2 Stunden ziehen lassen. Dann durch ein Sieb in ein Bowlegefäß seihen und mit Weißwein und Sekt auffüllen. Einige Rosenblätter zu Dekoration in die Bowle streuen.

Maibowle

Waldmeisterbowle

In den Tagen vor dem 1. Mai sammelt man iin saarländischen Wäldern den jungen, noch nicht blühenden Waldmeister. Die besten Stellen werden genauso geheim gehalten, wie die Rezepte für Schwenkbratenmarinaden.

Zutaten für 1 Bowle:
1 Bund Waldmeister
750 ml Elbling (Weißwein)
1 Pkg. Vanillezucker
300 ml Sekt

Zubereitung:
Den Waldmeister zusammenbinden und leicht antrocknen lassen. Den Wein in einen Krug gießen, den Vanillezucker – oder Zucker ohne Vanillearoma – hinzugeben und den Waldmeister mit den Spitzen nach unten hineinhängen, so dass die Schnittenden nicht im Wein sind; er wird sonst bitter. Etwa 1 Stunde ziehen lassen. Mit dem Sekt in ein gekühltes Bowlegefäß gießen und servieren.

Heißer Viez

Für kalte Herbst- und Wintertage. Der Name „Viez" geht auf das lateinische „Vize-Vinum" (Vertreter des Weines) zurück.

Zutaten für 4 Gläser:
1 L Viez (Apfelwein)
125 ml Wasser
60 g Zucker
½ Stange Zimt
3 Nelken
2 Scheiben Zitrone, halbiert

Zubereitung:
Den Zucker und die Gewürze mit dem Wasser aufkochen und 30 Minuten ziehen lassen. Die Flüssigkeit durch ein Sieb in einen Topf mit dem Viez gießen und alles zusammen vorsichtig bis kurz vor dem Siedepunkt erhitzen. Je eine halbe Zitronenschale in ein Glas geben und den heißen Viez darübergießen.

St. Ingberter Feuerzangenbowle

Attraktion in St. Ingbert ist seit einigen Jahren im Dezember die größte Feuerzangenbowle der Welt (1.500 L). Der Zuckerhut hat eine Länge von mehr als einem Meter.

Zutaten für 1 Bowle:
2 L Rotwein (Spätburgunder oder Beaujolais)
350 ml Rum, 54 %
500 ml Orangensaft
2 Orangen
1 Stange Zimt
6 Nelken
1 Zuckerhut

Zubereitung:
Die Orangen in Scheiben schneiden. Den Rotwein in einem Topf erhitzen und den Orangensaft durch ein Sieb dazugießen. Den Wein erhitzen, ohne ihn kochen zu lassen. Die Nelken und den Zimt hinzufügen und ziehen lassen. Den Wein in ein Gefäß für Feuerzangenbowle umfüllen und auf ein Stövchen stellen. Die Orangenschalen hineingeben, die Feuerzange mit dem Zuckerhut auf die Bowle legen und mit dem Rum beträufeln. Etwas Rum in eine Schöpfkelle geben, mit einem langen Streichholz entzünden und brennend über den Zuckerhut gießen. Nicht den Rum direkt aus der Flasche auf den brennenden Zuckerhut, sondern in die nicht mehr brennende Schöpfkelle gießen, um ihn über den Zuckerhut zu geben. Die Feuerzangenbowle kräftig umrühren und in Punschgläser füllen.

Angesetzter

Zutaten für 1 Ansatz:
1 L Korn
100 g Kandiszucker

Ansatz:
12 grüne Walnüsse, klein-geschnitten
oder 500 g Hagebutten
oder 500 g Schlehen
oder 500 g Zwetschgen
oder 750 g Himbeeren
oder 750 g Brombeeren
oder 250 g Rosinen

Zubereitung:
Walnüsse oder Früchte oder Rosinen in Flaschen oder Gläser füllen. Den Kandis hineingeben und den Korn angießen. Verschließen und 4 Wochen ins Fenster stellen. Dann filtern, in Flaschen füllen, verschließen und kühl lagern.

Panaché

Radler

Der Begriff „Panaché“ („gemischt“) stammt aus Frankreich und steht dort wie im Saarland für die Mischung von Limonade und Bier.

Zutaten für ½ Liter:
250 ml Bier
250 ml Zitronenlimonade

Zubereitung:
Die Zutaten in ein Glas geben und servieren.

Gespritztes

Diesel

Zutaten:

Bier aus dem Saarland
Coca-Cola

Zubereitung:

Das Bier mit der Cola in einem Glas mischen. Der Cola-Anteil schwankt von Kneipe zu Kneipe und reicht von einem relativ kleinen Anteil bis zu einer Mischung 50 zu 50 %.

Hundsärsch

Mispelbrand

Eine seltene Spezialität.

Zutaten für 1 Brand:
10 kg Mispeln, vollreif, teigig
3 L Wasser
Reinzuchthefe
3 ml Filtrazym
250 ml MS Säurekombinat

Zubereitung:
Die Mispeln pürieren, das Wasser und die Hefe in einem Maischgefäß verrühren. Das Filtrazym in etwas kaltem Wasser verrühren und mit dem Säurekombinat unter die Maische mischen. 2 bis 3 Wochen gären lassen und dann langsam destillieren. Das Hauptaroma entsteht im letzten Drittel des Brennvorganges.

ANHANG

Rezeptregister

KARTOFFELGERICHTE, KLÖSSE & PFANNKUCHEN 283

Die Autoren

Heike Winter

Jahrgang 1964, geboren in Mettlach/Saar, aufgewachsen in St. Ingbert, Abitur, Diplom Wirtschaftsingeneur.

Evert Kornmayer

Jahrgang 1965, Wirtschaftsabitur, studierte Arbeitsmarktpolitik; es folgte der Abschluss zum Lernsystem-Analytiker. Der Gründer des Verlags Gebrüder Kornmayer sammelt bei zahlreichen Reisen im In- und Ausland umfangreiche Kenntnisse über Länder und Küchen, über die er in seinen kulinarischen Büchern schreibt.

Er ist Gewinner mehrerer „Kochbuch-Oscars“ den „Gourmand World Cookbook Awards“ und zählt laut „Gourmand Yearbook“ zu den „Best Cookbook Authors in the World“.
Seine größte Auszeichnung erhielt er mit der Heirat einer Saarländerin.

Die Restaurants in diesem Buch

Altes Pfarrhaus Beaumarais
Restaurant Trampert

Jürgen Trampert
Hauptstraße 2 bis 4
D 66740 Saarlouis/Beaumarais
Tel. 06831 6383
info@altespfarrhaus.de

Genießen Sie gutes Essen und exclusive Weine in einer gepflegten Atmosphäre und gemütlichem Ambiente. Edel: Speisesaal im Stil der 20er Jahre. Lederbänke, bequeme Sessel und ein Buffet „Art Deco" das einmal Mittelpunkt eines Restaurants in Paris war. Der Küchenchef fühlt sich besonders der französischen Küche verpflichtet.

Die Alte Brauerei

Isabelle & Eric Dauphin
Kaiserstr. 101
66386 St. Ingbert
Tel. 06894 92860
info@diealtebrauerei.com

In einem historischen Gebäude-Ensemble des 18. Jahrhundert befindet sich unser Gasthof in unmittelbarer Nähe der Fußgängerzone – und doch abgeschieden von allem Lärm. Direkt am Stadtpark. Hier wurde im Jahre 1877 die traditionsreiche Brauerei Becker gegründet. Lassen Sie sich von dem traumhaften Ambiente verzaubern!

Die Saarlänner im Rebenhof

Andreas Zimmer
Ensheimer Str. 233
66386 St. Ingbert
Tel. 06894 9984944
mail@saarlaenner-igb.de

Was gibt es besseres, als eine deftige Portion Hoorische, einen dampfenden Ring Lyoner oder einen sommerlichen Wurstsalat mit Bratkartoffeln? Dazu ein kühles Bier oder ein schöner Wein aus der Region und schon sind Sie in der saarländischen Lebensart angekommen. Wir laden Sie herzlich ein, mit uns die Schätze saarländischer Kochkunst zu entdecken – Essen wie bei Oma, mit Liebe zubereitet.

Hämmerle's Restaurant

Cliff Hämmerle
Bliestalstrasse 110a
66440 Blieskastel
Tel. 06842 52142
info@haemmerles-restaurant.com

Unsere Küchenphilosophie ist es, ein gastronomisches Spiegelbild unserer Region (z.B. Bliesgau, Elsass, Lothringen) darzustellen. Wir pflegen eine klassische, französischgeprägte Küche mit starken Einflüssen unserer regionalen Kochkultur. Sofern es uns möglich ist, verwenden wir dafür Produkte heimischer Herkunft und achten immer auf die Frische und Natürlichkeit der Zutaten, die in unserem Kochtopf landen.

Hostellerie Bacher

Hermann Wögerbauer
Limbacher Straße 2
66539 Neunkirchen/Kohlhof
Tel. 06821 31314
info@hostellerie-bacher.de

Die Hostellerie Bacher-Wögerbauer ist weit über die Grenzen der Region für ihre erstklassige Küche und ihre reizvolle Atmosphäre bekannt und angesehen. Küchenchef Hermann Wögerbauer pflegt eine leichte, moderne Küche mit französischem Einschlag, dabei spielt die Qualität und Frische der Zutaten die wichtigste Rolle – und so landen nach Möglichkeit auch insbesondere die hochwertigen Produkte aus der saarländischen Region im Topf.

Hotellerie Hubertus

Josef Hubertus
Metzer Straße 1
66636 Tholey
Tel. 06853 91030
hotellerie-hubertus@web.de

Das Gourmetrestaurant ist der wohl bekannteste Teilbereich im Hause. Die innovativen Kreationen hochwertigster Produkte, wie Gänsestopfleber, Hummer und vielem mehr, sind sowohl fürs Auge, als auch für den Gaumen eine wahre Freude.

Restaurant Gräfinthaler Hof

Jörg Künzer
Gräfinthal 6
66399 Mandelbachthal
Tel. 06804 91100
info@graefinthaler-hof.de

Im idyllischen Gräfinthal gelegenes Restaurant mit ländlichem Charme. Die feine Küche von Küchenmeister Jörg Künzer zeichnet sich durch die kreative Verarbeitung von hochwertigen, regionalen Produkten aus, die man im klassisch-eleganten Restaurant oder modernem Wintergarten genießen kann. Gerne verweilt man im Sommer unter schattigen Kastanien auf der mediteranen Gartenterrasse.

Restaurant Kunz

Anke & Alexander Kunz
Kirchstraße 22
66606 Bliesen
Tel: 06854 8145
service@restaurant-kunz.de

Wir wollen, dass sich unsere Gäste rundum wohlfühlen – dieses Ziel steht für das gesamte Team des Restaurants Kunz an erster Stelle: sowohl im Service, wo unsere Mitarbeiter mit herzlicher Aufmerksamkeit für Sie da sind, als auch in der Küche, wo Spitzenkönner für kulinarischen Hochgenuss sorgen.

Restaurant Niedmühle

Tamara & Stefan Burbach
Niedtalstrasse 13-14
66780 Rehlingen/Siersburg
Tel. 06835 67450
info@restauranniedmuehle.de

Kochen aus Leidenschaft auf höchstem Niveau zur Gaumenfreude unserer Gäste, die eine geschmackvolle und stilsichere Küche zu schätzen wissen. Vergessen Sie den Alltag und lassen sich vom Panorama und der idyllischen Lage verzaubern. Ein kleines Paradies direkt am Ufer der Nied soll für unsere Gäste wie ein Urlaubstag sein. Hier erleben Sie Natur pur.

Restaurant Tafelhaus

Christian Rach
Neumühlen 17
22763 Hamburg
Tel. 040 892760
anfrage@tafelhaus.de

Das Flagschiff in erster Reihe an der Elbe – Genuß mit Elbsicht.

Restaurant „Zum Blauen Fuchs“

Olaf & Christiane Bank
WalhausenerStr. 1
66649 Oberthal
Tel. 06852 6740
info@zumblauenfuchs.de

Aus der Küche, die ausschließlich von Olaf Bank bedient wird, servieren man täglich ein 4 Gang Land-Menü sowie ein 5 Gang Feinschmecker-Menü. Das anheimelnde, kleine Restaurant mit elegantem Landhausstil vermittelt eine private Atmosphäre.

Restaurant Quack
im Haus Weismüller

Anne & Wolfgang Quack
Gersweilerstraße 43a
66117 Saarbrücken
Tel. 0681 52153
info@weismueller-restaurant-quack.de

Wir freuen uns Ihnen eine abwechslungsreiche Speisekarte des guten Geschmacks präsentieren zu können. Wir verwenden ausschließlich frische Zutaten sowie auch Produkte aus der Biosphäre des Bliestals!